예수와 함께 조선을 걷다

조선 선교사 하위렴(William B. Harrison)의 선교행전

예수와 함께 조선을 걷다

초판 1쇄 인쇄 | 2023년 07월 31일
지은이 | 백종근
펴낸이 | 이재욱(필명:이승훈)
펴낸곳 | 해드림출판사
주 소 | 서울 영등포구 경인로82길 3-4(문래동1가 39)
　　　　센터플러스빌딩 1004호(07371)
전 화 | 02-2612-5552
팩 스 | 02-2688-5568
E-mail | jlee5059@hanmail.net

등록번호　제2013-000076
등록일자　2008년 9월 29일

ISBN　979-11-5634-547-3

예수와 함께 조선을 걷다

백종근 지음

조선 선교사 하위렴(William B. Harrison)의
선교행전

해드림출판사

저자 서문

맨 처음 하위렴의 행적을 마주한 것은 그를 통해 복음을 듣게 된 필자의 증조부이신 백낙규 장로[1]의 개종의 과정을 좇으면서부터였습니다. 그와 관련된 초기 내한 선교사들의 자료들을 찾아보다가 예기치 않았던 하위렴의 선교행적을 만나게 되면서 내친김에 책으로 엮어 보았습니다.

'조선 선교사 하위렴의 선교행전'이라는 부제가 시사하듯 이 책은 그의 연보年譜를 따라 전기형식을 취했으며 무엇보다 조선에서의 사역과 활동에 초점을 맞추었습니다. 그는 구한말 열강의 침탈에 역사의 뒤안길로 스러지던 조선에 들어와 일제강점기를 지나는 동안, 호남선교의 기틀을 다져온 남장로교 선교사였습니다.

군산 선교의 기틀을 놓았던 전킨(William M. Junkin)의 후임으로 부임한 이후 그가 가장 많은 시간을 보냈을뿐더러 그의 사역을 마무리한 곳도 바로 이곳이었습니다. 비록 그의 재임 기간 내내 부위렴(William F.

---

1) 동학농민항쟁 당시 우금치전투에 참여했다가 패한 후 기독교로 개종한 그는 하위렴 선교사로부터 세례를 받고 후에 장로가 되었으며, 그의 향리 익산에 동련교회와 계동학교를 세워 복음 전파와 민족계몽에 앞장섰다.

Bull) 선교사를 비롯한 여러 선교사가 함께 사역했지만, 지부는 줄곧 그의 리더십 아래 있었습니다.

특히 군산 선교부를 이끌며 이 지역에 커다란 족적을 남긴 선교사 가운데 전킨과 부위렴 그리고 하위렴 이 세 사람은 공교롭게도 모두가 남부 출신이라는 공통점에, 유니온신학교 동창이라는 끈끈한 학연으로 맺어진 선후배 관계에다 더욱 재미있는 것은 그들 모두의 이름은 윌리엄이었습니다.

그 후에 하위렴 선교사가 선교부의 긴박한 사정으로 지부를 옮긴 적도 있고, 또 아내의 병고로 자리를 비우던 시기도 있었지만, 오히려 그 덕분에 여러 지부의 사역을 공시적共時的인 안목으로 파악하고 호남선교의 교두보를 구축할 수 있었을 뿐만 아니라, 스테이션의 효율적 운용의 주역이었다는 점에서도 그는 양보할 수 없는 위치에 있었으나 안타깝게도 늘 무심함에 가려지고 있었습니다.

뒤돌아보면 선교역사가 절반을 점하고 있는 한국 교회사이기에 선교역사가 차지하는 비중만큼이나 이제는 가려져 있던 선교사들에게도 눈을 돌려야 한다고 생각하던 차에 다행히도 하위렴 선교사의 행적을 돌아볼 수 있게 된 것은 참으로 뜻깊은 일이라 여겨집니다.

하위렴 선교사의 행전 발간을 계기로 묻혀 있던 남장로교 선교사들의 사역과 활동을 새롭게 조감鳥瞰하고 초기선교 역사를 거시적 안목으로 바라보게 하는 지남차指南車가 되었으면 하는 것이 개인적인 바람입니다.

  덧붙여 이 책에 인용한 사진 자료들은 대부분 인쇄물에서 퍼온 것들이라 초점이 흐려 유감이지만 글로만 전할 수 없는 또 다른 면모를 전달해 주리라 기대하며 그대로 사용한 점을 널리 혜량해 주시길 바라옵고, 끝으로 집필 기간 내내 기도와 격려로 성원을 해주신 여러분들과 이 책이 나오도록 편집의 수고로움을 마다하지 않으신 이승훈 제씨에게도 지면을 빌려 다시 한번 깊이 감사를 드립니다.

                                              2023년 성령강림주일에

들어가며…

I

 언젠가 우리나라 지역별 복음화율의 통계를 훑어보다가 놀란 적이 있다. 왜냐하면 군산, 익산, 김제를 포함한 이 일대가 여타 지역에 비해 유난히 높은 복음화율을 보여 주고 있었기 때문이었다. 무엇보다도 30%를 웃도는 이 지역의 높은 복음화율은 필자의 관심을 끌기에 충분했다.

 특별히 이 지역의 복음화율이 그렇게 높은 이유를 여러 가지로 생각해 볼 수 있겠으나 무엇보다도 이 지역에서 펼쳤던 선교사들의 선교전략과도 깊은 관련이 있을 거라는 생각이 들었다. 흥미롭게도 이 지역은 초기 선교 당시 미국 남장로교 선교지역이었다.

 1861년 남북전쟁으로 분열된 미국은 심지어 교단까지도 남과 북으로 갈라놓고 있었지만 내한한 선교사들은 처음부터 일치를 표방하며 장로교 공의회를 결성하고 협력했으나 문화적 토양에 대응하는 방식과 그들이 펼쳤던 선교전략만큼은 조금씩 차이를 보였다.

그렇다면 이 지역 선교를 맡았던 남장로교만의 특징적인 배경과 대응 방식의 차이는 무엇이었을까?

첫째, 호남 땅에서 활약한 선교사들은 남북전쟁으로 폐허가 되었던 남부 출신들이 대부분이었다. 전쟁이 끝나고 한 세대가 지나고 있었지만 아물지 않은 상흔으로 얼룩진 남부의 선교사들이 호남 땅에 들어온 것 역시 절묘한 조우였다. 열강의 다툼 속에 국권을 상실해가는 조선을 바라보며 동학으로 피폐해진 호남 땅의 백성들이 겪는 좌절과 아픔에 공감할 수 있는 준비된 정서가 있었을뿐더러 자신들이 위로를 찾았던 하나님 나라가 이 땅의 백성들에게도 똑같은 위로가 될 것이라는 확신을 갖고 있었다.

둘째, 복음에 대한 집단의 반응 정도를 수용성이라 정의한다면 남장로교 선교부에서는 동학농민항쟁의 아픈 역사가 사뭇 깊게 드리워져 있고 일제의 수탈에 저항의 몸부림을 쳤던 이 지역이 다른 어느 지역보다 복음에 대한 수용성이 고조되어 있음을 간파하고 적극적인 팀 사역(복음, 의료, 교육)으로 대처했다.

셋째, 그들은 자신들의 선교구역에 스테이션을 설치하고 거점을 중심으로한 선교를 펼쳤다. 그 거점 중심 선교가 더 성공적인 선교 효과를 낼 수 있었던 이유 가운데 하나는 스테이션 운용에 익숙한 그들만의 독특한 지역적 배경이 있었기 때문이었다. 개척 시대부터 대규모 플랜테이션 농업이 발달했던 남부의 대규모 농장에서는 아시엔다[2]와 유사한 스테이션 운용 자체가 이미 그들이 오랫동안 공유해 왔던 일상의 문화였다. 이런 이유에서 시너지효과를 극대화할 수 있는 스테이션 시스템을 그들은 손쉽게 적용할 수가 있었다.

이와 같은 남장로교만의 독특한 배경과 대응 방식을 바탕으로 이 지역에 부임한 선교사들은 호남선교에 효율적인 거점으로 일단 전주와 군산을 물망에 올렸다. 전주는 전라도의 수부首府였기 때문에 지부 설치를 당연히 여겼고 군산은 선교 물자를 공급하는 물류의 통로라는 이유에서였다. 수로水路의 유리한 조건을 가진 군산은 배를 이용해 접근이 쉽다는 이유도 있었지만, 육상교통이 불편하던 시절 물길을 따라 복음을 전하는 것이 효과적일 수 있다는 계산에서였다.

놀랍게도 이미 선교사들은 개항 이전부터 수탈로 얼룩진 탁류濁流의 금강이 아니라 전도선에 복음을 태우고 너른 호남평야를 이리저리 가로지르며 실어 나를 수 있는 희망의 물줄기로 보고 있었다.

이렇듯 그들만의 배경과 방식으로 대응한 선교전략이 맞아떨어지며 이 지역 선교는 빠르게 결실을 거두고 있었다.

---

2) 아시엔다(Hacienda)는 스페인어로 대항해시대 중남미에서 시행했던 대토지 소유제도를 지칭.

Ⅱ

이 책에서는 이 지역에서 활동했던 하위렴 선교사의 사역을 정리하면서, 그의 역할과 비중에 주목하고 그가 가시화했던 남장로교 선교전략이 이 지역 선교에 어떻게 영향을 주고 있는가를 살피고자 했다.

하위렴 선교사는 의료, 교육, 복음 사역 등의 분야에서 전천후 사역을 할 만큼 다양한 은사를 가진 선교사였으나 공교롭게도 그가 사역했던 3개 선교지부 어디서도 스테이션 조성이라는 마뜩잖은 일이 맡겨지고 있었다. 전문적 지식이나 안목이 없이는 엄두를 낼 수 없는 사역이었으나 그는 그때마다 어김없이 그의 역량을 발휘해 성공적으로 완수해 냈다.

병원과 학교건축 그리고 교회 설립 등을 포함한 유형의 선교기지 조성은 물론 나아가 공의회와 노회 설립에도 깊숙이 관여해 교회 조직과 제도를 바르게 세우는 일에도 그의 수완手腕은 빛을 발했다. 이처럼 그가 구축한 유무형의 인프라를 통해 그 이후의 호남선교는 발길이 훨씬 수월해지고 있었다.

이렇듯 그는 남장로교의 선교 기반을 다듬어 낸 주역 가운데 한 사람이었지만 안타깝게도 예기치 않은 시련이 줄곧 그를 따라다녔다. 7인의 개척선교사였던 아내 데이비스의 갑작스러운 사망으로 선교 초기부터 그의 사역에 위기를 맞아 군산지부의 전킨과 사역지를 교환하기도 하고, 얼마 후 에드먼즈와 재혼하면서 그의 선교 여정에 재시동을 걸었으나 무리한 사역은 그의 섬약한 체질을 끊임없이 괴롭히기도 했다.

안식년을 마치고 돌아온 그에게 부진했던 목포지부가 맡겨지고 있을 때도 그는 혼신의 힘을 다해 교회, 학교, 병원 등 어느 것 하나도 빠짐이 없이 정상화시키는 동안 자신은 물론 아내 에드먼즈마저 다시 병고에 시달리면서 또 한차례 시련이 찾아왔다.

1912년 미국에 돌아가 3년 가까운 치료와 요양에도 불구하고 아내의 건강이 온전히 회복되지 못한 것을 보면 아마 이때가 선교사로서 그의 진퇴를 결정해야 할 만큼 그에게 닥친 최대의 위기가 아니었을까 하는 생각이 든다.

그러나 그는 주변의 만류에도 불구하고, 다시 조선으로 복귀해 몇 해 만에 군산 선교를 정점에 올려놓으며 기염을 토했다.

1922년 군산지부를 방문했던 해리 로디스 Harry A. Rhodes 목사[3]는 이때 상황을 이렇게 적었다.

> "지난 25년 동안 군산에서 거둔 놀라운 결실은 씨 뿌리고, 가꾸고, 돋우며 수고한 모든 사역자의 결과라는 것을 언급하지 않을 수가 없다" [4]

---

[3] 프린스턴신학교와 프린스턴대학교에서 공부했으며 북장로교 해외 선교부 실행위원회 위원, 연희전문학교 교수, 조선 예수교서회 편집위원 등으로 활약했다.
[4] Harry A. Rhodes, "A Visit to Kunsan" *The Presbyterian Survey*, Vol. 14, No. 7, Jul. 1924, pp. 476-477

관할 지역의 크기나 스테이션의 위치 등의 취약점을 극복하고 75개의 교회에 5,000여 명의 교세를 일구고, 성인 세례교인만 1,500명에 이르는 부흥에 크게 놀라워하면서 손배돈과 동역하며 전국 남장로교 병원 가운데 가장 큰 규모로 최고의 전성기를 이뤄낸 야소병원에 와서는 입을 다물지 못했다.

복음을 들고 외길을 줄달음쳐 사명을 완수한다고 하는 일은 성령의 인도하심이 아니고서는 결코 쉬운 일이 아니다. 왜냐하면, 증인의 사역은 바로 그분의 임재와 함께 부어지는 능력과 긴밀한 연관성이 있기 때문이다. 마찬가지로 하위렴 선교사가 시련을 딛고 이 땅에서 이뤄낸 사역의 결과물들 역시 성령의 능력이 아니고서는 도저히 설명할 수도 없는 조선에 역사하신 하나님의 손길 그 자체였다.

하위렴 선교사가 조선 땅에 쏟아부은 고귀한 헌신의 자취를 추적하며 그의 선교 여정을 드러내 보고자 한 것은 전체적인 한국 선교사宣敎史를 바라보게 하는 귀중한 단서들을 놓치고 싶지 않은 욕심 때문이기도 했지만, 무엇보다도 그가 키워낸 맹아萌芽로부터 그렇게 풍성한 결실을 수확하면서도 전혀 돌아보지 못했던 송구스러움이 앞섰기 때문이었다.

일러두기

1. 선교사 William B. Harrison의 이름은 한글 표기인 '윌리엄 해리슨' 대신 그의 한국 이름 '하위렴'으로 교체해 표기했습니다.
2. 그 외 내한 선교사들의 이름은 편의에 따라 영문 혹은 국문 이름을 혼재해 사용했습니다.
3. 서술방식은 대부분 연대순을 따랐으나 주제에 따라 그렇지 않은 곳도 간혹 있습니다.
4. 『Korea Mission Field』 연대와 Volume(권)의 기록이 원래의 잡지와 다르게 표기된 자료도 있었지만, 이 책에서는 잡지 원본에 인쇄된 서지사항을 그대로 따랐습니다.
5. 도량형은 일차자료를 그대로 인용한 경우는 자료에 있는 대로 야드법을 따랐으며, 그 외는 미터법을 사용했습니다.
6. 번역문의 'Korea'는 1897~1910까지는 대한제국으로, 일제강점기는 조선으로 번역했으며, 수도 'Seoul'은 대한제국 시대는 한양으로, 일제강점기는 경성으로 표기했습니다.

차례

저자 서문 | 4
들어가며 | 7
나가며 | 296

제1부 나를 좇으라 하시니 일어나 좇으니라(마 9:9)

제1장 하위렴의 고향 켄터키

서부로 가는 관문	22
남북전쟁과 켄터키	23
출생과 성장	26
모교회 레바논장로교회	29

제2장 선교사가 되기까지

의사가 되기로 마음 먹다	32
대학가를 휩쓸었던 학생자원운동(SVM)	33
의과대학을 자퇴하고 신학교로	34
버지니아 유니온신학교	35
개척선교사들의 내한 여정	37
조선 선교의 교두보 '딕시(Dixie)'	40

제3장 고요한 아침의 나라, 조선으로(1896)

하위렴 선교사 조선에 오다	44
북장로교 선교부와 의료사역 협력	50
호남선교를 시작하다	51
선교지를 전남 지역까지 확대하다	52

제2부 모든 족속으로 제자를 삼아(마 28:19)

제4장 풍남문(豐南門)의 성곽길을 따라(1896~1904)

농민항쟁에 스러진 함성을 껴안고	56
전주지부에 합류하다	60
데이비스와 결혼(1898)	62
1차 안식년(1899~1900)	69
데이비스와 함께 복음사역에 전념하다	70
신흥학교의 설립	74
스테이션 조성사역	80
아내 데이비스의 죽음	82

제5장 탁류의 선창(船倉)에 복음의 닻을(1904~1908)

상처(喪妻)의 아픔을 딛고 군산으로	85
부임 당시 선교부의 상황	86
스테이션 조성공사를 마무리하다	90
팀 사역을 이끌다	91
구암(궁말)교회 당회장으로	94
순회전도 사역	95
개복교회/동련교회/고현교회/대봉암교회(제석교회)/	
웅포교회/선리교회/황산교회/만자산교회	
사경회와 지도자 수련	107
영명학교 사역	116

제6장 에드먼즈와의 운명적인 만남

북감리교 내한선교사 에드먼즈	119
도티(Susan A. Doty) 양의 소개로 만난 에드먼즈	125
2차 안식년(1908~1909)과 에드먼즈와의 재혼	127

제3부 땅끝까지 이르러(행 1:8)

제7장 남도에서 부르는 전도자의 송가(頌歌)(1909~1912)

유진 벨과 목포 선교지부	132
유진 벨의 후임으로 목포에 오다	136
양동교회에서의 협력 목회	136
백만인 구령 운동의 열풍 속으로	137
양동교회 재건축과 리더십 이양	140
스테이션 조성공사	144
순회사역	145
영흥학교 교장으로 사역하다	154
전라노회 창립에 참여하다(1911)	158
사경회 강사로 참여하다	160
순천 선교지부 개설을 위한 타당성 조사	161

제8장 선택의 갈림길에 서서

출산을 기뻐할 겨를도 없이	163
혼신을 다한 목포에서의 사역	165
아내의 신병 치료를 위해 귀국하다(1912)	173
몬트리트 선교사대회에 참석하다(1913/1914)	176
고비를 딛고 다시 한국으로(1915)	178

제4부 이 반석 위에 교회를 세우리니(마 16:18)

제9장 다시 금강을 따라 궁말 언덕에(1915~1918)

3차 안식년을 마치고	182
다시 군산으로(1915)	186
사역분담과 전문화	188
사경회(査經會)를 개최하다(1916)	197
전북노회 창립과 활약(1917. 10.)	201
전북지방 선교 25주년 기념행사(1917. 11.)	204
군산지역 선교 초기 역사를 갈무리하다	206

제10장 3·1 운동과 군산 선교지부(1919~1921)

군산 3·5 만세운동과 영명학교	223
영명학교 교장으로 사역하다(1919~1921)	224
일제의 간섭과 조선인 탄압에 대해 교단의 관심을 촉구하다	226
조선의 상황에 대한 교단의 반응	228
콜레라가 창궐하다	230

제5부 영생에 이르는 열매를 모으나니(요 4:36)

제11장 황토의 들녘에서 추수꾼으로

순회사역에 매진하다   234
    동련교회/송산리교회/옥곡교회/제석교회
    왕골교회(초왕리교회)/고현교회/함열교회/두동교회

애너벨 니스벳 선교사를 추모하다(1920. 6.)   260
하위렴 선교사 내한 선교 25주년 기념행사(1921. 2. 18.)   263
교사 연수회 개최(1921. 3.)   266

제12장 만종(晩鐘)이 울리는 석양에 서서

세대교체가 일어나다   270
인돈 부부의 귀환   272
4차 안식년(1922. 7.~1924. 8.)   274
리더십의 이양을 촉구하다   275
해리 로디스의 군산 방문(1924)   277
안식년을 마치고(1924. 8.)   280
유진 벨의 사망 소식을 듣다(1925)   280

제6부   달려갈 길을 마치고(딤후 4:7)

제13장 하위렴을 추모(追慕)하며

32년 조선 선교사역을 마치다 285
세계주일학교연맹에 김중수를 추천하다 287
소천(1928. 7. 3.) 288

제14장 자녀들의 이야기

딸, 셀리나 해리슨(Margaret S. Harrison) 292
아들, 찰스 해리슨(Charles W. Harrison) 293

부록

연보(年譜) 301

제1부

나를 좇으라 하시니

일어나 좇으니라

(마 9:9)

제1장 하위렴(William B. Harrison)의 고향 켄터키

서부로 가는 관문

미국이 영국으로부터 독립하기 이전에는 주로 동부 해안가에 사람들이 몰려 살았다. 1750년에 토마스 워커Thomas Walker라는 영국인 의사가 애팔래치아 산맥을 넘어 서부로 가는 고갯길[5]을 발견했는데 얼마 후에 탐험가 다니엘 분Daniel Boone[6]이 사람들을 이끌고 협곡을 넘어와 이 지역에 살던 인디언들을 몰아내고 정착하면서 이 땅을 켄터키로 불렀다. 이때부터 켄터키는 서부로 가는 관문으로 떠오르기 시작했다.

마침 미국이 독립을 외치며 영국과 전쟁을 벌이자, 켄터키를 잃었던 인디언들은 마침내 백인들을 쫓아낼 기회로 여기고 정착민들을 배후에서 공격하기 시작했다. 다니엘 분Daniel Boone의 딸을 포함한 몇몇 정착자

---

[5] 이 산길을 컴벌랜드(Cumberland) 협곡이라 불렀다.
[6] 탐험가이자 미국 서부 개척의 영웅으로 컴벌랜드 협곡을 지나서 켄터키로 향하는 '윌더니스 통로'를 개척했다. 애팔래치아산맥을 넘어 켄터키에 정착한 최초의 미국인으로 알려져 있다.

들이 인디언에게 납치되었던 사건도 이 무렵의 일로, 이때, 인디언들을 쫓아가 붙잡힌 사람들을 모두 구출했다는 다니엘 분의 이야기는 서부 개척사에서 빼놓을 수 없는 전설이 되어 오랫동안 회자가 되었으며, 그의 무용담은 후에 〈모히칸족의 최후〉[7]라는 소설의 소재가 되기도 했다.

남북전쟁과 켄터키

토착 인디언들을 밀어내고 켄터키에 정착한 백인들은 비옥한 이 땅에 아프리카에서 헐값에 팔려온 흑인 노예들을 끌어다 대규모로 담배와 목화를 경작해 엄청난 호황을 누렸으나, 반면에 노예들의 삶은 말로 표현할 수 없을 정도로 비참했다.

켄터치 옛집에 햇빛 비치어
여름날 검둥이 시절
저 새는 긴 날을 노래 부를 때
옥수수는 벌써 익었다
마루를 구르며 노는 어린 것
세상을 모르고 노나
어려운 시절이 닥쳐오리니

---

7) 〈The Last of the Mohicans〉, 제임스 페니모어 쿠퍼(1789~1851)의 5부작 대하소설. 프렌치 인디언 전쟁이 일어난 1757년을 배경으로 하는 이 소설은 미국 문학의 낭만주의 시대를 대표하는 작품이자, 미국 건국 이전의 역사를 다룬 소설로 미국적인 소재와 주제를 미국의 관점에서 다룬 최초의 작품이란 평가를 받는다.

잘 쉬어라 켄터키 옛집
잘 쉬어라 쉬어 울지 말고 쉬어
그리운 저 켄터키 옛집 위하여
머나먼 길 노래를 부르네

 지금은 미국의 민요로 흥겹게 불리는 노래지만, 알고 보면 흑인 노예들이 어린 시절을 보냈던 고향을 떠나 낯모르는 곳으로 팔려 갈 때, 혈육과 헤어지며 눈물로 부르던 가슴 아픈 이별가였다.[8]

 민요에서처럼 켄터키는 노예주였다. 켄터키와 오하이오를 남북으로 나누는 오하이오 강이 미국을 지역적으로 가르는 경계가 되면서 자연스럽게 오하이오는 자유주임을 내세웠고, 켄터키는 노예제를 지지했다. 그러나 정작 1861년 남북전쟁이 발발하자, 켄터키는 노예제를 옹호하면서도 북부와도 손을 잡고 중립지대로 남고자 했다.

 이를 지켜보며 못마땅해하던 남군이 그해 여름 켄터키주의 서부를 공격하며 응징하자, 기다렸다는 듯이 북부에서도 율리시스 그랜트 장군이 군대를 이끌고 와 순식간에 퍼듀카Puducah를 점령해버리고 말았다. 사태가 이렇게 되자 주 정부는 자신들이 주를 지킨다는 명분을 앞세워 스스로 군대를 만들어 남군과 대치하면서 주민들의 정서와는 달리 결과적으

---

8) 이 지역을 무대로 펼쳐지는 소설 〈톰 아저씨의 오두막〉 Uncle Tom's Cabin을 읽고, 작곡가 스티븐 포스터(Stephen C. Foster)가 반노예 운동의 차원에서 만들었다고 하는 이 노래는 흑인들의 서글픈 현실을 노래하고 있다.

로 북부의 편에 섰다.

이처럼 켄터키는 접경지대라는 지정학적인 특성으로 말미암아 남북 어느 쪽에서도 양보할 수 없는 요충지였기 때문에 켄터키는 남북전쟁 내내 전쟁터가 되고 말았다. 1862년 1월 북군은 밀 스프링스Mill Springs에서 승리를 거두었고, 8월에는 리치먼드Richmond 전투에서는 남군이 이겼으나, 곧이어 10월에 있었던 북군의 부엘Don C. Buell 장군과 남군의 브래그Braxton Bragg 장군이 이끄는 페리빌Perryville 전투는 남북전쟁에서 가장 피비린내 나는 전투로 양쪽 모두 엄청난 피해가 입힌 채 결국 남군의 패배로 막을 내리고 말았다.

1865년 남북전쟁이 끝나고 나서도 켄터키 주민들의 민심은 주 정부의 의도와는 관계없이 여전히 남부에 강한 동정심을 보였다. 왜냐하면, 북부의 손을 들어준 주 정부에서 아무런 보상도 하지 않고 노예들을 해방하자 주민들의 대부분은 자신들이 입은 엄청난 손실로 말미암아 그들 스스로가 전쟁에서 패한 것처럼 느꼈기 때문이었다.

노예제의 폐지로 일순간에 대농장의 지주들이 몰락하면서 남부의 경제는 막대한 피해를 입었다. 게다가 북부의 주도로 이루어진 구조조정으로 미국의 산업이 급격하게 재편되면서 서부로 향한 철도가 놓이자 오하이오 강을 따라 형성되어 왔던 물류 산업들은 순식간에 쇠퇴의 길로 접어들고 말았다. 잇달아 남부의 젖줄, 미시시피강의 뱃길을 따라 교역을 하던 강변의 작은 항구들마저 속속 몰락하면서 대부분의 남부의 다른 주들과 마찬가지로 켄터키 경제 역시 심한 몸살을 앓고 있었다.

몰락한 켄터키의 농장주들은 자구책을 강구했다. 1870년대부터 서부 진출을 위한 말의 수요가 급증하는 점에 착안하고, 담배와 목화 대신 초지를 일궈 말을 사육하면서 켄터키를 점차 종마 산업의 중심지로 탈바꿈해 활로를 뚫는 한편 사양길로 접어든 담배 대신 옥수수를 재배하고, 다시 옥수수를 발효시킨 위스키를 빚어내 켄터키를 위스키의 고장으로 만들어 갔다. '버번 위스키Bourbon Whisky'로 불리는 켄터키산 위스키는 이렇게 탄생했으며 호밀을 원료로 한 '스카치 위스키'를 대신해 세계적인 명성을 얻게 되었다.

출생과 성장

하위렴William B. Harrison은 남북전쟁의 포화가 멈추고 그 이듬해인 1866년 9월 13일 켄터키주 레바논Lebanon, KY에서 태어났다. 켄터키는 그의 증조부가 버지니아에서 이곳으로 이주한 이래 그의 가족사의 주 무대가 된다.

그의 조부 윌리엄 해리슨William Burr Harrison이 20세 나이에 결혼해 아들 하나를 두었으나, 안타깝게도 결혼 5년 만에 아내가 죽고 말았다. 얼마 후 그의 조부는 깁스Elizabeth Gibbs라는 아가씨와 재혼해서 아들 하나를 더 두었는데 공교롭게도 이번에는 재혼한 아내와 핏덩이 아들을 남겨둔 채 자신이 세상을 뜨고 말았다. 이때 조부가 후처 깁스Elizabeth Gibbs에게서 얻은 그

아들이 바로 하위렴의 아버지 찰스Charles B. Harrison였다. 살길이 막막했던 깁스는 얼마 후 어린 찰스를 데리고 재혼하게 된다. 하위렴의 조모 깁스와 재혼한 남편 사이에는 자식이 없이 찰스Charles B. Harrison만 외아들로 키웠다.

찰스는 어렸을 때 돌아가신 생부의 농장에다 자식이 없이 사망한 계부의 농장까지 물려받으며 전형적인 농장주로 자리를 잡으면서 28살이 되던 1858년 8살 연하의 아가씨 엘리사Eliza Lisle와 결혼해, 그녀와의 사이에 6남매를 낳았다. 하위렴은 그중 셋째로 위에 누이와 형이 하나씩 있었고, 아래로는 남동생과 두 명의 여동생이 더 있었다.

남북전쟁이 발발하기 전까지는 켄터키주 여느 농장주들과 마찬가지로 찰스Charles B. Harrison 역시 담배를 경작해 짭짤한 호황을 누렸으나 앞에서도 언급했듯 노예 해방령이 내려지면서 그의 담배농장도 예외 없이 급속히 사양길로 접어들고 말았다.

남부의 노예들은 해방이 되자 자유로운 삶을 구가할 수 있다는 기대로 크게 반겼지만, 그렇다고 해서 아무런 대책도 없이 하루아침에 농장주로부터 독립해 자신이 살던 농장을 떠날 수도 없는 처지였다. 말만 자유 신분이 되었지, 생계가 여의치 않은 흑인들은 그대로 주인집에 눌러앉아 하인으로 살기를 원하는 사람들도 많았다.

이런 이유로 찰스는 여전히 집안에 흑인 노예들을 하인으로 거느리고 살았던 것으로 보인다. 1870년 연방 인구조사 기록에서 보이듯 가사를 돌보는 사십 대 중반의 흑인 여자 마리아Maria와 농장에서 일하는 루이스Lewis라고 불리던 오십 대 초반의 남정네, 그리고 그의 아들이 찰스의 동거인으로 등록이 되어있다.

이렇듯 남북전쟁이 끝나고도 한참이 지났지만 하위렴은 흑인 하인들이 가족들의 시중을 들거나 누나와 형을 마차에 태워 읍내 학교까지 통학시키는 것을 보며 자랐다. 레바논 읍내를 포함한 마리온 카운티[9] Marrion County의 농장주들의 자녀들은 거의 흑인 하인들이 모는 마차를 타고 학교에 다녔다.

1870 United States Federal Census, Kentucky Marion Lebanon[10]

---

9) 연방 인구조사에 의하면 레바논의 인구가 1860년도 인구 953명, 1870년도 인구 1,925명이었다.
레바논이 속해있는 Marrion County의 인구는 1860년도 12,593명, 1870년도 12,838명이었다.
10) 1870년 연방 인구조사에 부부와 세 자녀 그리고 4명의 노예가 등록되어 있다
Chas B. Harrison (39), Eliza Harrison (31),
Lizzie Harrison (11), Waller Harrison (6), Willie Harrison (3)
William Wood (16), Maria Johnston (45), Lewis Johnston(16), Lewis Osburn (50)
Willie(3)는 윌리엄의 애칭으로 하위렴의 어린 시절 이름이었다. 인구조사 후에 한 명의 남동생과 두 명의 여동생이 더 태어나 하위렴은 6남매 가운데 셋째였다.

하위렴 역시 읍내에 있는 학교에 다녔다. 읍내 주변에서 얼마 떨어지지 않은 곳에 남북전쟁의 치열한 격전지가 산재해 있었기 때문에 마을의 숲길을 따라 조금만 들어가도 당시 전투의 흔적들을 곳곳에서 만날 수 있었다.

이 근처에 사는 아이들은 숲속에서 가끔 병사들의 색바랜 견장肩章이나 녹슨 칼 혹은 부러진 총자루 같은 것을 발견하기라도 하면 마치 보물이라도 찾은 듯 가방 깊숙이 넣어 학교에 가져와 또래의 아이들 앞에 펼쳐놓고 마치 자기들이 전투에 참여한 군인이나 된 것처럼 으쓱거리며 신나게 떠들어 대기도 했는데, 남부군과 북부군들의 용맹성을 비교하는데 이르면 그들은 으레 편이 갈려 언성을 높이기도 했다.

모교회 레바논장로교회

초기 개척자들이 켄터키로 들어와 정착한 시기가 1773년 무렵이었고, 미국 독립(1776)을 전후해 켄터키로의 본격적인 이주가 이루어졌다고 본다면, 1789년에 세워진 레바논장로교회는 레바논에 자리를 잡은 초기 정착민들에 의해 세워진 교회임을 짐작해 볼 수가 있다.

'From log cabin 1789 till today 225 years of worship[11],'
painted by Katina Johnson in 2014

그 후 처음 세웠던 통나무교회Cabin Church를 헐고 그 자리에 목조건물로 몇 차례 개축을 거듭하다가 바로 그 옆자리에 지금의 석조건물을 다시 신축했다.

현재의 레바논장로교회 모습

---

11) 2014년 레바논장로교회 교인인 카티나 존슨(Katina Johnson)은 교회의 역사를 회고하며 수채화 한 점을 그렸는데, 화폭 안에 통나무로 지은 캐빈교회(Cabin Church)를 현재의 교회 옆에 함께 그려 넣음으로써 교인들로 하여금 225년(1789~2014) 교회 역사를 돌아보게 했다.

켄터키에 자리 잡은 하위렴은 집안은 스코틀랜드인 후예답게 그의 선대 조부터 대대로 장로교 집안이었다. 하위렴의 조부William Burr Harrison로부터 시작해 아버지Charles Butler Harrison, 다시 하위렴 자신에 이르기까지 자녀들은 경건한 장로교의 전통 속에서 자랐으며, 주일이 되면 앞에서 언급한 읍내에 있는 레바논장로교회에 온 가족이 함께 출석했다. 레바논장로교회는 하위렴의 가족과 삶에서 떼어 놓을 수 없는 신앙과 교육의 공동체였다.

제2장 선교사가 되기까지

의사가 되기로 마음을 먹다

고향에서 초중고를 마친 하위렴은 1883년 레바논에서 동쪽으로 64Km 정도 떨어진 리치몬드Richmond, KY에 소재한 센트럴대학Central College 화학과에 진학했다. 그 당시 루이빌에 주립대학이 있었지만, 그는 아버지의 권유로 좀 더 경건한 학풍의 기독교 사립대학을 선택했다. 1871년에 설립된 이 학교는 버지니아의 햄던-시드니대학Hamden-Sydney College, 노스캐롤라이나의 데이비슨대학Davidson College과 함께 남장로교 교단 산하의 교육기관으로 한창 이름을 떨치던 대학이었다.

그가 학부에서 화학을 전공하려 했던 것은 아마도 의대를 진학하기 위한 예비과정이었던 것으로 생각이 된다. 하위렴은 경건한 가정에서 자랐으나 체질적으로 섬약했던 탓에 아버지가 바라던 목사 대신 의사를 꿈꾸고, 센트럴대학을 졸업하던 그 이듬해 1889년 루이빌의과대학에 입학했다.[12] 루이빌 의대는 훗날 남장로교 의료선교사로 사역했던 포사이드 Wylie H. Forsythe와 오긍선[13]이 공부한 학교이기도 했다.

대학가를 휩쓸었던 학생자원운동(SVM)

하위렴이 대학을 입학하던 당시만 해도 대각성운동The Great Awakening의 여파가 아직 가시기 전이어서 미국 사회가 신앙적으로는 여전히 고무되어 있던 시절이었다. 이런 분위기에 힘입어 1886년 여름, 매사추세츠 노스필드에서 열린 대학생 여름 수양회Summer Conference for College Students에서 장로교 목사 피어선Arthur T. Pierson[14]과 무디Dwight L. Moody[15]가 제시한 '세계선교에 대한 방향과 비전'은 참석한 대학생들을 열광시키고도 남았다.

무엇보다도 이 여름 수양회에 참석한 100여 명의 학생이 세계선교에 헌신하기로 자원하는 '프린스턴 서약Princeton Pledge'에 서명하면서 '세계선교

---

12) "Death of Rev. W. B. Harrison", *The Korea Mission Field*, Vol. 24, No. 12. Dec. 1928, pp. 252
13) 배재학당을 졸업하고 의료선교사 알렉산더(A. J. A. Alexander)의 어학교사를 하던 중 알렉산더가 부친의 부음을 듣고 귀국할 때 오긍선을 데리고 가 미국에 유학시켰다. 오긍선은 루이빌의과대학을 졸업하고 의사가 되어 귀국해 군산, 목포 등 미국 남장로교 선교지역인 호남에서 의료 선교와 사회사업에 종사했다.
14) 「The Missionary Review of the World」의 편집장이자 학생자원운동(Student Volunteer Movement)의 창시자로 "이 세대 안에 세계 복음화를(The Evangelization of the World in this Generation)"이라는 캐치프레이즈를 내걸고 미국과 유럽 청년들에게 선교에 대한 동기를 부여하며 19세기 선교 운동을 이끌었다. 조선에 성경학교를 세우라는 그의 유언에 따라 피어선성경기념학원(현 평택대학교)이 세워졌다.
15) 미국의 침례교 평신도 설교자. 아더 피어선(Arthur T. Pierson), 존 워너메이커(John Wanamaker), 그리고 아도니람 고든(Adoniram J. Gordon)과 함께 미국 복음주의 운동의 선두 역할을 하였다.

학생자원운동(SVM)'¹⁶⁾을 단체로서 출범시켰다. 2년 뒤인 1888년 코넬대 출신 존 모트_John R. Mott_ ¹⁷⁾가 의장 겸 실행위원장에 선출되면서 실질적으로 '세계선교학생자원운동(SVM)'은 근대 복음주의 선교 운동을 주도하기 시작했다. 이때부터 학생자원 운동의 열기가 전 미국의 대학가를 휩쓸면서 학교마다 세계선교의 비전을 제시하는 크고 작은 각종 활동을 펼쳤는데 당시 졸업을 앞두고 있던 하위렴의 관심을 사로잡기에도 충분했다.

의과대학을 자퇴하고 신학교로

하위렴은 이미 의사가 되겠다는 생각으로 의과대학에 입학했으나 아이러니하게도 진로를 결정하고 나서부터 자신의 장래에 대한 물음을 던지며 고민했던 것으로 보인다. 정치적 이권 다툼에서 비롯된 남북 상잔의 의미에 대해 진지하게 생각해 본 것은 이때가 처음이었다. 남북전쟁 후 대부분 남부의 젊은이들이 가졌던 갈등과 고뇌, 그것이 꼭 전쟁에서 패했다는 것 말고도 노예제 속에서 살았던 남부인의 가치관과 신앙의 괴리 사이에서 그는 학창시절 내내 혼란스러워했던 것으로 보인다.

하위렴은 때마침 대학가에 불어닥친 학생자원운동(SVM)을 만났다. 헤매던 방황의 터널 끝에서 만난 한 줄기 빛이었다. 그리고는 까맣게 잊

---

16) The Student Volunteer Movement for Foreign Missions의 약자.
17) 미국의 기독교 교육자. 뉴욕주 출생으로 코넬대학교를 졸업했으며 YMCA 창설과 활동에 지대한 역할을 했다. 1946년 2차 세계대전 이후 원조사업에 대한 공로로 노벨 평화상을 받았다.

고 있었던 아버지의 바람을 뒤늦게 기억해내고, 이것이 자신을 향한 하나님의 부르심임을 깨달았다. 그는 거의 과정을 마쳐 가던 의과대학을 아무런 미련이 없이 자퇴하고, 이듬해인 1892년 다시 신학교로 그의 진로를 바꾸게 된다.

버지니아 유니온신학교

버지니아 리치몬드Richmond, VA에 소재한 유니온신학교Union Presbyterian Seminary는 당시 콜롬비아신학교Columbia Theological Seminary와 더불어 남장로교를 대표하는 신학교로 원래는 햄던-시드니대학의 신학부가 떨어져 나온 유서가 깊은 학교였다.

하위렴이 유니온신학교에 입학하던 그해(1892) 이미 신학교를 졸업하고 조선에 선교사로 파송되는 전킨William M. Junkin과 레이놀즈William D. Reynolds 이야기는 학생들 사이에서도 커다란 화제를 불러일으키고 있었다.

그 두 사람은 1891년 테네시 내쉬빌에서 열린 '전국신학생연합선교대회'에 강사로 왔던 북장로교 조선 선교사 언더우드와 조선인 윤치호가 조선 선교의 시급함을 호소할 때 큰 감동을 받고, 그길로 남장로교 해외선교부 실행위원회에 조선 선교를 지원했다가[18] 우여곡절 끝에 조선 선

---

18) 집회가 끝난 후 해외 선교부 실행위원회에 조선 선교를 지원한 사람은 전킨과 레이놀즈 말고도 카메론 존슨(Cameron Johnson) 그리고 맥코믹 출신의 테이트(Lewis B. Tate)등 4명이 함께 지원했다.

교사로 선발이 되어 파송되었다는 이야기였다.

너무도 생소했던 조선에 선교사로 파송된다는 두 사람의 이야기는 후배 재학생들에게 선교에 대한 커다란 동기부여를 했을뿐더러 남북전쟁으로 분열된 채 침체를 맞은 교단에도 새로운 출구를 제시함으로써 큰 도전을 주고 있었다.

유니온신학교를 졸업하던 1894년 가을, 하위렴은 트랜실바니아Transylvania 노회[19]에서 안수를 받자마자 곧바로 그는 켄터키주 메이슨 카운티에 소재한 메이스 릭Mays lick교회의 설교 목사로[20] 사역을 시작했지만, 그는 학창 시절 불태웠던 해외 선교사의 꿈을 버리지 않고 기도로 준비했다. 그리고 2년 뒤인 1896년 마침내 하위렴은 켄터키에서의 짧은 목회를 접고, 은둔의 나라 조선에 선교사로 지원했다. 그리고 앞서 떠났던 7인의 개척자의 뒤를 따라 단신으로 조선을 향하는 배에 몸을 실었다.

---

19) 켄터키 렉싱턴(Lexington, KY)에 소재한 노회.
20) "Death of Rev. W. B. Harrison", *The Korea Mission Field*, Vol. 24, No. 12. Dec. 1928, pp. 252

개척선교사들의 내한 여정

하위렴이 조선에 파송되기 이전에 먼저 내한했던 개척선교사들의 초기 정착과정을 살펴봄으로써 하위렴의 파송 행보와 연결된 초기 남장로교 선교사들의 활동을 쉽게 이해할 수가 있을 것 같아 소개하기로 한다.

남장로교 해외 선교부 실행위원회에서 조선 선교를 결정하고 7명의 개척선교사를 파송한 것은 하위렴이 내한하기 4년 전 1892년 2월이었다. 그들은 전킨 내외, 레이놀즈 내외, 그리고 테이트 선교사 남매와 데이비스 양이었다. 모든 준비를 마친 7명의 선교사는 최종적으로 미주리 주 세인트루이스에서 함께 만났다.

세인트루이스[21]는 그 당시 시카고에서 로스앤젤레스로 가는 마더 로드Mother Road[22]로 불리던 총연장 2,500마일의 국도 66번이 지나고 있었을 뿐 아니라 켄터키에서도 서부로 나가려면 반드시 지나야 하는 교통의 요충지였다. 일행은 테이트 남매의 모교회인 센트럴장로교회Central Presbyterian Church와 에비뉴장로교회Avenue Presbyterian Church에서 파송예배를 드리고, 교인들의 축복을 받으며 장도壯途에 올랐다.

---

21) 미시시피강과 미주리강의 합류점에 위치하는 교통의 요지로 남북전쟁이 끝나고 급격한 발전을 이루어 뉴욕, 필라델피아를 이어 미국 3위의 도시로 부상하면서 1904년에는 엑스포와 하계올림픽을 개최하기도 했다.
22) 1800년대 중반부터 위도 35도 선을 따라 건설되기 시작한 마찻길(Wagon Road)이었으나 후에 국도 66번이 되었다. 20세기에 들어와 여러 갈래의 하이웨이로 노선이 갈라졌다.

선교사 일행은 조선으로 귀국하는 주미공사 통역관이었던 이채연[23]의 부인을 우연히 만나 합류하게 되었는데 마침 미혼이던 데이비스 양이 이채연의 부인과 룸메이트가 되면서 두 사람은 빠르게 친구가 되었다. 샌프란시스코에서 요코하마에 이르는 태평양의 뱃길[24]을 항해하는 내내, 일행은 그녀로부터 조선의 문화와 풍습을 공부하며 보냈기 때문에 미지의 나라 조선으로 가는 멀고 먼 뱃길이 조금도 지루하지 않았다.

그녀와는 달리 전킨 부인과 레이놀즈 부인은 임신한 상태여서 2주간의 항해 내내 파도에 시달리느라 거의 음식을 입에 대지 못할 정도로 심한 뱃멀미로 시달렸다. 요코하마 항구에 당도할 즈음 이 두 사람은 거의 탈진상태였기 때문에 일행은 일정을 변경하지 않으면 안 되었다. 데이비스를 제외한 나머지 일행은 요코하마에서 당분간 안정을 취하기로 했다.

일단 데이비스만 이채연의 부인을 대동하고 먼저 조선으로 출발하기로 했다. 때마침 요코하마에서 조선에 입국하려는 감리교 선교사 일행[25]이 있어 두 사람은 그들과 함께 고베를 거쳐 제물포까지 동행하기로 했다. 이렇게 해서 1892년 10월 17일 제물포에 감격의 첫발을 내디딘 데이비스는 남장로교 최초의 내한 선교사가 된다.

---

23) 1887년 초대 주미공사 박정양의 통역관으로 있다가 후에 대리공사로 재직했다.
24) 미국의 퍼시픽 메일 회사가 1867년 1월 1일부터 샌프란시스코-요코하마-홍콩을 잇는 정기선의 태평양 항로를 개설했다
25) 북감리교 선교사 Arther W. Noble과 그의 아내 Mattie 그리고 Mr. Taft가 함께 승선했다.

스크랜튼W. B. Scranton 선교사 부부, 올링거Rev. F. Ohlinger 목사, 마펫Samuel A. Moffet 선교사가 마중을 나와 환영해 주었다. 일행은 조계지 내에 이태(怡泰) 호텔이라 불리던 중국인이 경영하는 외국인 숙소[26]에다 여장을 풀고 하룻밤을 쉬었다. 다음 날 아침 일찍 물때를 맞추어 다시 작은 범선을 타고 한강을 10시간 정도 거슬러 마포 나루터에 도착했을 때는 이미 해가 저물고 있었다.

서둘러 여자들을 가마를 타고 남자들은 도성까지 걸어서 올라갔다. 이미 성문이 굳게 잠겨 있었으나 가마꾼들이 아주 익숙하게 성을 타고 올라가 성 안쪽의 높은 둔대屯垈 위에 서서 마펫 선교사가 준비해 둔 밧줄을 성벽 아래로 늘어뜨리자, 성 밖의 일행들은 밧줄을 붙잡고 성벽을 기어올라 도성 안으로 들어갔다. 우여곡절 끝에 성안에 들어온 일행은 이채연 부인의 친절한 도움과 마펫 선교사의 안내로 미 공사관의 부속 의사였던 알렌의 숙소까지 안전하게 갈 수 있었다.

요코하마에 남아있던 나머지 일행이 도착한 것은 그로부터 거의 한 달이 지나서였다.[27] 그들이 배에서 내릴 때는 데이비스와 달리 마펫을 비롯한 북장로교 선교사들의 극진한 환영을 받았다.

---

[26] 중국인 이태(怡泰)가 경영했던 호텔로 외국인들에게는 Steward's Topside Boarding House로 불렸으며 숙식을 제공하는 객잔(客棧)의 성격을 띠고 있었다. 객실 수는 8개로 그 당시 숙박료는 2원 정도였다. 후에 동흥루(東興樓:훗날 상호가 松竹樓로 바뀜)라는 청요리 집으로 다시 개업했다.
[27] W.D. Reynolds, "Mr. Tate as a Pioneer" The Missionary Survey, Vol. 25, No. 10, Oct. 1929, pp. 207 제물포에 내린 것은 11월 3일 오후였다.

조선 선교의 교두보 '딕시(Dixie)'

내한한 남장로교 선교사들은 곧바로 서소문 근처 전 독일 공사의 저택을 알렌으로부터 1,500불에 매입하고 전킨과 레이놀드 내외가 거주할 수 있도록 개조해 선교부 설치를 위한 교두보로 삼았는데 주변 선교사들은 이곳을 딕시$_{Dixie}$[28]라 불렀다.

남장로교 선교부에서 매입했던 서소문의 독일 공사 저택[29]

서소문 숙소에 7인 모두가 함께 거주하기에는 너무 비좁았기 때문에, 새로운 거처를 마련할 때까지는 테이트 남매가 북장로교 선교사들과 함께 거주하기로 했으며 데이비스 양[30] 역시 서울에 체류하는 동안 북장로교 독신 여선교사 숙소에서 도티$_{Susan\ A.\ Doty}$[31]양과 함께 머물렀다. 무엇보

---

28) 미국 남북전쟁 때에 남부 연합(Confederate States of America)에 속한 11개 남부 주를 말하지만, 일반적으로 미국 남부 지방의 통칭이다.
29) '서소문동에 소재한 독일 영사관 저택' 『사진으로 보는 독립운동(상)』 서문당, 1987
30) "Death of Mrs. H. G. Underwood" *The Missionary Survey*, Vol. 12, No. 4, Apr. 1922. pp. 281 데이비스가 서울에 체류하는 동안 민비의 주치의였던 Mrs. Underwood와 함께 간호사로서 민비를 돌보기도 했다.
31) 수잔 도티(Susan A. Doty, 1861~1930) 독신 선교사로 내한해 정신여학교 제3대 교장(1890~1904)으로 사역하고 있었다. 데이비스보다 한 살이 더 많았으나 곧 친구가 되었다.

다 조선의 사정에 전혀 어두웠던 선교사들은 초기 3년여 동안은 의사소통을 위한 조선어 학습에만 매달려야 했다.

남장로교 선교사들이 내한하자 협력의 필요를 느낀 북장로교 선교부에서는 공의회 설치를 제안했다. 남장로교 내한 선교부에서는 곧바로 그 제안에 합의하면서 이듬해인 1893년 1월 공의회를 설치했다. 공의회 첫날 회의에서 레이놀즈를 회장으로 선출하고, 노회가 조직될 때까지는 공의회가 개교회를 전권으로 치리할 수 있도록 결의하는 한편 잠정적으로 선교구역을 나누어 충청도와 전라도 지역은 남장로교가 맡기로 했다.

남, 북장로교의 선교구역이 정해지고, 선교방침의 윤곽이 드러나자 남장로교 선교부에서는 전라감영이 있는 호남의 수부首府 전주와 전주를 서해로 이어주는 해상통로 군산에 지부 설치를 결정하고 레이놀드와 드루를 군산으로, 테이트 남매는 전주로 탐사 임무를 주어 내려보냈다.

선교사들이 전주와 군산으로 내려간 지 얼마 되지 않아, 이 지역에서 동학농민항쟁(1894)이 발발했다. 급기야 농민군에 의해 전주성이 점령되자 미국공사관에서는 이 지역 선교사들의 신변 안전을 위해 사태가 진정될 때까지 서울에 머물도록 지시를 내렸다. 1894년 9월 서울에서 열린 남장로교 선교부 연례회의에서도 긴급하게 선교사들의 철수를 결정했다.

조선을 둘러싼 국제 정세가 급변하면서 곧바로 청일양국이 전쟁으로 치닫자, 남장로교 해외 선교부에서도 불안한 국제 정세를 우려해 조선보다는 오히려 중국 선교를 강화하자는 쪽으로 의견이 기울고 있었으나, 조선 선교사들의 강력한 반발로 무산되고 말았다.

그보다 한해 전인 1893년 봄, 서울에서 태어난 전킨의 아들이[32] 9개월 만에 사망하는 일이 있었고, 그해 여름 무더위가 기승을 부리던 어느 날, 레이놀즈가 북한산으로 피서를 갔다가 절간에서 낳은 첫아들마저 10일 만에 죽는 일이 생긴 터에, 어수선한 정세까지 맞물려 조선 선교는 처음부터 시련이었다.

비록 남장로교 선교사들은 불안한 정세와 낯선 풍토에 적응하기조차 쉽지 않던 상황이었음에도 그들은 오히려 적극적인 선교 활동을 펼치고 있었다. 전킨은 서소문에서 예배 공동체를 열고 있었고, 레이놀즈와 데이비스 양 역시 인성부재에서[33] 채플 모임을 시작하고 있었다. 후에 남장로교의 선교구역이 호남으로 결정되면서 안타깝게도 이들의 예배 처소가 조직교회로 이어지지 못하고 말았지만, 남장로교 선교사들이 서울에 머무는 동안 남긴 귀중한 선교의 흔적이라 할 만하다.

---

32) 전킨의 첫째 아들 조지는 1893년 4월 23일 서울에서 태어나 1894년 1월 30일 군산에서 사망했다. 동학농민항쟁으로 군산 선교지 부 선교사들이 서울로 철수(1894. 4. 27)하기 3개월 전이었다.
33) 옛 중구 인현동 2가와 예관동 사이에 있던 고개. 선조의 7남인 인성군(仁城君) 공(珙)이 살았기 때문에 인성부재, 한자로 인성현(仁城峴)이라 하고 이를 줄여서 인현(仁峴)으로 불렸으며, 그 때문에 인현동의 이름이 생겼다. 이 근처에 북장로교 여선교사 숙소가 있었으며 이곳에서 남장로교 데이비스가 시작한 예배모임에 레이놀즈가 가세하면서 인성부재 채플로 불렸다.

남장로교 7인의 개척선교사[34]

---

34) 맨 앞줄 데이비스(Linnie F. Davis) 양, 가운뎃줄 좌로부터 조선인 통역관(장인택이란 설도 있으나 Presbyterian Historical Society(PCUSA) 문헌에는 이채연으로 되어있음), 테이트(Lewis B. Tate), 갓 태어난 아들 조지를 안고 있는 전킨(William M. Junkin), 레이놀드(William D. Reynolds), 테이트(Mattie S. Tate) 양, 뒷줄 좌로부터 전킨의 아내 메리 레이번(Mary Leyburn), 레이놀즈의 아내 볼링(Patsy Bolling).

제3장 고요한 아침의 나라, 조선으로

하위렴 선교사 조선에 오다(1896)

조선에 파송된 개척선교사들의 성공적인 정착과 굳은 의지를 확인한 해외 선교부에서는 조선에 지속적인 선교사 파송을 약속하며[35] 1895년 4월에 유진 벨Eugine Bell 부부와 그 이듬해에는 하위렴William B. Harrison 선교사를 연달아 파송했다.

1896년 1월 하위렴은 단신으로 샌프란시스코에서 일본으로 향하는 증기선에 몸을 실었다. 그 당시 미국의 퍼시픽 메일 회사가 샌프란시스코와 요코하마를 거쳐 홍콩을 잇는 정기선을 개설하고, 미국 대륙횡단 철도와 연계시키면서 상업적인 아시아 여행이 이전 어느 때보다도 훨씬 더 용이해지던 시기였다.

---

35) 조지 톰슨 브라운, 한국선교이야기, 천사무엘, 김균태, 오승재 옮김, 동연 pp. 58

샌프란시스코를 출항한 증기선이 긴 항해 끝에 태평양을 가로질러 요코하마에 도착한 것은 거의 2주일이 지나서였다. 곧바로 조선으로 가는 제물포 행 기선을 수소문했으나 연결되는 배편이 없어 며칠을 더 일본에서 머물러야 했다. 일본에 머무는 동안 조선에 파송된 선교사들과 연락을 취하고자 여러 차례 시도했으나 공교롭게도 전신국[36]의 통신장비에 고장이 생겨 전보를 칠 수가 없었다. 그는 조선의 선교사들에게 자신의 도착 일정조차 알리지 못한 채 일단 조선으로 가는 배를 타야만 했다.

제물포항에 정박 중인 서양기선[37]

당시 요코하마에서 조선으로 들어가는 노선은 2개가 있었는데 하나는 시모노세키를 거쳐 부산으로 들어가는 노선이었고, 다른 하나는 나가사키를 거쳐서 서해를 끼고 북상해 제물포로 들어가는 두 노선이 있었다.

---

36) 1883년 11월에 덴마크의 대북전신회사(大北電信會社, The Great Northern Telegraph Company Ltd.)가 부산-대마도-나가사키의 전신을 독점 개설하면서 조선은 일본을 통해 세계와 연결되었다.
37) '문명의 바다 생명의 바다, 황해' 18. 제물포와 연결된 동아시아 국제 기선 항로, 인천일보, 2020. 2. 12

하위렴은 후자를 선택했다. 왜냐하면, 부산을 거쳐 육로로 가는 것보다 곧바로 제주해협을 통과해 제물포로 항해하는 편이 시간을 절약할 수 있다는 생각에서였다.

이 배는 한라산이 보이는 제주도를 지나 목포외항에 잠시 정박한 뒤, 서해 연안을 따라 제물포로 가는 배였다. 이 배는 화물을 취급하는 우편선으로 여행객을 태우기도 했는데 승객은 주로 조선으로 가는 일본인들이 대다수였다.

나가사키를 출항해 밤을 꼬박 새워 항해한 증기선은 다음 날 해가 중천에 오른 뒤에야 제물포 앞바다에 닻을 내렸다. 그러나 조수 간만의 차가 너무도 커서 하선하지 못하고, 또다시 적당한 물때를 기다리며 4시간 이상을 바다에서 지루하게 보내야 했다. 거의 저녁쯤 되어 밀물이 들어오자 그제야 작은 배로 갈아타고 포구로 들어갔다.

처음 보는 제물포는 요코하마나 나가사키에 비교할 수 없을 만치 보잘것없었으나 선착장 주변에는 사람들이 제법 붐볐다. 개항장이라는 이름에 걸맞게 일본식 건물이 제법 눈에 띄었다. 포구 앞바다에 떠 있는 기선의 뱃고동 소리에 놀란 갈매기들이 일제히 날아오르며 선착장 주변을 한가롭게 맴돌고 있었다.

코트의 단추를 채우고 장갑을 끼고 있어도 한기가 들 만큼 포구의 바닷바람은 몹시 쌀쌀했는데도 화물을 내리는 부두 노동자들의 옷차림은 허름하기 짝이 없었다. 선착장 출구 주변에는 오랫동안 씻지 않은 듯한 얼굴을 한 소년이 큰 소리로 호객하고 있었다. 부랴부랴 짐을 찾아 선착장을 빠져나올 때는 이미 짧은 겨울 해가 수평선 너머로 떨어지고 난 뒤였다.

하위렴은 호객하는 소년의 뒤를 따라 일본인이 운영한다는 외국인 숙소를 찾았는데 입구에서부터 몸집이 왜소한 일본인 주인이 나와 한양으로 올라가는 방법을 서툰 영어로 설명을 해주었다. 인력거를 불러 타는 방법과 뱃길로 가는 방법이 있는데 어느 쪽을 택해도 내일 아침이 되어야 가능하다고 친절하게 일러주었다. 하위렴은 인력거를 탈까도 생각했으나 짐이 많아, 일단 마포까지 간다는 뱃길을 택하기로 하고 하룻밤을 묵기로 했다.

제물포에서 한양으로 들어가는 뱃길은 조선 시대 초기부터 삼남 지방에서 세곡이 올라오는 물류의 통로로 선박 출입을 관리하는 관리가 양화진에 상주하고 있었다. 그러다가 1866년 병인양요丙寅洋擾[38] 당시 불란서 군함이 한강을 따라 침입한 이후로는 관리들 대신에 병사들로 교체했다가 아예 어영청[39]의 군사 훈련장까지도 이 근처로 옮기면서 군대를 주둔시켰다. 갑오개혁 이후로는 장어영壯禦營[40] 소관의 관선이 제물포에서 양

---

38) 1866년 흥선대원군에 의해 진행된 천주교 박해로 프랑스 선교사 9명이 사망하자 이를 구실 삼아 천진에 있던 프랑스 극동 사령관 로즈 제독이 함대를 이끌고 조선을 침공한 사건.
39) 조선 시대 수도와 그 외곽을 방어하기 위해 설립한 다섯 개의 군영(軍營) 가운데 하나.
40) 1881년 성립된 조선의 군영으로, 무위영과 함께 2영을 이루었다. 장어영과 무위영은 기존의 오군영을 통폐합한 것으로, 통리기무아문(統理機務衙門)은 기존의 군영들을 통합함으로써 군 통수권의 분산을 피하고자 하였다. 장어영은 총융청, 어영청, 금위영을 합하여 만들어졌다.

화진과 마포 구간을 정기적으로 운행하며 통제를 강화하고 있었다.

제물포에서 하룻밤을 지낸 하위렴은 이튿날 아침 다시 배를 타고 제물포를 출발해 차가운 강바람을 내내 거스르며 양화진을 지나 마포나루에 도착한 때는 정오가 한참 지나서였다. 나루터에 내려서 바라본 눈 덮인 한강 변의 풍경은 스산한 겨울의 모습이었으나 더 할 수 없이 평화스러웠다. 먼저 하위렴은 배에서 짐을 끌어 내리고 도성으로 데려다줄 짐꾼과 안내인을 서둘러 찾아야 했다.

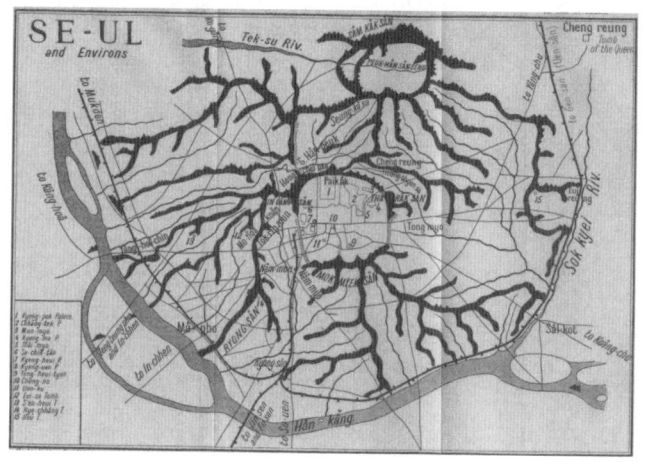

개화기 당시 서울의 지도(양화진과 마포에서 도성으로 들어가는 길이 그려져 있다)

인력거꾼을 구한 하위렴은 짐들을 두 대에 나눠 싣고 그들을 재촉해 도성으로 향했다. 나루터에서 좁은 길을 따라 도성으로 이동하는 연도沿 道에는 추위에도 아랑곳하지 않고 군데군데 사람들이 모여있었고, 띄엄띄엄 보이는 초가집 사이로 사람들이 다니는 길은 살얼음이 깔려있어 미끄러웠다. 몇 개의 언덕을 뒤로하면서 3마일 정도를 지나 제법 큰길로 들어서자 사람들의 통행이 잦아지고 있었다.

도성이 가까워지자 큰길 양편으로는 규모가 작은 가게들이 연이어 저잣거리를 이루고 있었고 가게의 담벼락이나 기둥에 걸어놓은 상품이라곤 수공예품과 조악한 면직물들이 전부였다. 하위렴의 인력거가 가게 앞을 지날 때는 누구나 예외 없이 자신의 모습을 신기한 듯 바라보았다. 숨소리가 거칠어진 인력거꾼의 어깨에서는 김이 모락모락 올라오고 있었다.

웅장하고 아름다운 성문(서소문?)을 지나 선교부에 이른 것은 이미 짧은 해가 지고 어스름이 밀려드는 무렵이었다. 서소문에 머물던 내한 선교사들은 엄동설한의 추위를 뚫고 혼자서 선교부를 찾아온 하위렴을 보고 소스라치게 놀라며 뜨거운 환영으로 그를 맞았다.

조선 시대 서소문

집을 떠나 1개월이 넘는 여행 끝에 서소문에 도착한 그날은[41] 1896년 2월 19일이었다. 긴 여행의 여독도 있었지만, 조선까지 오는 긴 여정을 혼자 하며 긴장한 탓에 심신은 이미 녹초가 되어있었다.

북장로교 선교부와 의료선교 협력

하위렴의 내한 소식은 조선 주재 선교사들에게도 금세 알려졌다. 마침 북장로교 언더우드 선교사가 독립문 근처 모화관慕華館에 진료소를 차려놓고 아내[42]와 함께 진료도 하며 복음을 전하던 중에 남장로교에서 파송한 의료선교사가 도착했다는 소식을 들었다. 언더우드는 곧바로 서소문 남장로교 선교사 숙소를 찾아와 하위렴에게 대뜸 모화관 사역의 동참을 제안했다. 이미 예양협정으로 각국 선교부의 선교지역의 윤곽이 드러나고 있었지만, 전혀 영문을 모르던 하위렴은 언더우드의 간곡한 협력 요청에 비록 잠깐이었지만 북장로교 의료 사역을 돕기도 했다.

---

41) 조지 톰슨 브라운, '한국선교이야기', 천사무엘, 김균태, 오승재 옮김, 동연 pp. 58
42) 언더우드의 아내 릴리아스 호튼(Lillias Horton)은 1888년 3월 내한한 우리나라 최초의 서양 여의사였다. 그녀는 내한 이듬해 1889년 3월 14일, 8년 연하인 언더우드 선교사와 결혼했다.

영은문 자리의 독립문과 모화관[43]

호남선교를 시작하다

1892년 내한한 7인의 선교사들과는 달리, 그 뒤를 따라 내한한 초기 선교사들은 언어를 충분히 익힌다거나 선교지에 적응할 충분한 시간을 갖지 못했다. 왜냐하면, 지부 설치에 분주했던 개척선교사들의 일정에 맞추어 함께 움직여야 했기 때문에 그들의 초기선교 활동은 실제로 개척선교사들과 동일한 시점에서 시작했다고 봐야 할 것이다.

하위렴보다 한해 먼저 내한한 유진 벨의 사정은 조금 나았으나 하위렴은 내한한 지 겨우 6개월 만에 곧바로 전주로 배치가 되면서도 그들과 같은 템포로 활동해야 했다.

---

43) 조선 시대 명나라와 청나라의 사신을 영접하던 장소. 청일전쟁 이후 1896년 서재필(徐載弼) 등이 영은문 자리에 독립문을 세우고 모화관을 독립관이라 하여 독립정신을 고취하는 회관으로 사용하였다.

선교지를 전남지역까지 확대하다

7인의 개척선교사가 내한한 그 이듬해(1893) 먼저 온 북장로교 선교사들과 '장로교선교공의회'를 조직하고, 선교지 분할의 원칙적인 사항들을 논의하면서 예양협정Commity Agreements을 맺을 때 제주도를 포함한 전라도와 충청도 지방은 일찌감치 남장로교에 맡겨졌다.

남장로교 선교부에서는 지부 설치 계획을 세우고 한 조에 두 사람씩 편성해 군산에는 레이놀즈와 드루를 그리고 전주에는 전킨과 테이트를 보내 탐사를 마쳤던 터라, 아직 돌아보지 않은 전남지역까지 선교지역을 확대하기 위해 1896년 가을 벨과 하위렴에게 후보지[44] 탐사를 맡겼다.

말을 타고 탐사 여행을 떠나는 해리슨(좌)과 벨(우)[45]

---

44) L. T. Newkand, "The City of Kwangju", *The Korea Mission Field*, Vol. 19, No. 2, Feb. 1923, pp. 39 그 당시 윤치호의 아버지가 전라남도 도지사로 부임해 있었다. 그는 선교사들에게 친절을 베풀고 사냥을 함께하기도 했으며 전남지역에 선교부가 설치되는 일에 협조적이었다

45) W. B. Harrison, *Journal*, Apr. 26, 1897

동학농민항쟁이 일어나기 전, 테이트 선교사에 의해 이미 마련된 전주지부를 교두보로 삼아, 1896년 9월 한 달 동안 하위렴과 벨은 전남 일대를 돌면서 후보지를 물색했다. 그해 11월에도 두 사람이 재차 탐사하며 내린 결론은 일단 전남지방의 행정중심지인 나주를 지부의 후보지로 물망에 올린다는 거였다.

이듬해인 1897년 3월, 나주에 부지를 매입했으나, 전혀 예상치 않았던 지역유림들의 극렬한 반대에 부딪히고 말았다. 나주에 서양 종교가 들어오는 것을 원하지 않는다는 이유에서였다. 게다가 일부 주민들이 돌을 던지며 선교사들의 신변을 위협하는 상황까지 이르자 선교부에서는 부지 매입을 취소하고 결국 나주지부 설치 계획을 무산시키고 말았다. 마침 목포가 개항장[46]으로 선정되었다는 발표가 나자 지부의 후보지를 목포로 바꾸면서 유진 벨은 목포에다 지부를 세우게 된다.

> "1897년 3월 봄, 배유지와 하위렴 두 목사는 나주에 가서 성내에 숙소로 쓸 초가집 한 채를 사서 수리하고 (중략) 성밖에는 장차 선교지로 사용할 땅을 매입한 후, 전도를 시작하였다. 양반 골인 나주는 외국인과 예수교에 대한 태도가 적대적이었다. 청년들은 작당하여 돌을 던졌으며 선교사를 성 밖으로 축출하려고 하였고, 주민들은 선교사들이 성내에 거주할 경우 살해하겠노라고 거듭 위협하였다. 이리하여 배유지 목사와 하위렴 목사는 부득이 매수하였던 토지와 가옥을 환매하고 다른 곳으로 선교지를 개설할 수밖에 없었다."[47]

---

46) 목포의 개항은 1889년 일본인에 의해 거론된 후 1897년 10월 1일에 고종의 칙령으로 부산, 원산, 인천에 이어 네 번째였다.
47) 전남노회 75년사, pp. 797

제2부

모든 족속으로

제자를 삼아

(마 28:19)

제4장 풍남문(豊南門)의 성곽길을 따라(1896~1904)

농민항쟁에 스러진 함성을 껴안고

남도 탐사를 마치고 돌아온 하위렴에게 곧바로 전주 사역이 맡겨졌다. 6개월의 언어훈련과 짧은 탐사 여행만으로는 문화와 풍습을 제대로 파악할 수조차 없었지만, 하위렴은 먼저 온 선교사들과 함께 선교 현장에 부임해야만 했다.

말로만 들었던 전주는 제주도를 포함해 전라도 전체를 호령하던 전라감영의 소재지로 호남의 수부首府였던 터라, 하위렴이 전주에 부임할 당시만 해도 위풍당당한 자태를 자랑하는 4대문이 성곽을 돌아가며 있었다. 그중에서도 가장 여유로움을 뽐내는 남쪽의 문만큼은 남문이라 하지 않고 꼭 풍남문으로[48] 불렸는데 풍남문은 아예 전주를 상징하는 의미로

---

48) 풍남(豊南)이란 풍패(豊沛)의 남쪽에 있는 문이라는 뜻으로 전주를 풍패지향(豊沛之鄕)이라 부른 데서 유래가 되었다고 한다. 풍패는 한나라의 고조 유방이 태어난 곳으로 조선왕조의 발원지인 전주를 그곳에다 비유한 것이다.

56 예수와 함께 조선을 걷다

쓰이기도 했다. 비록 규모는 작아도 전주는 왕조의 본향으로 격식과 풍취가 곳곳에 배어있었고, 반가班家의 기풍이 확연히 느껴지는 곳이었다.

전주 풍남문[49]

 여기서 잠시 하위렴이 전주에 부임하기 2년 전(1884)으로 이야기를 돌려보자. 1884년 고부에서 봉기한 동학 농민군들은 5월 11일 황토현에서 전라감영군을 격파하고 기세를 몰아 5월 31일에는 마침내 전주성에 무혈입성을 감행했다. 농민군에게 전주성을 내주었다는 소식에 놀란 조정에서는 농민군이 제시한 폐정개혁안을 받아들이고 전주화약全州和約까지 맺어 수습하는 듯하더니 갑자기 마음을 바꾼 고종이 청나라에 원병을 청하면서 사태는 전혀 다른 방향으로 흘러가고 있었다.

 청나라가 군대를 조선에 파병하자 일본 역시 텐진 조약을 내세워 곧바

---

49) 조선 시대 전주성의 남문으로써 2층 누각에 걸린 '호남제일성(湖南第一城)'이란 현판은 전주가 호남의 수부(首府)임을 말하고 있다. 안타깝게도 1907년 일제는 군산과의 도로를 낸다는 이유를 들어 남문을 제외한 3개의 성문과 성벽을 허물어 전주의 기품을 훼손해 버리고 말았다.

로 조선에 군대를 상륙시켜 청일전쟁의 빌미를 만들고 말았다. 이후 벌어진 양국 간의 전쟁에서 승리한 일본은 조선에 대한 주도권을 장악하고 개혁을 앞세우며 노골적으로 내정을 간섭하자, 이미 곳곳에 흩어졌던 동학 농민군들이 척왜斥倭의 기치를 내걸고 다시 궐기하기 시작했다.

한양을 향해 북상하던 농민군은 공주 근교 우금치에서 관군과 연합한 일본군과 충돌했으나 처음부터 농민군은 신식무기로 무장한 관군과 일본군에게 상대가 되지 않았다. 승리를 거둔 관군과 일본군은 곧바로 기세를 몰아 전주성 공략에 돌입했다. 전주성에서 일진일퇴 공방전은 주변의 민가 8백여 호가 불에 탈 정도로 치열했으나 수많은 사상자를 낸 채 농민군의 패배로 막을 내리고 말았다.

하위렴이 전주에 부임한 시기(1896. 11. 23.)는 농민항쟁이 수습되고 얼마 되지 않아서였다. 전주천을 사이에 두고 농민군과 관군이 치열한 공방전을 벌렸다는 성 안팎 주변에는 참혹한 현장을 방불케 하는 수습의 잔재가 그때까지도 곳곳에 남아있어 처연悽然함마저 감돌고 있었다.

여기서 이야기를 잠시 멈추고, 요동을 치던 구한말의 정치적 격변기에 내한했던 선교사들은 동학 농민항쟁을 어떤 시각으로 바라보았을까를 생각해 보는 일은 흥미로운 일이 될 것이다. 이 부분은 전문적인 연구가 좀 더 필요한 대목이지만 일차적으로 그들은 선교사였다.

그들의 내한 역사는 사실 매우 일천日淺해, 모순으로 가득한 구한말의 현실을 변혁하려 했던 민중의 생각을 공유한다거나 그들의 처지를 읽어 낼 만한 태세를 전혀 갖추고 있지 않았다는 것에 주목해야 한다. 다만 일부 선교사들만이 동학은 최제우에 의해 시작된 조선 고유의 종교이며 농민들을 중심으로 전파되면서 농민항쟁의 구심점이 되었다는 정도로 이해하고[50] 있었을 뿐, 선교사들의 대다수는 소통을 통해 '개종시켜야 할 이교도異教徒' 정도로만 동학을 인식했던 것으로 보인다.

동학과 개신교의 실제적인 만남은 캐나다 출신 맥켄지(W. J. McKenzie) 선교사가 체험했던 일화가 한 예가 될 것이다. 맥켄지 선교사가 1894년 10월부터 이듬해 7월까지 황해도 장연의 소래 마을에서 사역하고 있을 때 황해도 일원에서 일어난 동학 농민군의 봉기로 해주성이 점령되었다. 그러나 그는 마을을 떠나지 않고 교인들과 함께 교회를 지켰는데, 놀랍게도 그 마을을 점령한 동학군들은 교회와 선교사를 보호해 주었다는 것이다. 그 후 상황이 반전되어 일본군의 진압으로 동학군이 수세에 몰리자, 이번에는 반대로 소래교회가 동학군의 피신처가 되기도 했다는 거였다.

이 사실을 두고 감리교 선교사 존스(H. J. Jones)는 동학의 '한울님'과 기독교의 하나님과 다른 점은 기독교는 초월적 인격신인 데 반하여 동학의 한울님은 인간의 마음에 내재한다고 하는 점이 크게 다르다고 언급하면서 그런데도 동학과 기독교는 일신론적 신관이라는 공통점 때문에 소통의 가능성이 있다고 주장했다.

---

50) William M. Junkin, "Tong Hak", *The Korea Repository*, Vol. 2, Feb. 1885, pp. 56~61

이런 주장을 증명이라도 하듯 실제로 동학은 개신교와의 다양한 교섭 속에 동학의 한울님이 기독교의 하나님(God) 개념으로 전이되면서, 경계가 붕괴되는 양상을 보여주기도 했다.[51] 후에 동학은 천도교로 이름을 바꾸며 새롭게 변신을 시도했지만, 동학이 추구하는 개벽과 기독교가 전하는 하나님 나라와 공통점이 발견되면서 동학 농민군 가운데 기독교로 개종하는 자들이 나오기 시작했다.

예를 들면 황해도 신천의 동학 접주 방기창은 선교사 마펫을 만나 복음을 듣고 1907년 장로교 최초의 목사 7인 중 한 사람이 되었을 뿐 아니라, 소접주로 해주성을 공략했던 백범 김구의 개종이라든지 남장로교 선교지역에서도 테이트 선교사를 만나 복음을 듣고 목사가 된 최중진, 최대진 형제와 하위렴 선교사를 통해 예수를 믿게 된 동련교회 백낙규 장로 역시 동학도에서 기독교로 개종한 자들이었다.

전주지부에 합류하다

서문 밖 완산 언덕 은송리에 이삿짐을 푼 하위렴은 초가집을 진료소로 개조해 사역의 준비를 마쳤다. 1897년 3월 6일(토요일) 선교사들이 함께 모여 진료소 출범 예배를 드리고 그 이튿날 주일에는 그동안 전도를 했던 8명과 함께 첫 예배를 드렸다.

---

51) 이영호, "동학과 개신교, 그 갈등과 소통의 이야기", 기독교사상, Vol. 663, Feb. 2014

선교부 내 설치한 진료소가 알려지면서 환자들이 자연스럽게 몰려들었고, 그들을 상대로 복음을 전하는 의료선교의 길이 서서히 열리기 시작했다. 그는 혼자서 그해 10월까지 370여 명의 환자를 550차례에 걸쳐 진료했다. 하위렴은 의료 사역은 그해 11월 잉골드Mattie B. ngold가 전주에 파송될 때까지 계속되었다. 볼티모어 여자의대를 나온 잉골드가 의료 사역을 전담하면서부터 하위렴은 복음 사역에만 집중하기로 했다.

그 이듬해 6월 전주로 내려온 레이놀즈와 함께 테이트와 하위렴이 전주 일대를 순회하기 시작하면서부터 전주에서의 사역은 점차 활기를 띠어갔다.

하위렴은 당시 전주지부의 활동을 1897년 7월 18일 일기에 이렇게 기록해 두었다.

"이날이야말로 자생적인 전주교회에 있어 생기가 넘치고 기념할 만한 날이다. 모든 복의 근원이신 하나님을 찬양하라. 다섯 사람이 세례를 받았다. 테이트의 사환 유 씨, 김 씨, 함 씨 부인 그리고 김 부인의 아들 옥와[52]가 세례를 받았다. 전 씨도 세례를 받기로 했었으나 무슨 이유에서인지 나타나지 않았다. 레이놀즈가 그 예배에서 설교했으며 세례식을 집례했다."[53]

하위렴은 부녀자들도 함께 예배를 드릴 수 있도록 자신의 숙소인 사랑

---

52) 옥와는 김창국의 아명이었다. 남장로교 선교사들의 첫 열매로 호남에서 평양신학교에 진학한 첫 번째 교인이었다.
53) William B. Harrison, *Journal*, Nov. 24, 1895~Dec. 25, 1897, pp. 44

舍廊을 예배처소로 개조해 천으로 만든 장막을 쳐서 남녀가 따로 앉되 서로 볼 수 없게 하고, 중앙에 선 설교자만 남녀 모두를 볼 수 있도록 했다.

이때부터 이 건물은 전주교회 예배당으로 불렸다. 교인은 여자들 외에 남자만 20명가량 출석했으며 매 주일 규칙적으로 헌금을 했고, 회계가 선출되면서 교회조직을 위한 첫발을 내디뎠다. 1898년에는 두 사람이, 그 이듬해는 겨우 한 사람만 세례를 받을 정도로 교회의 성장은 미미했지만, 그래도 조금씩 변화를 보이며 진전이 되고 있었다.

데이비스와 결혼

군산에 부임한 데이비스와 전주에 부임한 하위렴이 만나 결혼하게 된 러브스토리는 한 편의 드라마와 같아 소개하기로 한다.

남장로교 내한 선교사로 조선 땅을 제일 먼저 밟은 데이비스는 1862년 버지니아 아빙돈에서 태어났는데 그녀가 3살 되던 해 남북전쟁의 후유증으로 아버지를 잃고 신앙심이 깊은 홀어머니 밑에서 자랐다. 장로교 가정의 경건한 분위기 자란 데이비스는 어려서부터 오지의 선교사가 되기를 소망했는데 그녀의 나이 29세에 때마침 조선 선교의 문이 열리자 데이비스는 조선 선교사를 지원하게 된다. 당시 조선은 오지 선교지 가운데 하나였다.

그녀가 조선에 도착한 이듬해인 1893년부터 1896년 11월 군산에 부임하기 전까지 약 4년 동안 데이비스는 레이놀즈와 함께 인성 부재 채플을 이끌며 어린이 사역에 매진하고 있었다. 1896년 11월 선교부 연례회의에서 자신의 임지가 군산으로 정해지자 그녀는 곧바로 군산으로 내려오게 된다.

한편 유진 벨 선교사와 함께 남도 탐사를 마친 하위렴 역시 전주로 그의 사역지가 결정되면서 1896년 11월 하순 전주에 부임했으나 짐도 풀기 전에 전킨 선교사로부터 군산 스테이션에 내려와 달라는 부탁을 받았다. 선교 준비 관계로 드루와 함께 서울에 올라가야 할 일이 생겼다는 거였다.

남자 선교사들이 자리를 비우는 동안 스테이션의 관리는 물론 2살짜리와 생후 6개월 된 갓난애가 딸린 메리를 포함한 여선교사들의 안전을 위해서도 남자 선교사가 필요하다는 이야기였다. 그러나 이제 막 전주에 부임한 하위렴 역시 진료소를 열기 위한 준비로 바빴던 터라, 내키지 않는 일이었지만 자신 말고는 딱히 내려갈 사람이 없었다.

전킨의 다급한 요청으로 군산에 내려온 하위렴은 자연스럽게 데이비스와 운명적인 만남을 갖게 된다. 물론 두 사람은 이미 남장로교 서소문 선교부에서 이미 만난 일이 있었지만, 서로 간에 동료 선교사로만 여겼지, 부부가 되리라고는 생각해 본 적이 없었다.

그해 겨울은 유난히 춥고 눈이 많이 내려 수덕산에 있던 선교부에서 시내까지 내려갈 수도 없을 만치 통행에 어려움이 많았지만, 그러나 두 사람은 눈으로 갇힌 선교부에서의 생활이 조금도 불편하지 않았다. 주일에는 수세자를 포함해 몇몇 교인들이 교회를 찾았으나 하위렴이 예배를 인도했고 주중에 있는 여성 성경공부는 데이비스 양이 맡아 진행했다. 진료소마저 눈으로 갇힌 상태라 찾는 이도 드물어 두 사람은 함께 있는 시간이 너무도 좋았다.

두 사람이 군산에서 만나는 동안 싹을 틔웠던 연모의 감정을 하위렴은 일기에 남겨 놓았다.[54]

> 1896년 12월 14일
> 내가 드루 박사와 전킨 목사가 서울에 가서 없는 동안에 데이비스 양에게 드루 부인과 함께 머무는 것이 어떠냐고 제안하여 받아들여졌다.

> 1897년 2월 18일
> 데이비스 양이 신중해졌다! 좋은 일이다! 데이비스 양은 말수가 줄었는데 의심할 것 없이 깊은 생각에 빠진 것 같다.

하위렴이 그해 겨울을 군산에서 보내고 다시 전주로 돌아간 것은 전킨과 드루가 서울에서 일을 마치고 돌아온 이듬해 초봄이 다 되어서였다. 하위렴과 데이비스가 전주와 군산으로 서로 몸은 떨어져 있었으나 서로

---

54) William B. Harrison, *Journal*, Nov. 24, 1895~Dec. 25, 1897, pp. 31, 33, 47, 50

를 향한 연모의 감정은 어떤 장애도 문제가 될 것 같지 않았다.

전주-군산 간 신작로가 생기기 전이라 오가는 일이 쉽지 않았음에도 데이비스와 교제를 이어갔고, 눈 깜짝할 사이에 일 년 가까운 세월이 지나고 있었다.

> 1897년 8월 30일
> 데이비스 양의 구두를 돌려주려고 드루의 집에 들렀다. 내가 최후의 통첩을 하는데 좀 더 가까워진 셈이다.

> 1897년 10월 1일
> 데이비스 양의 집에 들렀는데 또다시 "남자답지 못했다."

1897년 늦가을, 하위렴은 전킨의 초대로 군산에 내려갔다. 그는 전주에서 말을 타고 가면서도 마음속으로 이렇게 다짐했다.

"무슨 일이 있어도 이번에는 데이비스를 만나 청혼을 할 거라고……"

그날 그곳에 모였던 선교사들이 강변으로 오리 사냥을 나갔을 때 하위렴과 데이비스는 일행과 떨어져 갈대가 우거진 개펄을 뒤로하고 포구를 바라보며 섰다. 간혹 새들이 날아오르고 희뿌연 해무(海霧)가 바다에서 밀려오고 있었다.

호젓한 억새 숲 사잇길을 걷다가 하위렴은 간신히 용기를 내어 그녀에게 청혼했다. 목소리가 너무 작아 혹시 듣지 못했을까 걱정했으나 다행히도 그녀가 들은 듯했다. 그녀가 발그레한 얼굴로 그를 바라보며 사랑한다고 말하는 순간 그녀의 음성이 미풍에 밀리며 감미로운 화음처럼 들렸다.

그날 밤 숙소로 돌아온 두 사람은 그들 앞에 펼쳐질 조선에서의 여정에 대해 밤이 늦도록 이야기했다. 토담 밖에서는 '컹컹' 개 짖는 소리가 적막을 깨뜨리고 있었다.

1897년 10월 29일
벨과 테이트와 내가 데이비스 양 집에서 함께 저녁을 먹었다.
그녀의 요리 솜씨가 참 좋았다.

1897년 11월 1일
다른 사람들이 언덕으로 오리 사냥을 나가는 동안, 나는 더 아름다운 사냥을 계획했다. 이번만은 남자답게 굴어야지 다짐하면서 나는 내 생애에 처음으로 가장 가슴 깊은 곳에 담아둔 말을 했다. 내가 했던 그 말이 그녀를 사로잡은 것 같았으나 그녀는 잠시 침묵했다. 내가 급하게 돌아서서 나오려는 순간 데이비스가 다가와 '사랑해요'라고 말했다. 나는 붉어진 얼굴을 숨기려고 급히 언덕으로 올라갔다. (중략) 그날 나는 오리를 세 마리나 사냥했는데 한 마리를 그녀에게 보냈다.

어쩌면 데이비스는 내한할 때까지만 해도 독신을 생각하고 있었는지도 모른다. 더구나 머나먼 은둔의 나라 조선 땅에서 목표와 비전을 함께 공유할 수 있는 남자를 만날 거라고는 꿈에도 생각해 보지 않은 일이었다. 그러나 이제와서 데이비스는 더 이상 망설일 이유가 없다는 생각이 들었다. 오히려 그와 함께라면 더 효과적인 사역을 할 수 있을 거라는 생각이 들자 4살 연하의 남자라는 조건은 하등의 장애가 되지 않았다. 오히려 이것은 예정하신 하나님의 인도하심으로 느껴졌다. 하위렴과 데이비스의 결혼 소식은 선교부를 비롯해 내한 선교사들 사이에도 큰 화제를 몰고 왔다.

하위렴

두 사람의 결혼식은 1898년 6월 9일[55] 서울에 북장로교 독신 선교사 숙소에서 열렸다. 데이비스가 처음 내한해 수잔 도티 Susan A. Doty[56]와 함께

---

55) "Notes and Comments", The Korean Repository, Vol. 5, No. 6, Jun, 1898, pp. 240
56) 그 당시 수잔 도티(Susan A. Doty)는 정신여학교 교장으로 사역하고 있었다. 그녀의 나이 43살이 되던 1904년 상처한 북장로교 선교사 민로아(Frederick S. Miller)와 결혼하면서 그의 두 번째 부인이 되었고 그 후 청주로 내려가 그곳에서 사역했다.

3년 동안 거주한 곳이었다. 지루한 장맛비가 내리고 있었으나 두 사람을 축복하기 위해 오는 하객들의 참석을 막지 못했다. 아름다운 꽃들로 식장이 꾸며졌고, 주한 미국 공사 알렌 부부와 그 두 아들, 한성판윤 이채연 부부, 북장로교 무어 부부와 레이놀즈 부인 그리고 정신여학교 학생들이 증인으로 참석했다. 주례는 레이놀즈 목사였다.

리니 데이비스

참석한 모든 이의 축복 속에 조촐한 결혼식을 마친 두 사람은 함께 군산에 내려왔다. 데이비스의 살림을 마차에 싣고 전주 은송리 선교사 숙소로 이사하는 그날, 참으로 황홀한 시간이었다. 흙먼지가 나는 40Km의 황톳길은 전혀 문제가 되지 않았다. 신혼여행은 그해 8월에 일본에서 열리는 선교사대회에 참석하는 것으로 대신하기로 했다.

1차 안식년(1899~1900)

당시 그녀에게 붙여졌던 울트라 선교사[57]라는 별명처럼 쉴 틈이 없이 사역에만 매달리던 데이비스는 눈에 띌 정도로 몸이 쇠약해지고 있었다. 1899년에 접어들자 그녀는 휴식을 취하지 않고는 안될 상황까지 이르렀다. 마침 그해 9월 제물포에서 열린 제8회 선교부 연례회의에서 주변의 동료들은 데이비스에게 안식년 휴가를 권고했다.

안식년 제도는 6년을 일하고 1년을 쉬는 제도로 일반적으로 안식년에 해당하는 본인이 먼저 신청하는 데 반해, 데이비스는 7년 차가 되던 해에 동료 선교사들이 나서서 권고했다는 사실은 그녀가 얼마나 자신의 사역에 몰두하고 있었는지를 짐작해 볼 수 있는 대목이다. 데이비스의 안식년이 결정되자 하위렴은 내한한 지 3년밖에 되지 않았으나 자신은 배우자로서 그녀와 함께 안식년을 갖는 뜻밖의 행운을 누렸다.

데이비스가 조선에서 하위렴을 만나 결혼하고 첫 안식년을 맞아 남편과 함께 미국에 돌아간다는 일정이 잡히자 설렘보다는 오히려 설움이 몰려왔다. 내한한 지 9일 만에 돌아가셨다는 비보를 접하고도 장례식조차 참석할 수 없었던 어머니에 대한 기억만으로도 그녀는 눈시울이 젖고 있었다. 그나마 안식년을 맞아 남편과 함께 고향에 돌아가 어머니의 묘소만이라도 돌아볼 수 있다는 생각에 잠기며 그녀는 설움을 달래야 했다.

---

57) 군산 선교지부 드루 선교사가 데이비스의 업무량을 곁에서 보고 지어 준 별명.

데이비스와 함께 버지니아의 방문을 마치고, 하위렴의 고향 켄터키로 내려와 보니 옛집에는 70이 다된 늙으신 아버지만 시골의 쇠락한 농장을 지키고 계셨다. 그렇다고 두 사람은 무작정 집에만 머물러 있을 수만은 없었다. 켄터키와 노스캐롤라이나 그리고 테네시주의 여러 교회를 순회하며 조선 선교상황을 보고하고, 기도와 지원의 중요성을 환기시켰다. 일년간의 안식년을 보내며 활력을 회복한 하위렴 부부는 1900년 10월 8일 캐나다 밴쿠버를 떠나 11월 5일 제물포를 통해 다시 조선으로 돌아왔다.

데이비스와 함께 복음사역에 전념하다

안식년으로 선교사들이 한꺼번에 자리를 비운 사이 전주지부에는 의사인 잉골드만 남아 스테이션을 지키고 있었다. 안식년을 마치고 돌아온 하위렴 부부는 그동안 중단되어 있던 레이놀즈와 테이트의 사역을 이어 활동을 개시했다.

선교사들이 자리를 비운 5개월여 동안에도 50여 명 정도의 교인들은 한 사람도 흔들림 없이 자체적으로 예배를 계속하고 있었다. 그들은 하위렴과 데이비스가 돌아왔다는 소식에 모두가 환영하며 반겼다.

이때부터 하위렴은 팔을 걷어붙이고 교인들의 가족이 함께 교회에 나올 수 있도록 가장家長들을 권면하는 일에 공을 들였다. 그뿐 아니라 성문 근처에서 정기적으로 장이 서는 것을 유심히 살피던 그는 5일마다 열리는 장터에 관심을 가지고 장터를 돌며 전도하기 시작했다.

그 당시 전주 4 대문 밖에 서는 장 가운데 남문 장과 서문 장은 대시$_{大市}$라 불렀고, 북문 장과 동문 장은 간시$_{間市}$라 했다. 특히 전주 남문 장은 그 당시에 전국적으로도 유명한 장시$_{場市}$였는데, 지금과는 달리 싸전 다리 동편에 있는 천변에서 열렸으며 서문 장은 완산 다리 북쪽 너머까지가 장터였다.

4 대문 주변의 장들은 날짜를 달리하며 남문 장은 2일, 북문 장은 4일, 서문 장은 7일, 동문 장은 9일에 섰다고 하니까 성곽 주변의 장들은 거의 하루건너 장이 서고 있었고, 거기에다 전주 외곽의 소양장, 봉동장, 삼례장 등 7개 정도의 장터까지 포함하면 전주 주변에는 거의 매일같이 장이 열리는 셈이었다.

지역마다 전통 장이 정기적으로 선다는 것을 알게 된 하위렴은 사람이 모이는 장터를 순회하는 것만큼 효과적인 선교는 없다고 판단하고 장이 서는 곳이면 어디든 찾아다니며 열정적으로 전도하기 시작했다. 이때부터 하위렴은 동료 선교사들로부터 '장터 선교의 개척자'라는 별명으로 불리기도 했다.

하위렴 선교사가 전도하던 전주장터(남문밖 시장으로 추정) 멀리 기린봉이 보인다

이 당시 전주교회를 방문해 선교상황을 살펴보았던 언더우드Horace G. Underwood는 '그리스도 신문'에 전주교회를 이렇게 소개하고 있다.

"전주교회가 아직 흥성치는 못했으나 차차 날로 흥왕할 모양은 이 아래 몇 가지로 알 것이다. 제일 깨달을 것은 예수의 도를 사나이만 할 것이 아니고 남녀가 다 믿어야 할 줄 알고, 주일에 예배당에 다니는 사람마다 집안 식구가 다 함께 다니기가 어려움으로, 차례로 다니는 것과 아이들도 데리고 다님이요, 그중에 한 형제의 말이 비록 큰 새악시를 데리고 다니지 아니하나 하나님의 은혜로 데리고 다닌다 하며, 또한 이곳에 남녀학당도 실시하였으며 교중 연보도 차차 성심으로 드리며 전도도 바지런히 하는 이도 있고, 장마다 위인 강화 중에 책도 팔며 전도하는 이도 있어 여러 촌에 사는 사람들이 예수의 말씀을 들어 믿음으로 전주교회 몇 고을에 주일이면 예배하는 곳이 있더라." [58]

---

58) 그리스도 신문 1902년 2월 6일 일자

하위렴은 예배 후 학습과 세례 문답을 위한 교리공부반을 열어 단계별로 가르쳤으며, 데이비스는 부인과 어린이들을 상대로 성경 말씀과 찬송가를 가르쳤다. 데이비스가 가르친 찬송 '예수 사랑하심은[59)]' 이 당시 주일학교의 주제가가 될 정도로 널리 불렸으며 초기 교회 당시 가장 많이 애창된 찬송이었다.

찬셩시(8장) 1898, 찬송가(190장) 1908

주일학교가 크게 부흥하면서 이듬해인 1901년에는 교인 수도 배가되기 시작하더니 1903년에는 200여 명이 모이는 교회로 성장하고 있었다.

그들은 서문밖교회 뿐 아니라 이미 테이트에 의해 세워진 전주 주변 지역교회를 순회하며 성례를 베풀었을 뿐 아니라 새로 생긴 태인의 계양과 금구의 구봉리 공동체도 돌아보았다. 1901년 8월에는 정읍의 매계교회에서 일주일간 머물면서 5명에게 세례를, 19명에게 학습을 베풀기도 했다.

---

59) 주일학교 운동에 앞장선 애나 워너(Anna B. Warner, 1824~1915)양이 쓴 소설 〈전파하고 세례를 주라〉에 나오는 노래. 이 찬송이 우리나라 찬송가에 처음 채택된 것은 〈찬양가, 1894〉 21장이다.

하위렴은 정읍지방 최초의 교회인 매계교회의 성장을 이렇게 보고했다.

"예배 출석자가 계속 증가하고 있으며…집 한 채를 사서 회집 장소로 개조했고 그들은 20리 떨어진 곳에 가 예배를 드린다." [60]

테이트가 안식년을 마치고 돌아온 직후까지 하위렴은 전주 북부지역(고산, 여산, 함열, 임피)과 동부지역(진안, 용담, 무주, 금산, 진산)을 혼자서 맡고 있다가 1903년 마로덕Luther O. McCutchen 선교사가 새롭게 부임하자 전주 동부지역을 그에게 인계하고 하위렴은 북부지역에만 몰두했다.[61]

신흥학교의 설립

하위렴은 처음부터 복음 사역 이상으로 교육 사역의 중요성을 깨닫고, 선교부 연례회의가 열릴 때마다 선교부 차원에서의 학교 교육의 필요성을 강조했다.

"지금까지 우리는 기독교 신자가 별로 없었기 때문에 교육 사역을 생각지 못했는데 그러나 이제는 사정이 달라졌다. 우리는 선교부가 책정한 계획에 따라 남녀학교를 하나씩 시작하기를 권하는 바이다." [62]

---

60) W. B. Harrison, "Encouragements at Chunju", *The Missionary*, Oct, 1901, pp. 465
61) Reports of the Southern Presbyterian Mission in Korea, 1903, pp. 29
Reports to the Thirteenth Annual Meeting of the Southern Presbyterian Mission in Korea, 1904, pp. 9~11
62) Anabel M. Nisbet, "Days in and Days out in Korea", p.126, 전주신흥고등학교 90년사.

처음에는 시기적으로 이르다는 이유로 다소 회의懷疑를 보이던 선교부에서도 얼마 지나지 않아 그의 의견을 받아들이고, 그에게 학교 설립의 책임을 맡겼다. 그는 1900년 레이놀드가 겨우 1명을 데리고 시작한 것을 하위렴이 맡으면서 8명의 학생을 대상으로 교육을 본격적으로 실시했는데 이것이 신흥학교의 효시가 된다. 교사는 하위렴과 데이비스였다. 개교 당시 상황에 대해서 하위렴은 1901년 7월 9일 선교부 연례회의에서 다음과 같이 보고하고 있다.

"기독교 가정에서 온 소년들을 위해 학교가 문을 열었다. 학교를 여는 문제에 대해서는 부모들에게 의견을 물었고 이에 대하여 부모들은 학교가 시작하기 전부터 8명이나 되는 소년들을 보내주었다. 그들 가운데는 커다란 희망을 품고 있는 몇몇 어린애들도 있었다. 우리는 건물과 책 그리고 유능한 교사 등 학생들을 제외하고는 모든 것이 부족하다." [63)]

전주지부 선교사 사택(1904): 맨 왼쪽이 하위렴, 맨 오른쪽이 테이트 양, 그 옆에 작은 키의 여자가 존슨 선교사 아내

---

63) George T. Brown, "한국 선교 이야기", 천사무엘, 김균태, 오승재 옮김, 동연, 2010, pp. 101; 연례보고서 1901년 7월 9일.

1904년에는 교사校舍를 화산 스테이션에 있는 하위렴 선교사의 사랑채로 이전하고, 데이비스를 포함한 최중진, 김필수, 김명식 등 5명의 교사가 주 5일간, 오전 9시부터 오후 4시까지 수업을 진행했다. 어린 학생들을 대상으로 성경과 한글, 한문, 지리, 산수 등을 가르치면서 신흥학교는 전주 최초의 근대 교육기관으로 발돋움을 시작했다.

1906년에 희현당64) 옛터에 한옥 건물을 신축해 독립된 교사校舍를 확보하고, 1907년 2월 랭킨Nellie Rankin이, 3월에는 교육선교사 니스벳John S. Nisbet/유서백 부부가 전주에 부임하면서 본격적인 교육 선교의 전환점을 맞이하게 된다.

그 이듬해인 1908년 9월 다시 8간의 교사校舍를 다시 신축하고, 니스벳이 2대 교장으로 취임하면서 교명을 신흥학교라 정했다. 새 여명黎明을 뜻하는 New Dawn의 한역韓譯으로 '학생들을 가르쳐 이 어두운 세상을 빛의 세상으로 바꾸자'라는 의미를 담았다. 1911년 니스벳이 목포 영흥학교로 옮겨가기 직전에 신흥학교 학생 수는 이미 150여 명에 이르고 있었다.65)

신흥학교 연혁을 보면 기록자에 따라 그 시작을 레이놀즈로 보기도 하고, 신흥학교라는 교명을 정식으로 사용한 니스벳으로 말하기도 하지만,

---

64) 희현당은 전라감영에서 직접 운영하는 영학(營學)으로, 고을 수령들의 1차 추천을 받은 유생들에게 시(詩)와 부(賦) 두 영역으로 나누어 '선사백일장(選士白日場)'을 치러 다시 선발된 유생들에게 40여 조목(條目)의 엄격한 생활 규범을 두고, 제술(製述)과 강경(講經)을 힘써 익히게 했던 교육기관.
65) F. M Eversol, "The Chunju Boy's School", The Missonary Survey, Vol. 7, No. 10, Oct. 1917, pp. 683

정작 에버솔F. M Eversol이 언급한 기록[66]에 의하면 선교부에서는 개교책임을 맡아 시작했던 하위렴을 설립자로 여겼다.

1900년대 신흥학교 학생들과 교사의 모습[67]

교육 선교에 대한 하위렴(1대)의 비전이 그 후로도 니스벳(2대)과 레이놀즈(3대), 에버솔(4대), 인돈(5대)으로 이어지면서 신흥학교는 비약적인 발전을 거듭하기 시작했다.

여기서 이야기를 돌려 하위렴 선교사가 뿌린 이 지역에서의 교육 선교의 씨앗이 어떻게 발아되어 결실하고 있는지를 살펴보는 것도 흥미로운 일이 될 것 같아 간략히 소개해 보고자 한다.

---

66) 위의 책. pp. 683
67) 기독신문 2017. 02. 25 일자

최초의 신흥학교 학생이 된 김창국은 1884년 1월 28일 한의원 김제원의 차남으로 태어나, 소년 시절에는 서당에서 한문을 배웠다. 그의 조모와 모친은 일찍이 테이트 양의 전도로 전주 최초의 신자가 되었기 때문에, 그는 조모와 모친을 따라 자연스레 기독교인이 되었다. 그는 1897년 7월 17일 전주에서 최초로 세례를 받은 5명의 신자 가운데 한 사람으로 그때 나이 13세였다.

전주 최초(1897)의 주일학교 학생; 앞줄 왼쪽에서 두 번째가 김창국이다

그는 어린 나이에도 불구하고 선교사들을 도와 장터에 나가 전도지를 돌리며 전도 활동에 힘쓰기도 했다. 1900년 하위렴이 시작한 신흥학교 최초의 학생이 되었고, 졸업 후 하위렴의 추천으로 평양 숭실학교에 들

어갔다.[68] 재학 당시 평양 대부흥 운동에 크게 영향을 받은 그는 졸업하던 그해(1907) 평양신학교에 들어갔으며 그는 방학 때마다 고향에 내려와 선교사들을 도우며 선교부 내 순회 사역을 돕기도 했다. 1915년 졸업과 함께 안수받고, 전주지부 내 최초의 한인 목사가 되었다.[69]

김창국 목사

1917년 전라노회에서는 그를 제주도 선교사로 임명했다. 그는 6년 동안 내도리교회, 삼양리교회 등을 개척해 제주도 복음화를 위해 온 힘을 다했다. 1922년에는 광주 남문밖교회 담임목사로 부임해 사역하다가 1924년 광주 양림교회로 분립해 나와 25년 동안 봉직했다. 한편 그는 전국각지를 돌며 102회 걸친 부흥회를 인도할 정도로 부흥사로서도 크게

---

68) Rev. William B. Harrison, "Kunsan's Ministerial Candidate" *The Korea Mission Field*, Vol. 2, No. 1, Nov 1905. pp.110
69) Mrs. L. R. Tate, "Native Reinforcements" *The Missionary*, Vol. 5, No. 10, Oct. 1915, pp. 739

활약하기도 했다.

신흥학교는 그 후로도 발전을 거듭하며 수많은 목회자와 인재를 배출했는데 교계에서 활동한 인물로는 전주 안디옥교회와 바울선교회를 이끈 이동휘 목사, 서울신학대 총장을 지낸 강근환 목사, 〈사랑의 원자탄〉 저자이자 기독신문의 전신인 〈파수꾼〉의 발행인 안용준 목사, 현대종교를 설립하여 이단과 맞선 탁명환 소장과 예장합동 총회장인 전계헌 목사 등 이름난 목회자들이 즐비하다.

이 학교 출신의 유명 인사로는 일제강점기 중국에서 항일운동가로 활약한 작곡가 정율성[70], 민중신학의 거두인 서남동 목사, 서울대 교수이자 작곡가인 백병동 등이 있고, 하버드대 한인 최초 졸업생 하경덕 전 서울신문사 사장을 비롯해 거창고 교장을 지내며 참 스승 상을 제시한 전영창과 국무총리를 지낸 정세균 역시 신흥학교가 배출한 유명 인사들이다.

스테이션 조성사역

하위렴 선교사의 다양한 사역은 의료, 복음, 교육을 넘어 스테이션 조성공사에도 미치고 있었다. 전주 선교지부로 사용하던 은송리 일대 완

---

70) 광주 출신의 음악가. 신흥학교를 졸업하고 중국으로 건너가 의열단에 가입해 항일운동을 했다. 1939년 중국 공산당에 가입해 '팔로군행진곡', '연안송' 등을 작곡해 작곡가로 활동했으며 현대 중국의 3대 음악가 중 한 사람으로 알려져 있다.

산 언덕의 땅이 왕실 소유로 밝혀지면서, 왕실에서 그 땅을 다시 매입하겠다는 의사를 밝혀오자 선교부를 이전하지 않으면 안 되는 상황이었다. 완산 언덕에 있던 스테이션을 되팔고, 다시 스테이션을 옮겨 조성하는 사업은 그 당시에 누구도 쉽게 해낼 수 없는 사역이었으나, 하위렴의 다양한 은사와 추진력 덕분에 가능한 일이었다.

1902년 화산 스테이션 자리에 건축한 지금의 전주 예수병원의 토대가 되는 진료실과 병동은 해리슨의 설계와 그의 탁월한 아이디어로 가능했던 기념비적 사업이었다. 그는 이어서 선교사 숙소 건축까지도 도맡아 완공하고, 1902년 자신이 건축한 새집으로 입주했는데 앞에서 언급한 대로 그의 집은 신흥학교가 시작된 모태가 되기도 했다.

1903년 전주 선교부 전경[71]

---

71) 사진 중앙의 한옥이 예수병원이고 주변에 선교사 주택들이 보인다.

아내 데이비스의 죽음

하위렴 선교사가 자신이 건축한 선교사 주택에 입주하고 나서 그 이듬해인 1903년 이른 장마가 시작되던 6월 초순 데이비스는 몸에 이상을 느꼈다. 한기가 들면서 고열이 나자 처음에는 감기몸살로 알고 약을 먹었으나 전혀 듣지 않았다. 3일째 되는 날 그녀를 찾아온 잉골드가 곧바로 그녀의 피를 채혈해 검사한 결과 발진티프스에 확진되었음이 판명되었다.

순회 전도하며 만난 사람들을 통해 감염된 것으로 짐작되었으나 국내에서는 쉽게 약을 구할 수가 없었다. 잉골드는 치료를 위해 백방으로 시도해 보았으나 허사였다. 데이비스는 열흘 동안 심한 고열로 시달리다 안타깝게도 그해 6월 20일(음력 5월 15일) 기린봉 위로 보름달이 환하게 비치던 초여름 밤, 겨우 41세의 젊은 나이로 눈을 감았다. 그녀의 죽음은 하위렴은 물론 내한 선교사들과 교인들에게 엄청난 충격을 주었다.

어린 시절부터 선교사를 꿈꾸었던 그녀는 하위렴이 내한하기 4년 전 1892년 11월 남장로교 개척선교사로 내한하여 서울과 군산, 전주에서 여성과 어린이 사역에 매진하다가 짧은 삶을 마감하고 말았다. 그녀의 선교 열정은 주변 선교사들 사이에서도 칭송을 받을 만치 적극적이었다. 선교사들과 교인들은 한결같이 그녀를 일러 '생명을 바쳐 선교한 여장부'라고 하면서 오열했다. 전주에서 전킨의 주례로 천국 환송예배를 드리며 그녀의 죽음을 애도했다.

"얼마 안 되는 우리 내한 선교사들 가운데 한 생명을 이 땅에서 잃는다는 것이 얼마나 마음 아픈 일인지 말로 다 할 수가 없습니다. 그녀를 먼저 보내지만, 내한 남장로교 선교사 여러분과 그동안 외로움과 고난을 인내해 오며 함께 만들어 온 뜨거운 우정과 사랑은 쉽게 사라지지 않을 것입니다." [72)

리니 데이비스의 장례

무엇보다 짧은 결혼생활에 사랑하는 아내를 잃은 하위렴의 충격은 말로 할 수 없었다. 엎친 데 덮친다던가 켄터키에서 들려온 연로하신 아버지의 황망慌忙한 부음까지. 하위렴은 거의 탈진상태가 되어가고 있었다. 선교를 향한 일념으로 조선에까지 달려왔건만 '주의 부르심에 대한 응답이 꼭 선교사이어야만 했던가'라는 데까지 생각이 미치면 심란해지기도 했다.

하위렴의 심신은 극도로 허약해지고 있었다. 주변의 동료 선교사들은 그가 의욕 상실에 빠질까 염려해 중국에 보내 잠시 안정을 취하도록 했

---

72) W. M. Junkin, "Appreciation", *The Missionary*, Sep. 1903, pp. 424

다. 중국 선교부[73] 견학이라는 명분으로 그해 여름 중국을 여행하는 동안 하위렴은 상처喪妻의 아픈 마음을 달래기도 했다.[74]

한껏 고조되고 있던 전주지부의 분위기가 데이비스의 죽음으로 말미암아 일순간에 가라앉고 말았다. 공교롭게도 군산지부의 사정도 전주와 매한가지였다. 1901년 드루 선교사가 이미 건강 문제로 미국으로 돌아갔고, 그의 후임자 알렉산더마저 그의 부친의 사망으로 잇달아 귀국하지 않으면 안 되는 상황이 발생했던 데다 안타깝게도 1903년 4월 생후 20일이 지난 전킨의 아들 프란시스까지 연달아 사망하자[75] 전킨 선교사를 포함한 군산지부 역시 침체의 늪을 벗어나질 못하고 있었다.

내한 선교부에서는 전주지부는 물론 군산지부에 대해서도 일단 새로운 대안을 마련해야 했다.

---

73) 1902년 당시 남장로교 해외선교부 산하에는 7개 국가(브라질, 중국, 멕시코, 일본, 쿠바, 콩고, 한국)에 9개의 선교부와 47개 스테이션을 운영하고 있었다. 그 당시 중국에는 절강(浙江) 선교부(1867)와 강소(江蘇) 선교부(1872) 등 2개의 선교부가 있었고, 각 선교부에는 5개의 스테이션을 두고 있었다. 그 후(1918) 산동(山東)지역에 선교부가 추가되면서 중국에는 3개의 선교부가 있었다.
74) Report of the Southern Presbyterian Misson in Korea, (1903), pp. 32
75) 전킨은 이미 1894년 겨우 돌이 지난 아들 조지를 잃었으며, 1899년에는 생후 2개월 된 아들 시드니마저 잃었다.

제5장 탁류의 선창에 복음의 닻을(1904~1908)

상처(喪妻)의 아픔을 딛고 군산으로

　내한 선교부에서는 일단 하위렴과 전킨의 사역지를 서로 교체시킴으로써 분위기를 쇄신하고자 했다. 이런 이유로 해서 마침내 1904년 9월 전킨은 군산을 떠나 전주로 가고, 하위렴은 전주를 떠나 군산으로 오게 된다.

　새롭게 부임한 군산이었지만 하위렴에게 군산은 전혀 낯설지 않았다. 궁말 스테이션에서 내려다보던 포구와 개펄 위로 펼쳐진 억새와 갈대의 군락, 비상하는 철새들이 보여주는 군무의 장관은 데이비스를 만나던 그 겨울(1896. 12-1897. 2)의 아름다운 기억으로 오버 랩이 되고 있었다. 탁류가 흐르는 시골 포구의 적막한 풍광이 눈 앞에 펼쳐지면서 그녀와의 추억이 몽환(夢幻)처럼 피어올랐다.

　1897년 가을 다시 전킨의 초대로 군산에 내려갔다. 테이트와 벨도 빠질세라 엽총을 챙겨 들고 함께 왔는데 우리는 야생 오리를 사냥하기 위해 개펄로 이어지는 길을 따라서 갈대가 우거진 풀숲에 몸을 숨겼다. 사냥에 익숙했던 그들 앞에서 보란 듯이 오리를 떨어뜨렸던 그날의 기억에다, 데이비스가 자신의 청혼을 받아주던 황홀했던 그 순간이 떠올랐다.

다음 날 저녁 그녀가 버터를 발라 감자와 함께 목탄 오븐에 구워낸 오리요리는 최고였다. 지금까지 먹어본 어떤 요리보다도 맛이 있었다. 밤이 깊어지면서 사방이 적막해지고 있었지만, 토담을 넘어 불어오는 쌀쌀한 초겨울의 바람마저 한기로 느껴지지 않을 만큼 훈훈한 밤이었다. 하위렴은 데이비스와 추억이 담긴 군산을 누구보다 사랑했다.

부임 당시 선교부의 상황

1899년 5월 군산의 개항으로 조계지가 그어지자, 전킨은 당국으로부터 기존의 스테이션을 조계지 밖으로 이전하라는 통보를 받은 터였다. 그는 수덕산 선교지부에서 약 5Km 정도 떨어진 해안가 구릉에 3만여 평의 대지를 매입해 스테이션 이전공사를 시작했으나 그가 전주로 떠나게 되면서 진행은 지지부진한 채 제자리걸음을 걷고 있었다.

개항 전(1898) 군산 그림지도[76]

하위렴이 1904년 군산으로 부임해 왔을 당시 전킨 선교사에 의해 착공되었던 학교 건물은 골조만 세워진 채 흉측한 모습 그대로였다. 벽체를 쌓기 위한 벽돌은 제대로 확보가 되지 않은 상태였고, 그나마 일부 구해다 놓은 벽돌은 규격에 맞지 않은 것들이 대부분이었다. 내장 마감을 위한 타일마저도 크기가 너무 작고 불량품이 많아 제대로 사용할 수 있을지 의문이 들었다. 게다가 병원을 짓기 위해 구입해 부지에 쌓아둔 목재는 방치된 채 눈비에 그대로 노출되어 있었다.[77]

---

[76] 우측에 한자로 명치(明治) 31년 7월 15일이 보인다. 명치(明治) 31년은 군산개항 1년 전(1898)으로 개항과 함께 지정될 조계지가 그려져 있다. 남북방향이 뒤집혀 그려진 지도에 직선으로 구획된 조계지와 일본 영사관의 부지가 보이고, 좌측 동그라미로 표시된 지역은 죽성 포구이다. 유난히 갈대밭이 많아 조선 시대 옥구군지에도 죽성포로 기록되어 있다.

[77] Rev. W. B. Harrison, "New Hopes in a New field", *The Korea Mission Field*, Vol. 2, No. 2, Dec. 1905, pp. 27

공사가 중단된 상태라 어설픈 것은 그렇다 치더라도, 아직 제대로 윤곽조차 파악하지 못하고 있는 지역교회들의 사정도 뒤숭숭하기는 마찬가지였다. 인도자가 없는 교회가 대여섯 곳이나 되었고, 또 다른 몇 군데에서는 인도자의 자질을 문제 삼고 있는 데다 선교사를 도와 그들을 이끌어갈 조사助事를 발굴해 세운다는 것도 쉽지 않아 보였다. 그런 데다가 전킨이 전주로 옮겨가면서 자신들의 소속을 군산에서 전주로 바꿔 놓은 것에 불만을 터뜨리는 교회도 있었다.[78]

개인적으로 볼 때 스테이션에 고용된 사람 가운데 자리에 걸맞지 않아 보이는 이들이 눈에 띄어 불편하기도 했지만, 그보다도 그들의 속내를 전혀 파악할 수가 없어 한동안 곤혹스럽기까지 했다. 그러나 다행히도 시간이 지나면서 그런 문제들은 조금씩 해결되어 갔다.

한편 하위렴 선교사가 군산에 부임하고 나서 일 년쯤 되어 러일전쟁이 발발했다는 소식이 들려왔다. 그해 3월 만주 봉천에서는 러시아의 육군을, 5월 쓰시마 해전에서는 러시아의 발틱함대를 무너뜨린 일본이 결국 전쟁을 승리로 마무리했다는 거였다.

그해 일본은 3,000명이나 되는 병력을 군산에 상륙시키더니 조계지 내에 여전히 남아있던 조선인들을 전부 조계지 바깥으로 내몰고 심지어 분묘까지도 이장케 했다. 그러더니 조계지를 중심으로 신도시를 빠르게

---

78) 전킨과 하위렴이 사역지를 교체하면서 일부 지역의 관할이 변경되었다.

건설해 가기 시작했다. 수덕산 넘어 북쪽 해안가에서 정오가 되면 바다를 향해 대포를 쏘기[79]시작한 것도 이 무렵이었다. 시계가 없는 주민들에게 시간을 알려준다는 명목이었으나 엄청난 대포 소리를 내어 러일전쟁에서 승리한 일제의 힘을 인식시키려는 심리적 효과도 노리는 듯했다.

새롭게 건설되는 조계지를 발판으로 일제는 바쁘게 움직였다. 일본인들이 물밀 듯이 들어와 시내 곳곳에 인프라를 장악하더니 군산항 부두 공사를 시작으로 1908년 전주-군산 간 신작로를 개통하면서 호남에서 수탈한 미곡을 일본으로 반출하는 전진 기지로 만들어 갔다.

그런 대규모 토목공사가 비록 수탈정책의 일환이었다 할지라도 일단 선교사들은 내심 반겼다. 왜냐하면, 군산을 통해 들어오는 선교 물자[80]를 전주로 이동하는 일이 훨씬 수월해졌을 뿐 아니라 지금까지 익산과 김제로 가는 순회사역 역시 수로보다는 육로를 이용할 수 있었기 때문이었다.

---

79) 정오에 시간을 알리기 위해 쏘는 대포를 오포(午砲)라 부르기도 했다.
80) S. H. Chester, D.D "Lights and Shadows of Mission Work in The Far East" The Presbyterian Committee of Publication, pp. 124, 그 당시 선교사의 연봉은 독신 선교사 $600, 부부선교사 $1,000가 지급되었다. 밀가루 1 barrel에 13 dollar, 소고기 1파운드에 35 cent, 버터 1파운드에 80 cent, 석탄 1ton은 17 dollar로 미리 몇 개월 전 샌프란시스코에 주문하면 요코하마를 통해 제물포를 거쳐 다시 뱃길로 군산에 운송되었다.

스테이션 조성 공사를 마무리하다

하위렴은 무엇보다도 스테이션 조성공사를 마무리하는 것이 급선무라 여기고, 드루가 살던 집을 개조해 다니엘 선교사의 숙소로 꾸미고, 다니엘과 함께 새로운 진료소를 설계해 1906년 3월 완공을 보았다. 그 이듬해, 그동안 미루어 오던 자신과 간호 선교사들을 위한 숙소 건축을 계획하면서 몇 가지 장애가 있음에도 불구하고, 곧바로 실행으로 옮겼다. 시공에 필요한 목재는 충청도에서 벌목해 금강을 통해 운반해 오기로 하고 국내에서 구할 수 없는 벽돌과 타일, 창문, 문짝, 마루 등의 내장재는 미국에다 직접 주문을 내기도 했다.

건축공사 외에도 선교사의 숙소 근처에 오래된 우물을 대신해 새 우물을 다시 파기도 했는데 다행히 이전 우물보다 훨씬 수량水量도 많고 수질도 좋았다.[81]

스테이션 내 진료소 건물이 완공되고 미국인 의사가 진료한다는 소문이 나자 원근 각처에서 환자들이 찾아오기 시작했다. 얼마 가지 않아 기존의 시설로는 도저히 환자들을 다 수용할 수 없는 정도가 되자, 하위렴은 다시 진료소 건물을 전통 한옥 양식으로 확장 증축을 구상하고 18명의 환자가 동시에 입원할 수 있는 규모로 온돌방과 부엌, 세탁실 등의 개별용도의 공간까지 따로 확보해 완공시켰다. 전체적으로 볼 때 진료소의

---

81) 위의 책, pp. 126

규모가 그다지 크지는 않았으나 만족할 만했다.[82]

그해(1907) 마침 부위렴 선교사가 안식년을 맞아 자리를 비운 사이,[83] 선교부지의 명의이전을 둘러싸고 문제가 생기자 매도인이 군산지부를 상대로 제소하는 사태가 발생했다. 재판을 피할 길이 없어 보였으나, 하위렴이 매도인과 직접 협상에 나서 3일 만에 극적으로 타협이 되면서 소송이 기각되는 일도 있었다.[84] 하위렴은 교회와 병원 그리고 학교건축을 포함 제반 법적 절차까지 꼼꼼하게 마무리함으로써 군산 스테이션의 조성공사를 조기에 완료했다.

팀 사역을 이끌다

하위렴이 스테이션 조성공사와 더불어 선교사들의 활동을 총괄하면서 사역의 전체적인 윤곽을 파악해나갔다. 그는 지부의 모든 사역을 활성화하기 위해 이미 부임해 있던 분야별 선교사들과 팀 사역을 강화해 나가기로 했다.

부위렴 William F. Bull 선교사는 전도선을 타고 충남 일대를 순회하며 전도

---

82) William B. Harrison, "Notes from Kunsan", *The Korea Mission Field*, Vol. 3, No. 9, Sep. 1907, pp. 132
83) 스테이션 재산관리 업무는 부위렴 선교사가 맡아 한 것으로 보인다.
84) William B. Harrison, "Evangelistic Work in Chulla Circuit", *The Korea Mission Field*, Vol. 3, No. 8. Aug. 1907, pp. 126

에 전념했다. 예배 처소마다 사람들이 몰리고 있었고, 새롭게 시작하는 교회에서는 인도자를 보내 달라는 요청이 빗발쳤다. 1905년 이 지역에 4개 교회가 있었으나 그 이듬해 14개 교회로 급격히 늘었으며 그중에 6개 교회가 승인을 요청하고 있었다.[85]

알비Alby E. Bull 선교사는 스테이션 구내에서 여성과 어린이 사역을 맡아 주일학교 1개 반과 주중에 4개 반을 번갈아 가르쳤다.

어아력Alexander M. Earle 선교사는 그동안 닦아온 조선어 실력으로 지역교회들을 매주 한 교회씩 번갈아 가며 설교하는 한편, 영명학교 교장으로 학생들의 경건 훈련을 지도하면서 주중에는 매일 2개 반에서 산수를 가르치기도 했다. 여학교는 교육선교사 다이샤트Julia Dysart[86]가 맡아 가르쳤다.

의료선교사 다니엘Thomas H. Daniel은 환자를 진료하는 것 외에도 틈을 내어 학교에서 위생학과 생리학을 가르쳤고, 주일에는 아내와 함께 주일학교 교사로 활동하기도 했다. 간호 선교사 케슬러Ethel E. Kestler는 내한한 지 얼마 되지 않아 조선어 공부에 여념이 없었음에도 다니엘을 도와 그해 (1906) 1/4분기에 벌써 대여섯 건의 수술을 치러내고 있었다.

---

85) "Report of Kunsan Station", For the Quater Ending March 31st., 1906, *The Korea Mission Field*, Vol. 2, No. 7, May. 1906, pp. 137
86) 스테이션 구내 여학교(멜볼딘)에서 교사로 사역하다 나중에 유진 벨의 세 번째 부인이 되면서 광주 이일성경학원 교장으로 사역했다.

하위렴은 팀 사역을 진행하면서 조선 사회의 조선사회의 뿌리 깊은 신분제도인 반상班常의 구별을 넘어 복음을 전할 수 있다는 사실을 발견하고, 선교사들의 팀 사역의 효과에 크게 고무되기도 했다.

"우리는 우리들의 팀 사역에 스스로 크게 고무되었다. 사람들의 마음가짐도 크게 변화가 오기 시작하면서 양반들의 보수적인 분위기마저 점차 허물어지고 있었기 때문에 우리는 반상班常을 불문하고 복음을 가지고 접근할 수 있었다." [87]

한편 그는 조선의 구원에 관심을 가진 본국의 교인들에게 원활한 팀 사역을 통해 조선의 복음화를 이루게 해달라고 기도를 부탁하기도 했다.

"그러나 우리 자신의 약함을 잘 아는지라 우리들의 능력에만 의존하지 않습니다. 조선의 구원에 관심을 가진 모든 분에게 하나님의 말씀이 자유스러운 길을 내사 조용한 아침의 나라에서 영광을 돌릴 수 있도록 우리를 위해 기도해 주시기를 부탁합니다." [88]

---

[87] "Report of Kunsan Station", For the Quater Ending March 31st., 1906, *The Korea Mission Field*, Vol. 2, No. 7, May. 1906, pp. 138
[88] 위의 책, pp. 138

구암(궁말)교회 당회장으로

하위렴이 군산에 부임했을 때 가장 시급했던 사역 가운데 하나가 스테이션 내의 구암교회를 돌보는 일이었다. 왜냐하면, 구암교회는 군산지부의 위상을 드러내는 교회일 뿐만 아니라 호남 최초의 모교회라는 점에서도 큰 의미가 있는 교회였기 때문이었다.

대체적으로 교회는 잘 운용되고 있었다. 주일학교도 잘 조직이 되어 나름 효율적으로 진행되고 있었고, 사랑채에서 열렸던 수요 저녁 예배와 주일 저녁 예배는 참석자가 많아지면서 본당으로 옮겨 예배를 드렸다.

부임하면서부터 교회 생활의 중요성을 강조하며 헌금의 필요성과 용도를 가르치고, 교역자 사례와 활동비는 물론 비록 적은 액수일지라도 신학생까지도 후원할 수 있게 함으로써 개교회를 넘어 공교회의 모습은 어떠해야 하는지도 가르쳐 알게 했다.

> 놀랍게도 교인들은 능력에 비해 헌금에 인색하지 않았으며 교회의 경상비 지출에 교역자 사례와 장로교 공의회 총대 왕복 여비는 물론 신학생 후원 기금과 심지어 교회 묘지 매입 경비까지도 다 포함하고 있었다.[89]

부임하던 해(1904) 그는 14명을 학습 교인으로 받았고 6명에게 세례

---

89) Rev. W. B. Harrison, "New Hopes in a New field", *The Korea Mission Field*, Vol. 2, No. 2, Dec. 1905, pp. 27

를 베풀었으나 부임한 지 2년이 지나자 주일 평균 출석 교인이 150명을 넘어서면서 주일학교도 100명이 넘게 모였다. 러일전쟁에서 승리한 일본이 조선에 대한 주도권을 확보해가자 아이러니하게도 사회적으로는 서구 기독교에 대한 수용성이 크게 고조되는 현상이 일었다. 그것을 입증이라도 하듯 구암교회만 해도 1907~8년 어간에 31명에게 세례를 줄 정도로 사람들이 교회로 몰려들고 있었다.

교인들이 늘어감에 따라 평신도 지도력의 필요를 느낀 하위렴은 그동안 전킨을 도와 헌신적으로 섬기며 교인들의 신뢰를 받아오던 오인묵을 장로로 피택하기도 했다. 마침 알렉산더 선교사의 주선으로 미국에 유학을 떠났던 오인묵 장로의 아들 오긍선이 남장로교 선교사로 다시 돌아와 다니엘과 함께 의료 사역을 하던 때도 이 무렵이었다.

순회전도 사역

하위렴이 순회했던 동부 시찰은 대략 52Km^2 면적의 평야 지대로 인구 밀집 지대였는데,[90] 임피를 포함한 옥구군의 동부와 용안, 웅포, 함라, 오산, 황등, 성당면을 포함한 익산군 그리고 김제군의 일부 지역까지였다. 이 지역에서의 교회 성장은 앞에서도 언급했듯이 그 증가세가 해마다 기록적이었다.

---

90) William B. Harrison, "Chulla Do Circuit", *The Korea Mission Field*, Vol. 2, No. 8. Jun. 1906, pp. 145

1904년 군산에 부임할 때 지부에 이미 8개의 공동체가 있었으나 1906년에는 11개 교회로, 1907년에는 15개로 늘어나더니 1908년에는 비약적으로 증가해 30개에 이르고 있었다.[91]

1906년 19명에게 세례를 베풀었고 102명을 학습 교인으로 받았으며, 그 이듬해 1907년에는 108명에게 세례를, 그리고 236명을 학습 교인으로 받았다. 그뿐 아니라 2개의 교회에서 각기 한 명씩의 장로를 세웠으며, 그 외에도 대여섯 명의 제직을 피택해 놓은 상태였다.[92] 잘 조직된 주일학교가 4개 교회에서 운영되고 있었고, 그런대로 성공적이다 싶은 주일학교도 대여섯 곳이나 되었다.

1906년에 11개 교회 중 6개 교회가 건물을 매입하거나 기존의 건물을 개수했고, 또 한 곳은 증축을 마쳤는데 그 이듬해인 1907년에 들어서자 시찰 지역 내 15개 교회 중 12개 교회가 이미 자체 예배당을 갖추고 있었으며[93] 교회 부설학교 역시 2개에서 6개로 증가하고 있었다.[94]

---

91) 송현강, "윌리엄 해리슨(William B. Harrison)의 한국선교", 한국기독교와 역사, 제37호, 2012. 09, pp. 48
92) William B. Harrison, "Evangelistic Work in Chulla Circuit", *The Korea Mission Field*, Vol. 3, No. 8, Aug. 1907, pp. 125
93) William B. Harrison, "Semi-Annual Examination near Kunsan", *The Korea Mission Field*, Vol. 3, No. 1, Jan. 1907, pp. 7
94) 안락(安樂)소학교/전북 임피군(군산) 서사면 구암리/구암교회
영원(永願)학교/전북 임피군(군산) 하북면 포동/
부용(芙容)학교/전북 함열군 북일면 상제석/제석교회
계동(啓東)학교/전북 함열군 남일면 동연동/동련교회
도남(道南)학교/전북 익산군 남이면 남참리/남전교회
영신(永新)학교/전북 용안군 남면 송산동/송산교회

한편 교역자 사례는 물론 성서공회 같은 곳에 내는 분담금에 대해서도 교인들의 이해가 깊어지면서 참여에 긍정적인 모습을 보였다. 7개 교회가 성서공회에 헌금을 보냈으며, 한 교회는 적은 액수지만 기근을 겪는 중국에 선교비를 보내기도 했다. 선교지를 돕고 기관들을 후원하는 것이 그들에게 적지 않은 부담이 될 수도 있었지만, 하위렴은 더 나아가 무보수로 봉사하는 전도 부인까지도 도울 수 있도록 독려하기도 했다.[95]

한 달 혹은 달포 정도에 한 번씩 설교일정표를 미리 만들어 관할 시찰의 모든 교회에 돌리고 조사들에게 순회 일정을 통보했으며, 주일마다 인도자를 지정해 주고 교회를 교대로 돌아가며 인도하도록 했다. 순회 일정은 일 년에 적으면 2회, 많으면 4회 정도로 조정하고, 약간의 연조年條가 있는 교회를 순회할 때면 으레 성찬을 베풀기도 했다.[96]

하위렴 선교사는 순회사역 중 만난 인물과 그들의 신앙과 활동 그리고 그들에게 들었던 소소한 이야기까지도 놓치지 않고 항상 메모해두었다가 나중에 생생한 기억으로 이야기들을 풀어내곤 했다.

자신의 순회를 돕던 김옥여, 김윤천, 이성춘, 양웅칠 등 조사들의 활동은 물론 생후 2주 된 아기를 남기고 세상을 떠난 전도부인 정 씨를 언급하면서 '자신이 순회 사역을 하는 동안 그녀처럼 준비된 사람을 만난 적

---

95) William B. Harrison, "Evangelistic Work in Chulla Circuit", *The Korea Mission Field*, Vol. 3, No. 8. Aug. 1907, pp. 126
96) 위의 책, pp. 125

이 없다'⁹⁷⁾고 회고하는 한편 그는 교인들의 헌신적인 노력에 걸맞지 않은 일부 교인들의 부끄러운 모습도 기록으로 남겨 초기 교회와 교인들의 솔직한 단면을 엿볼 수 있게 했다.

> "한번은 한 회의에서 강매될 처지에 있는 교회를 돕자는 안건을 놓고 오랫동안 협상을 했으나 해결된 기미가 없는 것처럼 보였다. 그 모임의 리더 한 사람에게 이 문제를 놓고 기도회를 인도하도록 맡겼는데 그는(과거부터) 폭주가로 술을 마시면 난폭해지던 사람이었다. 당연히 기도회는 무산되고 말았다. (교인들은)완고한 죄인이 기도회를 인도하고 있다는 것은 아예 염두에 두지도 않고 단지 교회가 넘어가게 생겼다는 것에만 안타까워하면서 '내주의 나라와 주 계신 성전과 피 흘려 사신교회를 늘 사랑합니다'라는 찬송가만 감격 어린 곡조로 부르고 있었다." ⁹⁸⁾

스테이션을 궁말로 이전하고 나서 하위렴 선교사가 순회하는 동부 시찰에 함라교회(1904)를 비롯해 동련교회(1905), 개복교회(1905)⁹⁹⁾, 고현교회(1906), 제석교회(1906), 송산리교회(1906), 웅포교회(1906), 함열교회(1907) 등이 잇따라 세워지고 있었다.

---

97) 위의 책, pp. 125~126
98) William B. Harrison, "Evangelistic Work in Chulla Circuit", *The Korea Mission Field*, Vol. 3, No. 8. Aug. 1907, pp. 126
99) 1905년 개복교회라는 이름으로 시작했지만, 군산교회가 갈라져 구암교회와 개복교회가 되었기 때문에 누가 먼저라고 다투는 일은 의미가 없다고 보아야 할 것이다.

• 개복교회

군산교회가 궁말로 이전할 때(1899) 함께 옮겨갈 수 없었던 교인들이 하위렴의 지도로 조사이자 매서인으로 활약하던 최홍서와 함께 개복교회(1905)라는 이름으로 공동체를 열면서 예배를 드리기 시작했다. 마침 홍종익, 홍종필 형제[100]가 군산으로 이사와 복음을 듣고 개복교회에 합류한 시기도 바로 이 무렵이었다. 개복교회는 두 형제의 활약에 힘입어 그 이듬해인 1906년 새 성전을 지어 봉헌하며 기염을 토하기도 했다.

• 동련교회

1901년 백낙규, 송군선 등 몇 사람이 장평리에 기도처를 세웠는데[101] 1904년 군산지부 조사들의 보고로 하위렴 선교사가 이곳을 방문하면서 동련교회가 수면 위로 떠 오르기 시작했다. 그해 가을, 모임을 이끌던 백낙규가 하위렴 선교사로부터 세례를 받았다.

"궁말과 남차문교회에서 온 조사가 장평리를 일년내 자주 방문했다. 내가 오월에 그곳에 방문했을 때 마침 믿음을 고백하기 위해 기독교에 대해 읽고 생각하고 있던 어떤 한 사람을[102] 위해 때가 온 것 같았다. 그 이후로 참석자들과 그들이 시작하고 있다는 학교에 대한 고무적인 보고가 반복적으로

---

100) 1911년 홍종익이 1912년에는 홍종필이 장로로 장립이 되었다. 후에 홍종필은 평양신학교를 졸업하고, 1923년 목사 안수를 받고 개복교회의 목사로서 사역했으며 1924년 총회 부서기로, 1927~9 3년 간 총회 서기를 거쳐 1930년에는 총회장으로 피선되어 호남지역에서 김필수, 이기풍, 이자익 목사에 이어 네 번째로 장로교 총회장이 되었다. 총회장으로 피선되었을 때 그의 나이는 43세였다.
101) 연규홍, "예수꾼의 뚝심", 동련교회 90년사, 동련교회 역사편찬위원회, 1992, pp. 276
102) 동련교회라는 이름으로 시작되기 전에, 장평리 기도 모임을 이끌던 백낙규로 추정.

올라오고 있었다." [103]

하위렴 선교사는 1905년 독노회에 동련교회 설립을 보고했으며, 2년 뒤인 1907년에는 용산리에서부터 출석하는 박공업과 몇몇 교인들을 떼어내 용산교회를 분립시켰다.[104] 동련교회는 그때까지 장로가 세워지지 않아 조직교회가 되기 전이었는데 마침 몇 사람이 감리교회에서 옮겨오면서 교회가 크게 고무되기도 했다.

한편 하위렴은 동연리(?)[105]에서 겪었던 일화 등을 전하면서 복음으로 거듭나 변화된 자의 삶을 소개하기도 했다.

"마을에서 주점을 하던 고 씨 노인은 코끝이 빨갛게 되지 않으면 몸을 움츠리고 다닐 정도로 술독에 빠져 지내는 자였는데 예수를 믿은 뒤로는 주변 친구들이(완전히 변화된) 그를 보고 정신 나간 친구라고 조롱할 정도로 그는 그 마을에서 복음 그 자체가 되었다." [106]

---

103) Rev. W. B. Harrison, "New Hopes in a New field", *The Korea Mission Field*, Vol. 2, No. 2, Dec. 1905, pp. 28
104) 연규홍, "예수꾼의 뚝심", 동련교회 90년사, 동련교회 역사편찬위원회, 1992, pp. 276
105) William B. Harrison, "Semi-Annual Examination near Kunsan", *The Korea Mission Field*, Vol. 3, No. 1, Jan. 1907, pp. 7~8(하위렴의 동부 시찰에 속하지 않은 삼기면 용연리에는 교회가 없었기 때문에 pp. 7의 "Yongjunnie"는 용연리라기보다, Y가 T의 오타로 본다면 Tongjunnie(동연리)로 읽힐 수가 있다)
106) William B. Harrison, "Semi-Annual Examination near Kunsan", *The Korea Mission Field*, Vol. 3, No. 1, Jan. 1907, pp. 7

• 고현교회

만자산교회(후에 지경교회)에서 신앙생활을 하던 오원집이 하위렴 선교사에게 세례를 받고 조사가 되어 순회사역을 돕기도 했는데 그가 익산군 북일면 고현리로 이사하면서 친구인 오덕근, 김자윤, 오덕순 등과 함께 만자산교회에서 분립했다. 곧바로 곽도일의 사랑채에 예배 처소를 마련하고 마침내 1906년 6월 1일 하위렴 선교사와 함께 예배를 드리면서 고현교회가 시작되었다.

• 대붕암교회(제석교회)

하위렴의 인도로 웅포면 대붕암리에 살던 엄주환, 강진회, 홍종익, 송원규, 강두희, 강문회 등 몇 사람이 1906년 12월 25일 첫 예배를 드리면서 교회가 시작되었으며 1908년에 홍종익, 홍종필 형제가 군산에 이사하면서 자신의 집을 희사喜捨 하자 그 집을 예배당으로 개축하고 대붕암교회(후에 제석교회)를 세웠다.

• 웅포교회

군산에서 배를 타고 상류 쪽으로 12Km 떨어진 곰개 나루(웅포) 주변에 장이 서는 큰 마을이 있었다. 그 마을을 찾아간 하위렴 선교사와 조사 양응칠의 전도로 황재삼과 김한녀가 믿기 시작했고, 또다시 그들의 전도로 35명 정도의 젊은이가 모이면서 웅포교회가 세워지게 되었다.

"친일 단체 일진회를 적극적으로 반대하는 사람들로 이뤄진 모임이었는데 그들의 관심과 행위가 오직 그것으로만 채워져 있었기 때문에 그들이 과연

예수를 믿고 구원받을지는 불확실했다. 그럼에도, 그들은 쪽 복음을 구입해서 꾸준히 말씀을 배워왔던 터라 설사 그 모임이 흩어진다 해도 그들 중 몇 사람이라도 믿음을 갖게 되지 않을까 기대하고 있다." [107]

후에 초기 신자였던 황재삼이 하위렴의 추천으로 평양신학교에서 공부하고 고향에 돌아와 웅포교회 초대 당회장으로 시무하기도 했다.

• 선리교회(무형교회)

익산군 망성면의 선리를 순회하는 동안, 어떤 교인이 묘지를 새롭게 치장하는 장면을 목격하고, 하위렴 선교사는 궁금해서 그에게 물었다.

"부친께서는 언제 돌아가셨나요?"

그러자 그가 대답했다.

"선친께서는 오래전에 돌아가셨지만, '이 자리가 명당'이라고 하는[108] 한 지관地官의 말을 듣고 한양에 있는 아버지의 유골을 이곳으로 옮기고 있습니다.[109]"

---

107) Rev. W. B. Harrison, "New Hopes in a New field", *The Korea Mission Field*, Vol. 2, No. 2, Dec. 1905, pp. 28
108) 망성면 제일 부자가 묘를 썼다는 반곡 마을의 주변으로 추정
109) William B. Harrison, "Semi-Annual Examination near Kunsan", *The Korea Mission Field*, Vol. 3, No. 1, Jan. 1907, pp. 7

명당에 이장移葬하면 자손이 복을 받는다는 미신적 풍습을 심지어 교인들조차도 굳게 믿고 있음을 보고 안타까운 마음으로 소개하기도 했다. 선리교회는 후에 무형교회로 이름이 바뀌었다.[110]

• 황산교회

황산포는 행정구역상 지금은 충남 강경읍에 속해있지만, 그 당시는 전북 여산군에 속했던 지역이었다. 이 황산 나루터에 최초로 교회가 들어선 것은 전도선을 타고 순회하던 하위렴 선교사에 의해서였다. 당시 교인들의 대다수가 금강 변의 갈대를 베어다 돗자리를 만들어 팔았는데 하루에 16시간 이상을 일해야 생계유지가 될 정도로 형편이 어려웠다.

교회가 세워지고 얼마 지나지 않아 교인들이 예배처소를 매입한다고 나섰다. 그들의 빈궁한 사정을 너무도 잘 알고 있던 하위렴 선교사는 처음에 그 말을 듣고 곧이듣지 않았는데, 그러나 전 교인이 나서서 헌신적으로 헌금에 참여해 예배당을 마련하는 것을 보며 그들의 믿음에 놀라워하기도 했다.

한편 처음부터 건물의 매입과정을 곁에서 지켜보았던 하위렴은 '천주교 신자인 건물주가 왜 그렇게 그 집을 헐값에 황산교회에 팔려 했는지 도무지 이해가 가지 않았다.'라고 말하면서 '황산교회 교인들이 예배처소를 마련하게 된 것은 하나님의 인도하심 외에는 도무지 설명할 길이

---

110) 하위렴과 맥커첸에 의해 선리교회로 출발했으나 후에 무형교회로 바뀌었다.

없었다.'라고 적고 있다.

그러나 황산교회는 설립 7~8년 만인 1913년 그곳의 행정구역이 충청도로 바뀌면서, 예양협정에 따른 선교구역 조정으로 황산교회는 강경에 소재한 감리교회와 통합이 되고 말았다. 이때 일부 교인들이 감리교회로 통합됨에 반발해 부근의 다른 장로교회로 다시 돌아오기도 했다.[111]

• 만자산교회(지경교회)

전킨 선교사로부터 세례를 받은(1897. 4. 10.) 최흥서는 자신이 사는 마을에서 12Km나 떨어진 군산교회까지 먼 길을 오가며 믿음을 키웠다. 얼마 후 자신이 사는 만자산에서 가까운 이웃과 함께 20여 명이 모여 예배를 드리다가 1900년 10월 9일 만자산교회를 세웠다.

하위렴 선교사는 그가 장로로 세워지는 과정을 말하면서 '그는 누구도 시비할 수 없을 만큼 장로의 자격을 온전히 갖춘 자'라고 그의 됨됨이를 평가했다.

"최흥서는 중산층에 속한 농민으로 조용하면서도 수줍어하는 성격의 소유자였다. 그러나 그는 자신의 영향력을 행사할 기회가 있는 경우에는 어떻게 행사할 것인지를 잘 알고 있었다. 그는 강직하고 용기 있는 사람으로 그

---

111) William B. Harrison, "Semi-Annual Examination near Kunsan", The Korea Mission Field, Vol. 3, No. 1, Jan. 1907, pp. 7~8

를 아는 모든 사람으로부터 존경을 받았다." [112]

"만자산교회에서 장로로 피택이 된 최 씨는 모든 면에서 장로직을 받을만한 자격이 있었다. 그에게 주어진 과정을 다 마치고 하루속히 그가 장로로 세워지기를 고대하고 있다." [113]

하위렴 선교사는 1906년 최흥서를 장로로 세우며 만자산교회를 조직교회로 출범시켰다. 호남 최초의 장로가 된 최흥서는 지역교회 형성에 견인차 역할을 했으며 장로의 신분으로 전라대리회 임시 회장서리가 되어 독노회에 대표로 참석하기도 했다. 그 후 최흥서는 하위렴 선교사를 도와 개복교회 설립에도 크게 이바지했으며, 하위렴은 그를 크게 신임해 군산 복음서원의 매서인으로 임명하기도 했다.

하위렴은 교회를 위해 헌신했던 최흥서의 활약을 회고하며, 그는 개교회의 장로를 넘어 이 지역에 가장 필요한 기둥과 같은 존재였다고 평하기도 했다.

"최흥서는 교회를 돌보며 성경 공부를 도왔으며 학습과 세례를 준비시키기도 하고 시간을 내어 전도에 앞장서며 어떤 기대나 보수도 받지 않고 교회

---

112) William B. Harrison, "Chai, A Korean Elder", *The Korea Mission Field*, Vol. 2, No. 7, May 1906. pp. 130
113) Rev. W. B. Harrison, "New Hopes in a New field", *The Korea Mission Field*, Vol. 2, No. 2, Dec. 1905, pp. 28

를 위해 아낌없는 헌신을 했다. 그의 모든 관심사는 교회에 있었고 교회를 제일 소중히 여겼다. 조금이라도 교회에 문제가 생기면 마음 아파했다. 소요리 문답과 교회 치리 등에서 그는 가장 만족할 만한 완벽한 지식을 가지고 있었으며 믿음과 지혜 그리고 열정을 가지고 말한다면 그는 내가 지금까지 보아왔던 가장 완벽한 장로에 가까웠다. (중략) 무엇보다 그의 장로 장립이 기쁜 것은 그가 이 지역에서 최초의 장로로 세워졌다는 이유 외에도, 우리들의 사역이 계속되는 동안 결코 옮겨서는 안 되는 기둥을 세웠다고 느꼈기 때문이다." [114]

하위렴 선교사는 만자산교회의 신 씨의 이야기도 소개하고 있다. 신 씨는 믿음을 고백한 신자였으나 구습의 유혹을 버리지 못해 투전판에 빠져 수차례 넘어지기를 반복했다. 스스로 수없이 다짐하며 손을 떼려 했으나 소용이 없었다. 그러던 어느 날 그가 도박을 끊겠다는 다짐과 의지를 보여준다며 자기 손가락을 잘라 주변을 놀라게 하기도 했다.

그 후 그가 말씀으로 크게 변화를 받고 최흥서 장로를 대신하는 교회의 일꾼으로까지 성장했는데 최흥서 장로가 자리를 비우면 그를 대신해 교인들을 지도하기도 했다. 그가 교인들을 가르쳐 열세 사람이나 세례를 받게 했다는 이야기라든지, 변화된 신 씨의 모습을 본 주변 이웃들이 앞을 다투어 우상을 내어 버리고 미신을 멀리했다는 이야기 등을 소개하며 복음으로 자신은 물론 이웃들까지 변화시켜 가는 신 씨의 미담을 전하기

---

114) William B. Harrison, "Chai, A Korean Elder", *The Korea Mission Field*, Vol. 2, No. 7, May 1906. pp. 130

도 했다.[115] 후에 신 씨는 최홍서에 이어 군산 복음 서원에서 매서인으로 활동하기도 했다.

사경회(査經會)와 지도자 수련

이미 앞에서도 언급했듯 하위렴 선교사가 군산에 부임하던 당시 사회적인 분위기는 정미의병[116]의 여파로 기독교에 대한 수용성이 크게 고조되고 있을 때였다. 곳곳에 교회가 빠르게 증가하고 있었으나, 교회 숫자에 비교해 목회자들이 절대적으로 부족했기 때문에 대다수 교회는 선교사들이 기껏해야 일 년에 두세 차례 순회하는 것으로 만족해야 했다. 형편이 이렇다 보니 두세 차례를 뺀 나머지 주일은 선교사를 대신해 조사나 각 교회의 평신도들이 인도해야만 했다.

이것은 단순히 한 지부만의 문제가 아니었다. 내한 선교부 전체가 직면해야 했던 문제로 현지 지도자들의 양육과 수련이 필수적이라는 지적이 선교사 공의회에서도 거론이 되던 시점이었다.

"장로교 선교사 공의회는 최근 모임에서 조선에 540개의 교회에 46명의 목사가 사역하고 있다고 보고했으며 (그중)남장로교 선교부에서는 65개의 교

---

115) William B. Harrison, "Semi-Annual Examination near Kunsan", *The Korea Mission Field*, Vol. 3, No. 1, Jan. 1907, pp. 8
116) 1907년 헤이그 특사 사건을 빌미로 고종의 강제 퇴위시키고 군대를 해산하자, 1907~1910년 사이 일어났던 항일 의병봉기.

회와 9명의 목회자가 있다고 보고했다. 교회마다 일주일에 한 번에서 세 번 정도의 설교를 해야 했고, 주일학교를 운용하고 있는 교회도 많았기 때문에 이 모든 예배를 이끌어 가기 위해서라도 다수의 현지 지도자들을 고용해야 할 것처럼 보였다."[117]

물론 선교사들을 돕는 유급 조사들이 있긴 했지만, 이들과는 별도로 자질을 갖춘 평신도 지도자를 양성하는 것이 급선무였다. 그러나 문제는 그들 대부분이 가난한 형편이라 시간을 따로 내어 공부에만 전념할 수도 없었기 때문에 선교부 자체에서도 어떤 방법으로든 지도자 양육에 대한 구체적인 대안을 내어놓아야 할 판이었다.

선교부에서 궁리한 끝에 제시한 방법은 일 년에 한두 번이라도 그들을 모아 2~4주 정도 훈련을 시키는 것이었다. 그래서 남장로교 선교부에서는 이 교육 훈련 프로그램을 연례회의에 의제로 올려 구체적인 계획과 일정을 세우고,[118] 이들을 3개 클래스로 나누어 운용하기로 결의했다.

'첫 번째 클래스'는 현지 지도자와 조사들을 상대로 하되 군산에서 1월 1일부터 3주간 열기로 했다. 3개 스테이션에서 125명 정도의 규모로 하되 진도에 따라 네 개 반으로 편성하고, 강사는 군산지부 선교사들 외에 전주와 광주 그리고 북장로교 평양지부에서 지원하기로 했다. 사경회에 참가하는 사

---

117) William B. Harrison, "Native workers in Korea", *The Korea Mission Field*, Vol. 2, No. 4, Feb. 1906, pp. 66~67
118) William B. Harrison, "Native Workers In Korea" *The Korea Mission Field*, Vol. 2, No. 4, Feb. 1906, pp. 67

람들의 여행경비와 숙식의 삼 분의 이는 각자 본인이 부담하는 것으로 했다. '두 번째 클래스'는 3개 선교부에서 각각 나누어 진행하는 모임으로, 대상은 학습 교인 이상으로 하되 참가자는 백 명 정도로 규모로 예상했다. '세 번째 클래스'는 각 교회에서 실시하는 것으로 하되, 지교회의 교사 양성을 위한 코스로 조사들이 교사로서 활약하는 것으로 했다. [119]

선교부에서는 이 훈련 프로그램을 사경회라 이름했는데, 개교회의 지도자나 조사 외에 신학교에 갈 지망자를 대상으로 매년 1회, 3주간씩 4년간 선교부 차원에서 실시하는 대사경회Mission Training Class와 학습 교인 이상을 대상으로 지부 차원에서 주관하고, 상황에 따라 열흘에서 2주간 정도 진행하는 중사경회Station Training Class 그리고 개교회 차원에서 교인들을 대상으로 자체적으로 실시하는 소사경회Bible Class in the Outstation로 나누었으며, 소사경회는 주로 선교사나 조사가 진행하되 성경공부를 중심으로 진행하였다. 이 소사경회를 통해 독신 여전도사들을 배출하기도 했다.

지도자를 대상으로 하는 대사경회나 교회 자체에서 실시하는 소사경회보다는 선교부에서 관할 교회의 교인들을 대상으로 하는 중사경회의 인기는 대단했다. 대개는 스테이션에 위치한 구암교회나 영명학교에서 열리곤 했는데, 옥구, 익산, 김제는 물론 멀리는 부여 등지에서도 참여해 성황을 이뤘다.

---

119) 위의 책, pp. 67

참가하는 교인들은 보름치 자신의 양식을 들고 와, 선교부에서 제공하는 천막 숙소에서 침식을 같이하며 남성 반과 여성 반이 모이는 시간대를 달리해 진행했으며, 전북지역에서 개최하면 전남지역의 선교사들이 강사로 참여해 도왔고, 반대로 전남지역에서 개최하면 전북지역의 선교사들이 번갈아 강사로 참여해 주제별로 각자의 과목을 나누어 강의했다. 물론 참여한 교인들의 대부분은 성경공부가 주 관심사였지만, 한편으로는 타 지역 교인들과 친교를 통해 결속을 다지는 기회가 되기도 했으며, 선교사들을 통해 듣는 나라 안팎의 소식에도 큰 호기심을 갖기도 했다. 강의가 끝난 저녁 시간에는 으레 전도 집회가 열려 사경회의 열기를 달궜다.

하위렴은 이 지역에서 처음으로 사경회를 시도했다. 물론 이러한 현지 지도자를 위한 양육 프로그램은 선교사 공의회 산하 다른 교단에서도 사경회라 이름해 이미 실시하고 있었지만, 하위렴은 참가 대상의 수준을 고려해 단계별로 반을 나누어 운용하고, 농번기를 피해 실시해 농촌지역의 형편에 맞게 특성화했다는 특징이 있다. 그 이후로도 사경회Bible Training Classes는 선교부의 연례행사가 되면서 평신도 지도자들을 위한 체계적인 성경공부로 자리를 잡아갔다.

무엇보다도 한국 교회의 성장에 사경회의 역할이 컸다는 사실은 누구도 부인할 수 없다고 선교사들이 회고했던 것처럼 한국 교회에 사경회가 정착되면서 사역자나 평신도들을 위한 다양한 훈련 프로그램으로 파생되기도 했다.

하위렴은 그해 대사경회(Mission Training Class)를 성공적으로 마치고, 선교부 연례회의에 그 운용(1906. 1. 19.)에 대한 평가를 다음과 같이 보고했다.

"일 년에 한 차례 선교부에서 개최하는 행사로 참가 자격은 세례교인 가운데 선교사들에 의해 지명을 받은 자로 제한하되 여행경비와 숙박비 일부는 자비 부담으로 하기로 했다. 하루 벌어 근근하게 살아가는 대다수 조선인에게 하루 품삯은 생계에 영향을 줄 만한 액수였기 때문에 그들 스스로 시간과 돈을 들여 사경회에 참가한다는 것이 적지 않은 부담이 되었음에도 군산 선교지부 여러 교회에서 70명이 넘게 참석해 성황을 이루었으며 심지어 어떤 이는 150마일이나 떨어진 곳에서 걸어와 참석하기도 했다." [120]

"(금년 군산에서 개최된) 대사경회의 강사는 오웬 목사와 군산 선교지부 하위렴, 부위렴 목사와 북장로교 평양 선교지부에서 온 그래함 리Graham Lee 목사로 마가복음, 요한복음, 사도행전, 소요리문답, 구약사와 설교학 등을 가르쳤다." [121]

"클래스를 3개 반으로 등급을 나누어 매일 강의했으며, 한 주간의 3일 저녁은 다양한 주제들을 선택해 토론회를 개최하기도 했다." [122]

---

120) "Report of Kunsan Station", For the Quater Ending March 31st, 1906, The Korea Mission Field, Vol. 2, No. 7, May. 1906, pp. 136
121) 위의 책, pp. 136
122) 위의 책, pp. 136

하위렴은 대사경회에 이어 열렸던 중사경회(Station Traing Class)의 경과에 대해서도 다음과 같이 보고했다.

"곧바로 2월에는 군산지부 소속교회의 남자들만을 위한 중사경회(Station Traing Class)를 개최했다. 10일간의 성경공부를 원하는 자는 누구나 참가할 수 있도록 하자 60여 명이 넘는 사람이 참가 신청을 했다. 대사경회와 마찬가지로 각 사람이 자신의 경비를 스스로 부담케 했으며 강사는 하위렴, 부위렴, 전주교회에서 온 김 장로 그리고 궁말교회의 양응칠 조사가 맡았다. 중사경회는 여러 가지 면에서 고무적이었는데 특별히 명석하고 성실한 양반 출신의 젊은이들이 관심을 보여 앞으로의 전도가 유망해 보였다." [123]

하위렴을 중심으로 지부의 선교사들이 함께 힘을 합쳐 대사경회와 중사경회를 성공적으로 마무리할 수 있었는데, 실제 사경회를 준비하느라 지난 한 해 동안 준비와 진행을 위해 할애한 시간만 해도 그들 한 해 사역의 삼 분의 일을 차지할 정도였다.

그해에 대사경회와 중사경회가 잇따라 열린 데다 거기에 사경회 강의와 영명학교 수업까지 겹치는 바람에 선교사들은 눈코 뜰 새가 없이 바빴다. 부위렴 선교사는 사경회 강의를 마치고 나면, 곧바로 학교로 달려가 바쁜 하위렴 선교사를 대신해 학생들을 가르치기도 했다.

그해 군산지부에서 처음으로 시도한 사경회였으나 선교사들은 물론

---

123) 위의 책, pp. 136

참가자들 모두가 만족해했다. 변변한 평신도 훈련 프로그램이 없던 시절이라 사경회는 교회마다 큰 반향을 불러일으키며 교회와 교인들을 일깨우는 자극제가 되기도 했다. 비록 평신도 지도자 자질을 함양(涵養)하는 수련 과정으로 시작했으나 나중에는 평신도 지도자 양성과정을 넘어 목회자 지망생을 선별해 내는 방편으로 활용되기도 했다.

하위렴은 그해(1906) 개최된 대사경회를 통해 발굴된 5명의 평신도 지도자들을 목회자 지망생으로 추천하고 그들을 평양신학교와 숭실학교에 보내기도 했다.

> "사경회 프로그램을 시작하고 나서 각 교회에서 활동하던 조사들 가운데 다섯 명이 목회자 지망자로 허락되어 그들 중 넷은 오 년제 평양신학교로 나머지 한 사람은 숭실학교에 입학해 공부하고 있다." [124]

이렇게 추천한 목회자 지망생의 학교생활을 학교와 긴밀하게 연락을 주고받으며 그들의 양육과정을 살피기도 했다.

일례로 하위렴 선교사의 추천으로 신학교에 들어간 양응칠이 얼마 가지 않아 그의 학업 성취도에 문제가 생기고 말았다. 믿음과 헌신만을 높이 평가하고 그의 수학능력을 전혀 고려하지 않은 것이 문제였다. 당시 교장이었던 마펫 박사는 하위렴에게 편지를 보내 그의 부진한 성적을 상

---

124) William B. Harrison, "Native Workers In Korea" *The Korea Mission Field*, Vol. 2, No. 4, Feb. 1906, pp. 67

의하며 조언을 구하기도 했다.

> "교장인 마펫 박사가 나에게 편지하기를 양응칠은 한 과목 이상 낙제한 유일한 학생이며, 한문을 읽지 못하는 두 사람 가운데 하나라고 썼다. 그러나 이 두 학생은 다 좋은 학생이어서 목회에서 제외할 필요까지는 없어 보이지만 그들에게는 한글 교재를 사용할 수 있도록 해야 할 것 같다고 소견을 제시하면서 양응칠은 신학과 유대사 과목을 통과하지 못했다고 알려왔다."
> 125)

그러나 하위렴은 '비록 그가 학업에는 부실해서 매년 한두 과목씩 과락이 있었다 해도, 3학년에 올라가 통과하지 못한 모든 과목을 재수강하면 될 것'이라고 학교 측에 부탁하면서 '그가 처음 교회에 나올 때 이미 중년의 나이로 한글도 읽지 못했던 점을 참작해 주어야 할 것'이라고 설명하며 양응칠을 감싸기도 했다.[126]

한편 양응칠과 달리 그해 숭실학교를 졸업하는 김창국의 학업 성취도와 그의 성실함에 대해서는 크게 만족을 표시했다. 김창국이 숭실학교를 졸업하던 그해 갓 결혼한 아내와 함께 군산으로 내려와 영명학교와 교회 부설 학교에서 학생들을 가르치며 신학교 입학을 준비하는 모습을 보며 대견해하기도 했다.

---

125) William B. Harrison, "Kunsan's Ministerial Candidate(From Personal Report of Rev. W. B. Harrison, Sep, 1905)", *The Korea Mission Field*, Vol. 2, No. 6, Apr. 1906, pp. 109~110
126) William B. Harrison, "Evangelistic Work in Chulla Circuit", *The Korea Mission Field*, Vol. 3, No. 8. Aug. 1907, pp. 126

"지난 가을학기 숭실학교에 보낸 또 한 사람 목회지망생 김창국은 양응칠과 달리 좋은 성적을 받았을 뿐만 아니라 공부와 일을 병행하며 자신의 기숙사비를 충당했는데 그는 학교에서 일하기도 했고 여름에는 시골교회 부설 학교의 교사로 일하기도 하면서 이번 가을학기 신학교 입학을 준비하고 있다." 127)

한 해(1907) 동안 신학교 지원자를 한 사람밖에 발굴할 수 없었던 안타까움을 토로하면서도128) 목회자 지망생을 아무나 추천하지 않은 것을 보면 자질을 갖춘 목회자를 선별하기 위해 그가 얼마나 심사숙고했는지를 짐작해 볼 수 있다.

평양신학교 본관

---

127) William B. Harrison, "Kunsan's Ministerial Candidate(From Personal Report of Rev. W. B. Harrison, Sep. 1905)", *The Korea Mission Field*, Vol. 2, No. 6, Apr. 1906, pp. 110
128) William B. Harrison, "Evangelistic Work in Chulla Circuit", *The Korea Mission Field*, Vol. 3, No. 8. Aug. 1907, pp. 126

영명학교 사역

전킨 선교사가 1902년 영명학교를 세울 당시만 해도 소학교 과정이 고작이었으나 1904년 하위렴이 부임하면서 중학교 과정도 설치했다. 그 당시 소학교 과정에 14명, 중학교 과정에 12명으로 전부 합해도 고작 30명이 채 되지 않았다.

하위렴은 1904년 가을부터 1906년 2월까지 매일 2시간 30분씩 성경과 산수, 지리를 가르쳤다. 1907년이 되면서 학생이 늘어 46명이 되자 다시 어아력A. M. Earle 선교사와 함께 수업을 나누어 맡기도 했으나, 그해 홍역이 창궐하는 바람에 다시 출석 인원이 30여 명 정도로 줄고 말았다.[129] 2학기에는 평양 숭실학교를 졸업한 교사를 채용해 분위기를 새롭게 하기도 했다.[130]

한편 주간에 공부할 수 없는 학생들을 위해 야학을 열기도 했는데 고맙게도 교회에서 자원봉사자들이 나와 학생들을 가르쳤으며 그들은 농번기가 시작되기 전까지 수업을 맡아 주었다. 야학에 등록한 학생들이 14명 정도 되었는데 주로 한글을 배우고자 하는 학생들이었다.

---

129) William B. Harrison, "Evangelistic Work in Chulla Circuit", *The Korea Mission Field*, Vol. 3, No. 8. Aug. 1907, pp. 127
130) William B. Harrison, "Notes from Kunsan", *The Korea Mission Field*, Vol. 3, No. 9, Sep. 1907, pp. 132(그해 숭실학교를 졸업하고 군산에 내려온 김창국으로 추정됨)

배우고자 하는 열정은 여학생들도 마찬가지여서 한여름의 무더운 날씨에도 조금도 수그러들지 않았다. 주 야간 모두 합해서 남녀 학생들은 평균 30여 명 정도 되었다. 어떤 여학생들은 야학에 나오고자 했으나 딸이 집 밖에 나가는 것을 반대하는 부모들 때문에 어려움을 겪기도 했다.[131]

무엇보다도 학비를 낼 수가 없어 학업을 중도에 포기하는 학생들이 증가하자, 하위렴은 궁리 끝에 실과를 신설하고 설비를 들여다 방과 후 학생들에게 가마니를 짜도록 했다. 세 사람이 반나절이면 한 장을 제작할 수 있었기 때문에 가마니 판매 수익금이 수업료를 내지 못하는 학생들에게 도움이 되리라는 생각에서였다. 당시 군산은 호남평야 각지에서 실어온 쌀을 일본으로 실어 가기 위해 가마니의 수요가 엄청났다는 점에 착안한 것까지는 좋았으나 안타깝게도 학생들이 만든 가마니는 일본에서 들여오는 수입 가마니와 가격경쟁에서 비교가 되지 않아 그마저도 얼마 가지 못해 포기해야만 했다.[132]

하위렴은 그해 선교부 연례회의에서 영명학교의 실과 운용 사례를 발표하면서 현실적으로 학생들의 학업에 경제적으로 도움이 된다면, 노동의 존엄성을 가르치고 보다 적극적으로 실업교육을 강화할 필요가 있다고 강조하기도 했다. 이후로 그가 목포지부에 옮겨 갔을 때도 영명학교

---

131) 위의 책, pp. 132
132) William B. Harrison, "Evangelistic Work in Chulla Circuit", *The Korea Mission Field*, Vol. 3, No. 8. Aug. 1907, pp. 127

의 사례를 적용해 실과를 운용했으며, 남학생들에게는 목공과 도배공사, 우물 파기, 길과 다리 보수공사, 철망 두르기 등을 가르치고, 여학생들에게는 양재, 바느질, 뜨개질, 자수 등을 가르치기도 했다.

제6장 내한 선교사 에드먼즈와의 재혼(1908)

북감리교 내한선교사, 에드먼즈(Margarret J. Edmunds)

북감리교 내한 선교사로 내한했던 에드먼즈는 1871년 캐나다의 온타리오주의 작은 시골 마을 페트로리아Petrolia, ON에서 태어났다. 페트로리아는 지명에서 알 수 있듯 유전지대였다. 북미에서 석유가 최초로 발견된 지역으로 개발의 바람이 한창 불던 1860년대, 에드먼즈의 아버지 노아Noah Edmunds는 페트로리아에서 그리 멀지 않은 그의 고향 스미스 폴스Smith Falls, ON에서 가족들을 데리고 이곳으로 이주했다. 캐나다라고 하지만 페트로리아에서 미시간주 접경까지 15마일 정도밖에 떨어져 있지 않아 도시로 나가려면 오히려 미국 쪽이 더 가까웠다.

그의 아버지 노아는 고향에서 제법 이름난 대장장이로, 아내 파멜리아Permelia Rose와의 사이에서 12명의 자녀를 둔 가장으로 에즈먼즈는 그중 여덟 번째였다. 위로 언니가 셋, 오빠가 넷이 있었고, 남동생 하나와 세 명의 여동생이 있었다.

석유개발의 붐을 타고 페트로리아에 몰려든 주민들 대다수가 그랬던 것처럼 보잘것없는 노동자의 가정에서 태어난 에즈먼즈는 가난한 유년 시절을 보냈다. 12남매가 함께 사는 낡고 비좁은 통나무집은 언제나 북새 통을 이루며 시끌벅적했다. 그러나 에드먼즈는 늘 말수가 적고 조용했다. 어려서부터 나이팅게일을 동경했던 그녀는 자신도 언젠가는 간호사가 되겠다는 생각으로 늘 머릿속을 채우곤 했는데 어쩌면 이때부터 넓은 세상을 그리며 호젓한 가출(?)을 꿈꾸었는지도 모른다.

고등학교를 마칠 무렵 국경 건너 미국의 미시간대학에 간호학교가 생겼다는 이야기를 들었을 때 에드먼즈는 마치 이 학교야말로 자신을 위해 예정된 운명의 통로라는 느낌이 들었다.

고향에서 고등학교를 졸업하던 그해 간호학교를 지원한 그녀는 4년의 과정을 마치고 간호사가 되자 그녀는 고향으로 돌아가는 대신, 1894년 오하이오주 톨레도Toledo, OH시의 외곽 빈민 지역에서 가난한 산모와 어린아이를 돌보는 방문 간호사로 일을 시작했다.

1900년에 접어든 어느 날 그녀가 출석하던 톨레도 웹워드 연합감리교회Epworth United Methodist Church에서 선교 집회가 열렸는데 그 자리에 강사로 나온 커틀러Mary M. Cutler[133] 양은 조선에 파송된 북감리교 여의사라고 자신을 간단히 소개한 뒤, 곧바로 조선에서의 의료선교 상황을 설명하고

---

133) Mary M. Cutler(1865~1948) 미시간대학교 의과대학을 졸업하고 의료선교사로 내한해서 1893년 보구여관에 부임해 1912년 평양으로 이임할 때까지 20년 가까이 보구여관에 소속되어 사역했다.

간호사가 전무한 조선에서 간호사 양성의 시급함을 역설했다.

우연한 기회에 집회에 참석했다가 커틀러 선교사의 간절한 호소에 크게 감명을 받은 에드먼즈는 곧바로 '북감리회 해외 여자선교회'에 조선 선교사를 지원했다. 그녀가 선교사에 지원하자 교단에서도 그녀를 간호 선교사로 조선에 파송하는 것을 허락했으며, 웹워드 연합감리교회에서도 적극적인 후원을 약속하고 나섰다.

그녀가 조선 선교사로 가겠다는 소식이 캐나다의 가족에게까지 전해졌다. 그렇지 않아도 딸이 고향을 떠나 미국에 홀로 가 있는 것도 탐탁지 않게 여기던 그녀의 부모님은 그녀의 선교사 지원 소식에 놀라며 극구 반대하고 나섰다. 어디 있는지도 잘 모르는 조선에 어린 딸을 결코 보낼 수 없다는 것이 이유였다.

몇 개월 동안 거의 싸우다시피 부모님을 설득해 가까스로 허락을 얻어낸 에드먼즈가 커틀러Mary M. Cutler와 홀Rosetta S. Hall[134] 두 선교사와 함께 뉴욕에서 런던으로 가는 배를 탄 것은 1902년 캐나다의 짧은 여름이 물러가고 가을이 문턱에 접어들던 무렵이었다. 그들은 샌프란시스코에서 출항하는 태평양 노선 대신 대서양을 건너 런던으로 가서 거기서 다시 지중해를 거쳐 수에즈운하를 지나는 보다 긴 여정을 택했다.

---

134) 1890년 미 북감리회 여성 해외선교회 선교사이자 의사로 내한해 그녀는 보구여관에서 사역하면서 남성 중심의 병원에 여성의 진료가 어려운 시절 여성을 대상으로 의료활동을 했다. 여자 의사 양성에 힘을 기울였다.

6개월의 기나긴 항해를 하는 동안 에드먼즈는 심한 멀미에 시달려 피곤하기는 했으나 다행히 지루하다는 생각은 전혀 들지 않았다. 오히려 커틀러와 홀 두 선교사로부터 조선의 문화와 언어 그리고 자신이 해야 할 사역에 대해 많은 것을 듣고 배우는 유익한 여정이었다. 일행이 고베와 제물포를 거쳐 서울에 도착한 것은 1903년 3월 18일이었다.

마거릿 에드먼즈(1903)

1900년대 초반만 해도 서양 의료 시설이 제대로 소개조차 되지 않았던 시절이라 조선의 의료체계는 말 그대로 열악하기 짝이 없었다. 비록 제중원[135]이라는 병원이 개설되어 있다고는 해도 양반 상류층을 위한 진료소로만 여겨져 일반 백성의 출입은 아예 허용조차 되지 않았다. 보구여관 普救女館[136] 역시 마찬가지였다. 여성들의 진료를 위해 정동에 문은 열었어

---

135) 고종의 명에 의해 1885년에 세워진 우리나라 최초의 서양식 병원.
136) 보구여관(普救女館)은 미국 감리교 여성 해외선교회(Women's Foreign Missionary Society of Methodist Episcopal Church)의 후원으로 조선에 파송된 선교사 메리 스크랜튼(Mary F. Scranton, 1832~1909) 여사가 설립한 한국 최초의 근대식 여성병원이다.

도, 신분이 낮은 일반 부녀자들이 진료받는다는 것은 감히 생각조차 할 수 없었다.

에드먼즈는 조선에서의 생활에 어느 정도 적응이 되자, 그해 겨울 서둘러 보구여관에 간호원 양성학교를 설립하고 학생들을 모집했다. 그러나 시작부터 난관에 부딪히고 말았다. 모집하면 금방 모여들 줄 알았던 것부터 잘못이었다. 무엇보다 그 당시만 해도 여성의 사회활동이 지극히 제한되어 있었고, 간호원에 대한 사회적 인식이 전혀 없던 때라 여자가 외간 남성을 시중들고 간호한다는 것은 그 당시 사회 통념상 도저히 용납이 안 되는 일이었기 때문이었다.

정동에 소재했던 보구여관(普救女館)

그 이듬해인 1904년 겨우 5명의 학생을 모집해 간호학교의 문을 열었다. 조선 최초의 간호원 양성학교였지만 일본과 비교하면 20년, 심지어 중국과 비교해도 10년 정도 뒤늦게 출발하고 있었다.

그녀는 간호원 수칙과 임무를 제정하고, 조선 여성에게 걸맞은 간호원 복장을 만들었을 뿐 아니라 1908년에는 한글로 된 간호 교과서를 발간하기도 했다. 이보다 먼저, 개교 이듬해인 1905년에는 일본 적십자사와 협력사업으로 러일전쟁 기간 발생한 부상병을 치료하는 간호 현장에 2명의 조선 학생을 선발해 견학시키기도 했다.

에드먼즈는 1908년 하위렴 선교사와 결혼하면서 보구여관을 떠났지만, 두 해에 걸쳐 졸업생을 배출함으로써 한국 최초로 간호원를 양성한 인물로 기록되고 있다. 그 후 그녀는 하위렴의 사역지를 따라 이리저리 옮겨 다니면서도 가는 곳마다 간호원 양성에 힘을 쏟기도 했다.

보구여관 간호원 양성학교를 마친 최초의 간호원
(그레이스 리, 마르다 김, 엘렌 김, 매티 정, 가운데가 마거릿 에드먼즈)

도티(Susan A. Doty) 양의 소개로 만난 에드먼즈

1907년 선교사 공의회가 서울에서 열렸을 때 하위렴은 북장로교 선교사인 도티Susan A. Doty 양을 회의장에서 우연히 만났다. 몇 해 전 자신의 결혼식을 바로 도티가 머물던 선교사 사택에서 치렀기 때문에 그녀와의 인연은 각별했다. 데이비스와 결혼식 이후 하위렴이 도티를 만난 것은 이번이 처음이었다.

도티는 친구 데이비스가 전주에서 갑자기 세상을 떴다는 안타까운 소식을 이미 들어서 알고는 있었지만, 신혼의 달콤한 추억이 채 가시기도 전에 졸지에 홀아비가 되어 자기 앞에 서 있는 하위렴이 그렇게 측은해 보였다. 마침 그 자리에는 하위렴의 결혼식에 참석했던 알렌 공사도 함께 있어 긴 이야기는 하지 못하고, 그녀는 잠시 하위렴을 위로하고 자리를 떴다.

인연이 되려고 그랬을까? 도티는 하위렴 선교사와 헤어져 돌아서는 순간 눈앞에 에드먼즈를 떠올렸다. 도티가 교장으로 있던 정신여학교는 보구여관普救女館에서 그리 멀지 않은 곳에 있었기 때문에 도티는 앳된 에드먼즈를 자주 만나 자매처럼 지내던 사이였다. 쇠뿔도 단김에 빼렸다고 곧바로 발길을 돌려 하위렴을 다시 쫓아간 그녀는 에드먼즈를 그에게 소개했다.

도티의 소개로 하위렴은 에드먼즈와 전혀 예기치 않은 만남을 갖게 되었지만, 이 만남은 두 사람의 운명을 다시 한번 바꾸는 계기가 된다.

에드먼즈 역시 자신이 보구여관에서 사역하는 동안, 결혼한 지 얼마 되지 않아 아내를 잃었다는 선교사의 이야기를 소문으로 전해 들은 적은 있었지만, 그가 어떤 사람인지는 자세히 알지 못했다. 그런데 지금 도티가 소개하는 이 남자가 그 사람일 줄이야!

에드먼즈를 만난 자리에서 하위렴이 먼저 자신을 소개하자 에드먼즈도 하위렴의 안타까운 소식을 들었노라고 하면서 말문을 열었다. 각자의 사역을 서로 이야기하는 동안 하위렴은 자신의 처지를 동정해주는 아담한 몸매를 가진 캐나다의 아가씨에게 마음이 끌리고 있었다. 그러나 그날은 아무런 진전이 없이 숙소로 돌아오고 말았다.

그리고는 모임이 폐회되던 마지막 날 에드먼즈를 다시 만난 하위렴은 용기를 내어 자신의 심중을 어렵게 토로했다. 에드먼즈는 즉답 대신 오랫동안 침묵했다. 그날 하위렴은 그녀로부터 아무런 대답도 듣지 못하고 군산에 내려왔으나 일이 손에 잡히지 않았다. 기도와 묵상 가운데 지루한 몇 달이 흘러갔다.

어느 날 서울에서 에드먼즈로부터 한 통의 편지가 왔다. 또박또박 써 내려간 에드먼즈의 편지는 하위렴에게 연민과 호감을 표시하고 있었지만, 긍정도 부정도 아니었다. 그리고는 말미에다가 그녀는 한 가지 조건을 내세웠다. 누구하고든 마찬가지이겠지만 자신이 만일 결혼하게 된다면 캐나다의 부모님의 동의 가운데 하고 싶다는 이야기였다. 부모를 떠나 조선에 선교사로 올 때도 부모님이 못내 섭섭해하셨는데 조선에서 만난 홀아비 선교사에 대해 부모님의 허락과 축복이 없다면 자기는 결혼을 생각할 수 없다고 했다. 그리고 얼마 후 그녀는 안식년을 맞아 캐나다로 돌아갔다.

고베에서 샌프란시스코로 가는 Korea Maru호의 에드먼즈의 승선 기록(1908. 4. 10)[137]

2차 안식년(1908~1909)과 에드먼즈와 재혼

공교롭게도 그녀가 떠나고 얼마 있지 않아 하위렴 역시 안식년을 맞게 되었다. 1908년 4월 10일 고베에서 샌프란시스코로 가는 증기선 코리아 마루에 승선했다. 하위렴은 고베에서 배에 오르기 직전 에드먼즈에게 전보를 쳐 자신의 캐나다 방문을 미리 알리는 일도 잊지 않았다. 캐나다로 향하는 여정 내내 에드먼즈 부모님의 반응을 은근히 염려하며 하나님의 인도하심을 구했다.

---

137) The National Archives at Washington, D.C. Passenger Lists of Vessels Arriving at San Francisco, California; NAI Number: 4498993; Record Group Title: Records of the Immigration and Naturalization Service, 1787-2004; Record Group Number: 8

에드먼즈의 부모님들은 신실한 믿음의 사람들이었다. 자신의 딸을 찾아 머나먼 조선에서 쫓아온 청년 선교사 하위렴을 진심으로 반겼다. 그리고 그해 9월 2일 에드먼즈 가족의 축복을 받으며 결혼식을 올렸다. 에드먼즈의 가족은 대가족이었다. 11명이나 되는 형제 외에 아버지의 형제가 10명, 어머니의 형제도 8명이나 되어, 결혼식에 모인 에드먼즈의 형제와 사촌들은 다 헤아려 순서를 분간할 수가 없을 정도로 많았다.

온타리오 남부지역은 미국 독립전쟁 당시 미국에서 추방된 왕당파들과 그리고 전쟁이 끝나고 나서 미국에서 건너온 이민자들이 정착하고 있었다. 일부 왕당파들은 미합중국과 연대하는 것에 적의를 가지고 있었지만, 그 후 들어온 초기 이민자들은 소수만이 영국을 지원했을 뿐, 일반적으로 정치에는 무관심했으며 대부분 중립을 지켰다. 에드먼즈의 증조부도 이런 부류였다. 미국에서 태어났으나 여러 가지 사정으로 캐나다로 건너온 이민자들이었다. 그러나 그녀의 가족적 신앙 배경은 그 당시 왕당파들이 많이 관련되어 있던 감리교에 적을 두고 있었다.

여름인가 싶더니 캐나다의 가을은 유난히 빨리 찾아왔다. 단풍나무와 자작나무 그리고 참나무의 교목喬木들의 군락이 끝없이 펼쳐진 온타리오의 평원과 구릉을 울긋불긋한 단풍으로 휘덮어 장관을 이루고 있었다. 결혼식을 위해 찾은 캐나다에서 에드먼즈의 가족들과 캐나다 추수감사절(10월 둘째 주)까지 거의 한 달간을 머무르다가 두 사람은 미국으로 내려와 성탄과 연말연시를 보내며 꿈같은 시간을 함께 지냈다.

그 이듬해 두 사람은 켄터키주를 비롯해 버지니아, 노스캐롤라이나, 테네시 그리고 조지아에 이르기까지 여러 주의 교회를 돌며 조선의 선교 상황을 보고하고, 후원교회들을 결성하는 일로 오히려 선교지에서보다 바쁘게 보냈다. 1909년 9월이 되어서야 그들은 다시 조선에 돌아왔다.

제3부

땅끝까지 이르러

(행 1:8)

제7장 남도에서 부르는 전도자의 송가(頌歌)
(1909~1912)

유진 벨과 목포 선교지부

하위렴이 처음 내한하고 얼마 되지 않아 유진 벨과 함께한 전라도 탐사 여행에서 남도에 지부를 세우기로 계획한 곳은 원래 목포가 아닌 나주였다. 나주는 오랫동안 전라도의 행정 중심도시였던 데다 무엇보다 영산강의 수로를 이용해 서해로 나가는 선박의 통행이 가능하다는 점 때문이었다.

서둘러 유진 벨 선교사는 1897년 한옥이 딸린 토지를 매입하고 지부 설치를 추진했으나, 이 소식이 삽시간에 퍼져나가면서 나주의 유생들이 격렬하게 들고일어나기 시작했다. 유림이 사는 고을에 서양 종교가 들어오는 것을 반대한다는 거였다. 반대가 너무도 극심한 데다 타협의 여지마저 전혀 보이지 않자, 유진 벨은 매입한 거처를 다시 매각해야만 했다.

마침 이 무렵 목포항이 개항(1897)되자, 선교부에서는 반발이 심한 나주 대신 목포에 지부 설치를 결정하고, 1898년 유진 벨 선교사가 부인 로티Lottie W. Bell와 함께 이곳에 남도 선교의 깃발을 꽂았다.

그해 6월 유진 벨 선교사가 양동 한쪽 언덕에 천막을 치고, 20여 명을 모아 시작한 양동교회에 대해 조선예수교장로회 사기史記는 이렇게 기록하고 있다.

> "목포부 양동교회가 성립하다. 선시(先是)에 선교사 배유지와 매서인 변창연이 당지(當地)에 도착하여 양동에 장막을 치고 선교를 시작해 열심히 전도함으로 …… 20여 인이 믿게 되고 교회가 이뤄졌다." [138]

유진 벨 선교사는 목포 스테이션을 중심으로 나주와 광산, 장성, 광주 지방까지 순회하며 복음을 전했다. 그러던 1901년 4월 벨이 순회 전도를 나가 있는 동안, 부인 로티Lottie W. Bell가 갑자기 심장마비로 쓰러져 34세의 젊은 나이에 세상을 떠나고 말았다. 목포에 지부가 세워지고 3년 만의 일이었다. 선교사인 남편을 따라 조선에 왔으나 조선에 대한 사랑만큼은 유난히 남달랐던 그녀였다.

통신과 교통 사정이 열악했던 시절이라 그녀의 부음을 듣고서도 며칠이 지나서야 집에 들어올 수밖에 없었던 유진 벨은 스테이션 곳곳에 남아있는 로티의 흔적들을 바라보며 가눌 수 없는 슬픔에 북받쳐 눈물을

---

138) 조선예수교장로회, 사기(史記), 1897년

흘렸다. 무엇보다 엄마가 없이 자라야 할 어린 두 자녀[139]를 데리고 이제 겨우 시작한 선교사역을 지속해야 한다고 생각하니 앞길이 막막했다. 조선에서의 사역이 순간 위기를 맞는 듯했다.

안타까운 소식이 켄터키에도 전해지자 고향의 누이동생이 아이를 맡아 기르겠다는 기별이 왔다. 다른 도리가 없었다. 그는 아이들을 맡아 양육하겠다는 누이가 한없이 고마웠으나 아이들과 떨어져 살아야만 한다는 생각에 마음이 착잡했다.

1901년 5월 3일 두 자녀를 데리고 요코하마에서 미국행 증기선에[140] 몸을 실으면서도 그는 여전히 조선을 향한 기도와 꿈을 놓지 않았다. 고향에 도착한 유진 벨은 누이 집에 아이들을 맡기고[141] 어느 정도 안정을 찾고 적응이 되는 것을 확인한 그는 이듬해인 1902년 10월 30일 다시 목포에 돌아왔다.

양동교회는 1년이 넘도록 목회자가 없었으나 놀랍게도 교인들은 그 허전한 공백에도 자리를 지키며 한 사람도 흐트러지지 않았다. 지부의 선교사들 역시 유진 벨의 유고_{有故} 중에도 한마음이 되어 자신들의 사역에 매진하고 있었다.

---

139) 다섯 살의 헨리(1896)와 두 살의 샬롯(1899)
140) 요코하마에서 캐나다 뱅쿠버를 오가는 Empress of India 호에 승선했다.
141) 유진 벨은 두 자녀 헨리와 샬롯을 고향의 누이에게 양육을 부탁하고, 다시 한국으로 복귀했다. 두 자녀는 미국에서 성장기를 보냈다. 샬롯은 후에 인돈(William A. Linton)의 부인이 된다.

오웬은 환자를 진료하며 진료소의 토대를 세우고 있었으며 스트래퍼 선교사가 15명의 여학생을 데리고 시작한 여학교 역시 조금씩 기틀이 잡혀가고 있었다. 이 같은 동료 선교사들의 수고에 고무된 유진 벨 역시 1903년 10여 명의 남학생을 모아 교육 사역의 시동을 거는 한편, 같은 해 양동교회를 한옥 기와집으로 증축, '로티 위더스푼 벨 기념 교회당'으로 봉헌하기도 했다.

한편 광주가 전남지방의 중심도시로 성장할 것을 예견한 선교부에서는 1904년 봄에 개최된 연례회의에서 광주에 지부 설치를 결정하면서 곧바로 유진 벨을 개설 책임자로 지명하고, 목포지부의 일부 선교사들을 광주지부에 전임시켰다.

일이 이렇게 되자 목포지부 설립 당시부터 유진 벨과 함께 사역했던 스트래퍼Fredrica E. Straeffer와 프레스톤John F. Preston/변요한까지 광주로 옮겨가고, 목포에는 의료선교사인 오웬C. C. Owen/오기원과 부임한 지 얼마 되지 않은 낙스Robert Knox/로라복와 맥컬리Henry D. McCallie/맹현리 등 신참 선교사들만 남아있는 상태에서 오웬 선교사마저 순회 중에 과로로 쓰러져 사망하는 사태가 생기고 말았다.

목포지부의 사정이 이렇게 긴박하게 돌아가자 1909년 7월 군산에서 열린 제18차 선교부 연례회의에서 마침 안식년을 마치고 복귀하는 하위렴 선교사에게 목포지부를 맡기기로 했다.

유진 벨의 후임으로 목포에 오다

하위렴이 만삭이던 아내와 함께 제물포를 출발해 목포에 발을 디딘 것은 1909년 9월 말이었다. 유달산이 바라다보이는 선창에는 가을을 재촉하는 비가 내리고 있었다. 낙스 선교사와 맥컬리 선교사 부부가 함께 나와 영접해 주었다. 군산지부 소속의 하위렴과 에드먼즈가 목포에 부임한다는 소식에 선교사들은 물론 모든 교인이 그들을 반겨주었다.[142]

안식년을 마치고 조선으로 돌아올 때까지만 해도 하위렴은 자신의 임지인 군산에서 해야 할 사역들을 구상하며 부풀어 있었다. 그러나 광주지부가 새롭게 개설되고 선교사들의 이동이 불가피한 상황에서 전혀 예상치 못했던 부임이었지만, 하위렴은 처음부터 다시 시작한다는 생각으로 지부에 새로운 활력을 불어넣어 지역 선교를 되살리고자 했다.

양동교회에서의 협력 목회

1909년 9월 6일 조선예수교장로회 3회 독노회가 평양의 장대현교회에서 열렸을 때, 그해 평양신학교를 졸업한 윤식명을 포함한 졸업생 8명(2회)이 노회로부터 안수를 받았다. 이날 독노회는 하위렴을 양동교회

---

142) McCallie, "Notes from The Station(Work in Mokpo and the Islands)", *The Korea Mission Field*, Vol. 6, No. 1, Jan. 1910, pp. 11

담임목사로, 윤식명을 동사목사로 정하여 목포 파송을 결의했다.

호남지방 최초로 조선인 목사를 세우는 일이었기 때문에, 하위렴으로 하여금 일단 교회를 안정시키는 일에 주력하게 했으며, 일 년 동안 윤식명을 동사목사로 두고 절차적 방식에 따라 리더십이 자연스레 이전될 수 있도록 했다. 현존하는 양동교회 교회사에도 5대 당회장에 하위렴 선교사 그리고 6대 당회장을 윤식명 목사로 기록해 둔 것으로 보아 하위렴의 역할을 분명히 엿볼 수 있게 한다.

그동안 유진 벨(1대, 3대)을 비롯해서 레이놀즈(2대), 프레스톤(4대) 등 선교사들이 잇달아 목회하면서 목포선교지부 직할 교회인 양동교회는 해마다 부흥을 거듭해, 하위렴이 당회장을 맡고 있을 당시(1910)만 해도 교인이 7~800명에 이르고 있었다.[143]

백만인 구령운동의 열풍 속으로

하위렴 선교사가 부임하고 나서 얼마 되지 않아 '백만인구령운동'의 여파가 전국적으로 확산되면서 부흥의 열기가 고조되고 있었다. 당시 조선을 방문해 군산, 전주, 광주, 목포, 공주, 행주, 평양 등 전국의 주요 도시를

---

143) McCallie, "Notes from The Station(Work in Mokpo and the Islands)", *The Korea Mission Field*, Vol. 6, No. 1, Jan. 1910, pp. 11

순회하며 부흥회를 인도한 조지 데이비스~George T. B. Davis~ 목사는 '백만인구령운동'의 현장을 3개월간 목도하고, 그때의 놀라움을 이렇게 묘사했다.

> "내가 가는 곳마다 '백만인구령운동'에 대한 뜨거운 관심이 넘치고 있었으며, 선교사들은 이 운동을 위해 기도하고, 지역을 순회하며 인도하고 있었고, 반면 한국인들은 여러 날을 연보로 드렸으며 열심을 다해 이웃을 전도하기 위해 복음서를 구입했다. '올해에 백만 명'이라는 외침은 들불처럼 조선 전역을 휩쓸었으며, 조선인은 영혼 구령을 위해 어디에도 비교할 수 없는 열정을 보여주었다." [144]

백만인 구령운동의 불길이 목포지방에도 어김없이 뜨겁게 타오르고 있었다. 조지 데이비스 목사가 부흥회를 인도하는 동안 하위렴 선교사가 통역을 맡았는데 뜨거운 성령의 임재가 집회 내내 계속되었고, 눈물로 심령을 찢는 통회 자복의 역사가 교회와 지역을 휩쓸었다. 부흥회 기간, 전 교인이 성경 반포에 앞장을 서겠다며 마가복음을 5천 권이나 구입해 전국 어느 도시, 어느 교회에서도 보지 못했던 기록을 세워 기염을 토하기도 했다.

> "목포에서는 하위렴 목사가 몸이 불편한데도 통역을 맡았으며 325명의 교인이 마가복음을 5,000권을 주문하기도 해 기록을 깨기도 했다." [145]

---

144) George T. B. Davis, "Progress of the Million Movement," *The Korea Mission Field*, Vol. 6, No. 3, Mar. 1910, pp. 56
145) 위의 책, pp. 57

구령운동의 열풍으로 교회가 크게 부흥하면서 증축한 지 7년밖에 지나지 않은 예배당이었으나 모여드는 교인을 도저히 다 수용할 수가 없게 되자, 궁여지책으로 남녀를 따로 나누어 남자는 본당에서 모이고, 여자는 그 옆에 있는 서양식으로 지은 영흥학교 건물에서 예배를 드렸다.[146] 무려 350여 명 정도가 모이는 주일학교 역시 13개 반으로 나누어 진행했다.

한편 전 교인을 10개 조로 편성해 조별로 집회 당시 구입했던 마가복음을 집집마다 배포하는 축호逐戶 전도에 참여했는데, 맹현리 선교사는 이때의 상황을 사도행전에 나오는 초기교회 모습에 견주기도 했다.[147]

"저희가 날마다 성전에 있든지 집에 있든지 예수는 그리스도라 가르치기와 전도하기를 쉬지 아니하니라(행 5:42)"

조지 브라운[148] 목사 역시 그의 책에서 부흥회 기간에 뜨거웠던 전도의 열기를 다음과 같이 묘사했다.

"이 짧은 집회 기간에 목포 일대에 있던 집이라면 복음을 전하지 않고 지나

---

146) McCallie, "Notes from The Station(Work in Mokpo and the Islands)", *The Korea Mission Field*, Vol. 6, No. 1, Jan. 1910, pp. 11
147) McCallie, "Notes from The Station(Work in Mokpo and the Islands)", *The Korea Mission Field*, Vol. 6, No. 1, Jan. 1910, pp. 11
148) George T. Brown, 1921년 중국 길림에서 남장로교 선교사의 아들로 태어나 데이비슨대학과 유니온신학교에서 공부했다. 남장로교 선교사로 한국에서 오랫동안 사역했으며 해외 선교부 총무를 역임하기도 했다.

친 곳은 하나도 없다고 해도 과언이 아니다" [149]

1910년 한 해 동안 36명이 세례를 받았으며 학습 또한 거의 같은 수의 교인이 받았다. 그뿐 아니라 주일학교가 이웃 마을의 지교회까지 확대되면서 교사들이 주일마다 방문해 지도하기도 했다. [150]

양동교회의 재건축과 리더십의 이양

백만인 구령 운동의 여파 속에 하위렴 선교사와 윤식명 목사와의 협력 목회는 엄청난 시너지효과를 내며 뜨거운 교회 부흥을 불러일으켰다. 매주일 교인들이 늘기 시작하면서 남녀가 따로 나뉘어 예배를 드려도 앉을 자리가 모자랄 정도였다. 예배당이 비좁아지자 교인들의 관심이 자연스레 교회 재건축으로 모이면서 전 교인의 기도 제목이 되고 있었다.

그 당시 교회 재정이나 교인들의 형편을 비춰볼 때 도저히 불가능한 일처럼 보였으나, 교인들은 누구나 할 것 없이 교회 건축에 협력하겠다는 각오로 한마음이 되어있었다. 교회 건축이 활발하게 논의되는 가운데, 증축한 지 7년밖에 되지 않은 교회당을 헐고 다시 건축하기로 공동의회에서 의결하자 선교부에서도 지원을 약속하고 나섰다.

---

149) 조지 톰슨 브라운, "한국선교 이야기", 천사무엘, 김균태, 오승재 옮김, 동연, pp. 117
150) McCallie, "Notes from The Station(Work in Mokpo and the Islands)", *The Korea Mission Field*, Vol. 6, No. 1, Jan. 1910, pp. 11

"더 큰 예배당의 필요가 교인들의 관심사로 떠올랐다. 많은 기도와 회의 후에 교인들은 62x36 ft² 새로운 석조건물을 세우기로 결정했다. 커다란 부담이 떠맡겨졌으나 그들은 선교부에서 지원한 $500로 마련한 대지와 기존의 대지를 합해, 그 위에 지금의 건물을 시작해야만 했다. 게다가 선교부에서는 교인들이 $900의 건축헌금을 마련하면 그 절반인 $450을 지원하겠다고 약속했다. (중략) 부녀자들 가운데는 은반지나 비녀를 바치기도 하고, 어떤 남자 교인은 건축에 필요하다면 자신의 집을 팔겠다고 제안하기도 했다. 건축에 필요한 석재와 목재가 부지에 준비되고 있었다." [151]

설계도를 그리고 자재 구입과 함께 인허가에 필요한 법적 준비까지도 다 마치고 실제 건축을 시작하려 할 즈음 두 사람의 시무장로 가운데 한 사람이 갑자기 순천으로 이사해야 할 사정이 생겼다. 교회 건축이라는 과업을 놓고 책임을 맡았던 장로가 이사한다는 소식을 접한 하위렴은 한동안 당혹스러웠으나 개인 사정인지라 어쩔 수가 없었다. 그나마 한 사람의 장로라도 남아있음에 애써 위로를 삼아야만 했다.

교회 건축이라는 중차대한 시기에 교인들을 이끌어 갈 장로가 필요하다고 생각한 하위렴은 두 사람을 피택하고, 동분서주하며 대리회[152]의 허락을 받아냈다.

---

151) "Report of W. B. Harrison, Mokpo, Korea, 1909~10", *The Korea Mission Field*, Vol. 6, No. 10, Oct. 1910, pp. 256
152) 장로교회 최초의 교회 조직인 독노회(獨老會)가 조직되고 독노회 산하에 지역별로 7개의 대리회(代理會)를 두었다. 대리회는 지역 노회가 생기기 전 노회 역할(Sub-Presbytery)을 감당하였다.

"유 장로¹⁵³⁾가 새로운 스테이션이 있는 순천으로 이사했는데 교회로 봐서는 일꾼 하나를 잃게 되었지만, 장로 한 명이 아직 남아있고, 빈자리에 채우기 위해 대리회의 허락을 이미 받아 놓은 상태에서 두 사람의 집사를 선출해 두었다. 그들이 과정을 거쳐 시험을 통과하면 장립이 될 것이다." ¹⁵⁴⁾

온 교인들의 희생적인 헌신과 선교부의 지원에 힘입어 이듬해인 1911년 864평 대지에 121평의 석조건물¹⁵⁵⁾을 완공했다. 교인들이 직접 날라 온 유달산의 화강암으로 축조한 양동교회는 그 당시에는 보기조차 힘든 최초의 서양식 건축양식으로, 한때 이 지역의 명소가 되기도 했다. 여기서도 하위렴의 업적으로 남겨질 양동교회 건축에 그의 은사와 리더십이 크게 발휘되었다는 것은 거듭 말할 필요가 없다.

양동교회는 전 교인이 함께 협력해 세운 이 지역 최초의 자립 교회란 점에서도 주목을 받았지만, 무엇보다 교회당 건축 과정을 통해 하위렴은 자연스럽게 한국인 목사(윤식명)에게로 리더십을 이양했다는 점에서 더 큰 의미가 있다고 하겠다.

그 후 양동교회는 이경필 목사(8대)가 담임하던 시절(1919), 4·8 목

---

153) 하위렴 선교사가 당회장으로 부임하기 일 년 전(1907) 변요한 선교사에 의해 장립이 된 2대 장로 유래춘으로 추정.
154) "Report of W. B. Harrison, Mokpo, Korea, 1909~10", *The Korea Mission Field*, Vol. 6, No. 10, Oct. 1910, pp. 256
155) 목포시 양동 127번지 864평의 대지에 건평 121평에 총공사비 7,100원을 들여 서양식 석조건물로 지은 양동교회는 지방 등록문화 재 114호로 등록되어 있다.

포 만세운동의 중심이 되기도 했으며 그 뒤를 이은 박연세 목사(10대)의 부임으로 신사참배 반대와 항일 민족운동의 본산지가 되기도 했다.

석조건물로 지어진 양동교회

양동교회에서 시무했던 이남규 목사(12대)는 해방이 되고 제헌 국회의원으로 활약했으며 전남지사를 지내기도 했다.

양동교회는 구정교회, 온금동교회, 중앙교회, 죽교리교회, 연동교회, 서부교회 등을 분립하면서 이 지역교회의 산파역을 감당했으나 해방 후 노회가 분열되면서 안타깝게도 양동교회는 기장으로, 이름을 달리하며 갈려 나간 양동제일교회는 예장으로 나뉘고 말았다.

스테이션 조성공사(1910~1912)

그뿐만 아니라 하위렴 선교사는 부임과 동시에 이미 진행되고 있던 선교사 숙소를 포함해 3채의 주택 공사에다 목포병원과 정명여학교 건축까지 완공시킴으로써 14,000평에 달하는 목포 스테이션의 조성공사를 실질적으로 마무리했다.

오웬 선교사가 과로로 쓰러지고 나서 그 후임으로 부임한 리딩햄Roy S. Leadingham/한삼열이 1912년부터 의료사역을 이끌었으나, 안타깝게도 1914년 한 직원의 실화失火로 하위렴 선교사가 건축했던 병원 건물 전체가 전소되는 일이 생기고 말았다. 마침 하위렴 선교사가 안식년을 맞아 목포를 떠나 미국에 머물고 있던 때였다.

하위렴 선교사가 안식년을 마치고 군산지부로 복귀한 후에 일이지만, 남장로교 해외 선교부를 통해 목포병원의 화재 소식을 전해 들은 미주리 주의 성 요셉장로교회의 성도들이 앞장서 헌금을 하고, 거기에 독지가인 프렌치Charles W. French씨가 기부한 금액을 보태 1916년에 불탄 그 자리에 석조건물로 다시 병원을 짓고, 기증자를 기념해 프렌치 메모리얼 병원으로 불렀다. 리딩햄은 목포에서 11년간 사역을 하다 1923년 귀국하였다.

인력과 장비가 부족한 상황에서도 프렌치 메모리얼 병원은 이 지역에서 의료선교의 명맥을 꾸준히 이어왔으나, 태평양전쟁이 일어나자 일제의 강압으로 선교사들이 추방되면서 결국 문을 닫았는데 안타깝게도 그 후로 다시 문을 열지 못하고 말았다.

프렌치병원(French Memorial Hospital/富蘭翠病院)

순회사역

하위렴 선교사가 부임하기 전 목포지부의 유진 벨과 오웬Clement. C. Owen, 변요한John F. Preston 등의 선교사들과 조사 변창연의 헌신적인 노력에 힘입어, 이미 여러 지역에 교회들이 세워져 있었기 때문에 일단 하위렴 선교사는 교회들을 순회하며 돌보는 일에 몰두해야만 했다. 부임하던 그해(1909년)만 하더라도 자신의 시찰 구역에서만 자그마치 447명을 학습교인으로 받고, 242명에게 세례를 베풀었다.

앞서 언급한 대로 대리회(代理會; Sub-Presbytery)[156] 체제를 유지하던 독노회가 7개 지역 노회로 개편되자, 이에 따라 회집된 전라노회에서는 회무 처리와 함께 선교사들의 활동 지역[157]을 재편하고 사역을 재조정했다. 이때 하위렴 선교사에게는 해남, 강진, 장흥, 영암 4개 군이 맡겨졌으나 그 당시 그는 목포지부 사역을 전체적으로 총괄하고 있었기 때문에 순회 사역에만 전념할 수 없어 순회지역의 절반을 동사목사인 윤식명과 나누어 맡았다.

"처음부터 순회 사역에만 전념할 수가 없었기 때문에 순회지역의 절반을 동사목사인 윤식명에게 맡겼다. (중략) 순회 여행이 가능하게 된 것은 5월 말이 되어서였다. 순회지역의 교회에서 방문해 달라는 많은 요청에 일일이 부응할 수 없다는 것이 가장 안타까운 점이었다. 이 지역의 교회들은 시작한 지 얼마 되지 않는 곳이 많아 조직이 잘 되어있지 않았고, 지도 감독을 필요로 하는 곳이 대부분이었지만, 그런데도 내가 받은 보고들은 대개 고무적인 내용이었다. …… 내가 방문했던 한 곳에서는 32명의 학습 교인 가운데 17명이 세례 문답에 통과되어 세례를 받았고, 학습 문답에는 67명이 지원했으나 그중 40명만이 통과되었다." [158]

---

156) 1907년에 독노회가 조직된 이후 교세가 부흥되자 독노회 산하에 7개 대리회(代理會)를 조직하여 각 지역을 관할했다(경충/京忠, 평북, 평남, 황해, 전라, 경상, 함경).
157) 1911년 10월 15일 전라대리회가 전주 서문밖교회에서 회집하였을 때 선교사들의 활동지역을 정했다.
이눌서(W. D. Reynolds) 씨에게 전주 서문밖교회와 김제 동편과 금구와 고부와 흥덕
최의덕(L. B. Tate) 씨에게 임실, 남원, 운봉, 정읍, 태인
강운림(W. M. Clark) 씨에게 진안, 장수, 무주, 용담
하위렴(W. B. Harrison) 씨에게 해남, 강진, 장흥, 영암
맹현리(H. D. McCallie) 씨에게 감섬교회의 당회 권리를 맡겼다.
158) "Report of W. B. Harrison, Mokpo, Korea, 1909~10", The Korea Mission Field, Vol. 6, No. 10, Oct. 1910, pp. 255

지역교회들로부터 밀려드는 순회 요청에 무리한 강행군을 하다 도중에 과로로 쓰러진 적도 있었다. 외딴 초가집의 빈방에 누워 물 한 모금조차 마실 수 없을 정도로 온종일 신열 身熱 에 시달리면서도 마땅한 통신수단이 없었던 때라 어디에도 연락을 취할 수가 없었다. 이런 절박한 상황중에도 예정된 순회 일정에 차질이 없도록 자기를 대신해 조사를 보내 예배를 인도하게 했다.

> "순회 중 방문했던 두 번째 장소에서 몸이 아파 온종일 오두막에 틀어박혀 지냈는데 나는 돌아갈 힘이 있을 때 속히 집으로 돌아가는 것이야말로 최선이라는 생각이 들었다. 안타깝게도 아파서 순회를 계속할 수 없었던 교회들은 조사와 권서인들의 신실한 인도로 대신해야 했다." [159]

외진 폐가에 홀로 누워 밤을 지새우는 동안, 동료선교사 오웬이 순회 중 폐렴으로 쓰러졌던 일을 불현듯 떠올리며 두려움에 시달리기도 했지만, 한편으로는 핍박과 굶주림과 추위로 시달린 사도 바울의 선교 여정을 생각하며 스스로 위안을 삼기도 했다.

> "또 수고하며 애쓰고 여러 번 자지 못하고 주리며 목마르고 여러 번 굶고 춥고 헐벗었노라. 이 외의 일은 고사하고 아직도 날마다 내 속에 눌리는 일이 있으니 곧 모든 교회를 위하여 염려하는 것이라(고후 11:27~28)"

---

159) 위의 책, pp. 255

비록 삼 년 남짓한 목포 선교였지만 순회 구역의 각 교회 당회장의 권리를 위임받아 순회하면서 점점 외연外延을 넓혀 가기 시작했다. 1911년에만 하더라도 강진과 장흥을 21일 동안 288Km를 여행했는데 48Km는 배로 다녔고, 48Km는 말을 탔으며 나머지 192Km는 걸어서 다녔다. 그는 순회 일정 중에 갑작스럽게 닥친 한파로 추위에 떨기도 했으며, 생각지도 못했던 돌발적인 사고를 당하기도 했다.

"언젠가는 순회하다가 타고 가던 말이 갑자기 뛰어오르는 바람에 말에서 떨어져 나둥그러지고 말았다. 너무도 갑자기 당한 일이라 땅바닥에 팽개쳐진 채 잠시 정신을 잃었지만, 크게 다친 데는 없었다. 일어나 짐을 챙기고 주위를 둘러보며 안심은 했으나 머리를 땅에 찧던 순간을 생각하면 도저히 다시 올라탈 용기가 나지 않아 고삐만 붙들고 다음 순회지까지 25마일이 넘는 여정을 걸어서 가기도 했다. 또 하나 잊을 수 없이 고통스러웠던 경험 중의 하나는 바람막이가 전혀 없는 배를 타고, 거의 얼어버릴 것 같은 추위에 살을 에는 듯한 바람을 가르며 4시간이나 떨었던 적도 있었다." [160]

그는 후에 이때의 순회 여정을 회고하며 '만약 이러한 일들을 고통스럽다고만 여겼다면 전도자로서 자신의 특권이 복음 증거에 있다는 것을 망각하는 것이었을 것'이라고 이야기하면서 웃기도 했다.

---

160) W. B. Harrison, "Gathering the Sheaves at Mokpo", *The Korea Mission Field*, Vol. 7, No. 3, Mar. 1911, pp. 87

그러면서도 일일이 지역교회를 순회하며 예배를 인도하고 성례를 베풀었으며, 직분자를 세워 교회를 이끌도록 했다. 한편 순회 여정을 함께 하며 자신을 도왔던 조사들은 물론 어려운 상황에서도 교회를 세워가는 평신도 지도자들의 수고에 대해서도 감사를 빠뜨리지 않았다.

"12개 교회를 방문해서 그들을 점검했다. 주일학교를 조직하고, 제직 임명과 문답 그리고 성례와 치리를 시행했다. 문답 지원자 174명 가운데 100명을 학습 교인으로 받았으나 15명은 거절되었으며 이미 전에 문답을 받았던 26명은 학습 교인으로 받고, 33명에게는 세례를 베풀었다. 순회 일정 동안 우리와 함께했던 조사 김 씨와 최 씨의 뜨거운 열심과 신실한 수고에 대한 마땅한 대가를 잊어서는 안 될 뿐만 아니라 어려운 상황 속에서도 교회를 이끌어온 리더들의 사랑과 헌신에 대해서도 감사를 잊어서는 안 될 것이다." 161)

한편 선교 초기 시절에는 조사로 활동하던 권서인[162]들의 역할도 컸는데 그들은 주일에는 교회에서 교인들을 돌보다가 주중에는 쪽 복음과 전도지를 들고 전도하면서 성경책을 팔기도 했다. 그들은 전도하는 도중에도 상대방이 성경에 관해 묻기라도 하면 자세히 답변을 해주기도 하고, 어려움이 있다거나 고통을 호소하는 자를 만나면 그들을 붙들고 기도를 해주기도 했다.

---

161) 위의 책, pp. 87
162) 혹은 매서인이라 부르기도 했다.

당시 조선의 어느 지역도 사정은 마찬가지였겠지만, 하위렴 선교사의 순회지역의 농민들 역시도 가난한 소작농이 대다수였다. 한 해 동안 땀을 흘리며 등이 휘도록 일 년 내내 농사를 지어도 추수가 끝나면 높은 소작료를 지주에게 떼이면서도 세금은 그들 몫으로 돌아왔다. 게다가 빌려쓴 비료대금은 물론 심지어 수리 조합에 내는 수세까지 차주(借主)에게 갚고 나면, 겨울을 나기도 전에 이미 쌀독은 바닥나기 일쑤여서 이듬해 봄까지는 겨우 죽으로 연명하거나 굶주려야만 했다.

옆에서 보는 것조차도 힘이 들 정도로 궁벽한 삶을 사는 가난한 교인들이 많았지만 그럼에도 얼마 되지 않는 양식까지도 건축헌금으로 바쳐가며 서너 평 정도밖에 되지 않는 예배 처소라도 세우고자 하는 교인들을 만날 때면 그 순수한 믿음과 헌신이 눈물겹기까지 했다.

> "전혀 수입이 없는 가난한 부녀자들은 매달 한 홉 정도의 쌀을 주머니에 담아 들고 나왔다. 이런 주머니 쌀을 모아 팔아 교회 건축기금으로 모았다." [163]

이처럼 빈궁한 사람들이 위로를 찾아 교회로 모였다. 그들은 교회 벽에 붙여놓은 '나는 너희 처소를 예비하러 가노라(요 14:2)'라는 그 성구의 의미도 잘 모르면서 '처소를 예비하러'라는 말만으로도 위로를 받는 듯했다.[164]

---

163) "Report of W. B. Harrison, Mokpo, Korea, 1909~10", *The Korea Mission Field*, Vol. 6, No. 10, Oct. 1910, pp. 255
164) W. B. Harrison, "Gathering the Sheaves at Mokpo", *The Korea Mission Field*, Vol. 7, No. 3, Mar. 1911, pp. 88

지역을 순회하며 각계각층의 다양한 교인들을 만나다 보면 종종 믿음을 가진 자들로 인해 형용할 수 없는 기쁨으로 뿌듯할 때도 있었지만, 반면에 교회에 다니면서도 전혀 죄의식을 느끼지 못하는 자나, 믿는다고 하면서도 죄의 유혹에 빠져 넘어진 자들을 만날 때면 안타까운 마음이 들기도 했다. 그러나 어떤 교인은 문답하는 도중에 자신의 죄를 언급하는 내용이 나오기라도 하면 눈물을 흘리기도 했고, 그리스도가 십자가에서 당한 고난을 들을 때면 큰소리로 흐느껴 우는 사람도 있었다.[165]

대개는 남정네들보다는 오히려 부녀자들이 복음을 더 귀하게 여기고 감사함으로 받는 진지함을 보였다. 말씀을 듣고 상처받은 자아가 치유되고 회복되면서 부녀자들은 노소를 불문하고 글을 배우고자 하는 열심을 내기도 했다. 자식이 없는 과부, 구박받는 부인네들, 집에서 쫓겨난 여자아이들에게는 성경만이 유일한 위안이었다.[166]

한편 하위렴 선교사가 집을 떠나 예정에 없던 순회로 일정이 길어질 때면, 편지를 써서 만삭인 아내와 돌이 지난 딸 셀리나의 안부를 묻기도 하고, 지역교회의 크고 작은 사정을 알리기도 했는데 그때마다 에드먼즈는 남편이 보내온 지역교회의 소식을 정리해 다시 KMF(Korean Mission Field)에 기고하기도 했다.

---

165) W. B. Harrison, "Gathering the Sheaves at Mokpo", *The Korea Mission Field*, Vol. 7, No. 3, Mar. 1911, pp. 87~88
166) 위의 책, pp. 88

"1월 11일 하위렴 선교사의 부인이 목포에서 남편으로부터 받은 편지를 인용해 다음과 같은 기사를 보내왔다."

"월요일 4개 교회에서 110명을 문답했고 20명의 세례와 68명을 학습 교인으로 받았으며 한 사람을 교인명부에서 삭제하기도 했다. 이번 순회에서 가장 중요한 것은 교회 내에서 행해지던 변법을 치리하고 나머지 교인들에게는 격려해준 점이었다." [167]

하위렴은 순회하는 동안 문답을 하고 성례를 베풀며 교인들을 위로하고 격려하기도 했지만, 교회공동체의 규범을 위반해 용납할 수 없는 자들이 있다고 판단되면 치리를 통해 당사자들을 교인명부에서 단호하게 삭명削名해 교회를 바르게 세워가는 일에 권징의 필요함을 보여주기도 했다.

한편 에드먼즈는 '오직 믿음'으로만 교회 건축을 이뤄낸 교인들의 이야기도[168] 기고했는데 7평 정도의 아주 비좁고 보잘것없는 예배 처소에서 모이던 교인들이 힘을 모아 70평짜리 건물을 마련한 놀라운 사례를 들면서 2,000날을 연보했다는 형제를 언급하기도 했다. 어림잡아도 3년의 세월을 교회 건축에 헌신하며 1,000냥이나 되는 돈을 헌금했다는 이야기도 썼다.

"마지막 방문한 교회는 원래 7평 남짓한 지붕이 아주 나즈막하고 작은 교회

---

167) "Note From the Station, Mokpo", *The Korea Mission Field*, Vol. 7, No. 1, Jan. 1911, pp. 69
168) 해남군 우수영교회로 추정

였는데, 교인들이 힘을 모아 70평짜리 건물을 세우고 한쪽 면은 회칠하고 나서 창문과 문을 달았다. 그 후 내가 그 교회를 방문했을 때 한 형제가 나와 며칠 전에 강풍으로 날아가 버린 교회 지붕을 보수하고 있었다. 그 형제는 교회를 건축할 때 2,000날을 연보하고 1,000냥이 넘게 헌금했다." [169]

이 당시 1,000냥의 가치가 얼마나 되는지 정확히 알 수 없지만, 일본 엔(Yen)화가 쓰이던 시절에도 일부 지역에서는 여전히 구한말의 화폐인 양(兩/Yang)이 통용되고 있었다는 것도 흥미롭다.

에드먼즈는 기고문 말미에 자신이 하위렴으로부터 전해 들은 대로 믿지 않는 가정에서 믿는 자녀들이 어떻게 핍박받고 있는가를 전하면서 불신 부모들의 무지한 인식을 안타까워하기도 했다.

"내가 위의 글을 쓰고 난 이후에 16살 되는 아가씨가 문답을 받았는데 그녀는 자기 아버지가 자신이 교회에 나간다는 이유로 그녀를 회초리로 때려 집 밖으로 쫓아냈다는 이야기도 들었다."

그해 하위렴 선교사가 순회 사역을 하며 세례를 베푼 총인원이 12개 교회에서 86명에[170] 이르렀을 뿐 아니라 해남에 교회를 개척하기도 했는데, 이때 설립한 교회가 해남군 읍내교회로 조선예수교장로회 사기(史記)는

---

169) "Note From the Station, Mokpo", *The Korea Mission Field*, Vol. 7, No. 1, Jan. 1911, pp. 69
170) W. B. Harrison, "Gathering the Sheaves at Mokpo", *The Korea Mission Field*, Vol. 7, No. 3, Mar. 1911, pp. 87

그 설립과정을 이렇게 기록하고 있다.

"1910년 해남군 읍내교회가 성립하다. 먼저 선교사 하위렴이 조사 김영진을 파송하여 이 마을에 전도한 결과 김채윤 등 몇 사람이 믿고 남문외교회에 내왕하더니, 신자가 늘면서 대정 마을에 예배당을 세웠는데 그 후 이 마을에 이전하니라. 선교사 맹현리와 조사 마서규, 김달성, 최병호, 원덕찬, 조병선 등이 상속 시무하니라." [171]

그 후 해남읍 교회는 해남의 모교회로서 지역 전도에 앞장을 서, 많은 포자 교회 분립을 통해 성장을 거듭했으며 해남의 그룬트비[172]라 불리는 이준묵 목사와 전 한신대 총장 오영석 목사와 같은 인물들을 배출하기도 했다.

영흥학교 교장으로 사역하다

1903년 유진벨에 의해 시작된 남학교는 원래 소학교 과정으로 출발했으나 1907년이 되면서 중학교 과정이 신설되었다. 과정만 나뉘었지 여전히 한 지붕 밑에서 겨우 3명의 교사가 110명이나 되는 학생을 맡아 가르치고 있었다. 하위렴이 목포에 부임하던 그해에도 사정은 마찬가지였다.

---

171) 조선예수교장로회, 사기(史記), 해남(1898~1923년)편
172) 하나님, 이웃, 땅 3愛 정신을 외치며 덴마크의 농촌부흥 운동과 민족운동을 이끌었던 루터교 목사

아무튼, 부임 당시(1909) 하위렴이 교실에서 마주한 학생들에게 받았던 인상을 다음과 같이 기록해 두었다.

"남학생들의 품행과 학업은 양호했다. 가을철에 야외활동이나 봄철의 소풍으로 즐거운 시간을 갖기도 했다. 연중행사 가운데 선교회 활동으로 한 달에 2회 저녁에 만났으며, 그것과는 별도로 두 번의 토론회를 열기도 했다. 성탄 절기에는 12명을 뽑아 여행경비를 주고 두 사람씩 짝을 이루어 시골을 돌며 전도하게 했다. 학생들은 모두가 자신이 뽑히길 원해, 후보를 선출하는 과정은 상당히 흥미로웠다." [173]

그 이듬해에는 학생 수가 135명으로 늘었으나 그들 중 가정 형편이 어려운 63명은 기숙사비를 벌기 위해 일을 해야만 하는 형편이었다.[174] 하위렴 선교사는 실질적으로 그들을 도울 방법을 궁리한 끝에 스테이션 건축 공사장에서 일을 거들게 하고, 학생들에게 급료를 지급하도록 하는 거였다.

"스테이션 조성공사에 잡일을 거드는 보조 인부로 봉사하게 하자, 3개월 동안 평균 참석자가 47명 정도가 되었다. 학생들은 매일 3시간 반씩 일하고 한 달에 3엔씩 받으면서 공사장 주변 정리와 자재 운반과 같은 잡일을 하면서

---

173) "Report of W. B. Harrison, Mokpo, Korea, 1909~10", *The Korea Mission Field*, Vol. 6, No. 10, Oct. 1910, pp. 254
174) McCallie, "Notes from The Station(Work in Mokpo and the Islands)", *The Korea Mission Field*, Vol. 6, No. 1, Jan. 1910, pp. 11

학비를 벌었다. 그들의 급료는 노동자의 임금을 참작해 그들 임금의 1/3 정도를 지급했다." 175)

그나마 이 일도 날씨가 좋지 않다든지 혹은 감독자가 결근하거나 장비가 부족해서 할 수가 없을 때는 근로 학생들의 절반 정도는 일이 없어 돌아가야만 했다. 하위렴 선교사는 일거리가 없어 돌아가는 학생들을 바라볼 때마다 그들의 학비 마련을 걱정하며 함께 안타까워하기도 했다.

이처럼 가정 형편이 어려워 학업을 계속할 수 없는 학생들이 점차 늘어나자 하위렴은 군산 영명학교에서 시행했던 것처럼 아예 학교에서 실과를 시범 운영하기도 했는데, 일종의 실기 교육과정으로 학생들에게 목공 기술을 가르쳐 학비로 연결될 수 있게 했다.

그는 학원 선교의 현장에서 실기교육의 절실함을 느낀 하위렴은 연례회의 때마다 실업교육의 관심을 촉구하며 안건으로 올렸으나 논제의 중심이 언제나 '교회 지도자를 양성하는데 실업교육이 과연 필요한가'로 흘러가면서 더 이상의 진전을 볼 수가 없었다. 결국, 기술교육은 학생들의 학비 마련을 위한 과정으로만 그쳤지, 정식 학과목으로 발전되지는 못했다. 그 이후로도 하위렴은 자신의 경험과 사례를 들어 실업교육을 전담해줄 전문인력의 파송을 해외 선교부에 여러 차례 건의했으나 동의를 얻어내지 못했다.

---

175) "Report of W. B. Harrison, Mokpo, Korea, 1909~10", The Korea Mission Field, Vol. 6, No. 10, Oct. 1910, pp. 254

하위렴의 제안 이후에도 다시 레이놀즈가 해외 선교부에 실업교육의 필요성을 구체적으로 제시하며 인력과 예산을 청원한 적이 있었으나[176] 해외 선교부에서도 선교에 있어서 교육 사역은 교회 지도자양성에 목적이 있지 교육을 사업화하는 것이 아님을 분명히 하고, 교육 사역에서 실업교육은 배제한다고 못을 박음으로써 오랫동안 이어왔던 논란에 종지부를 찍었다.

사실 하위렴이 영흥학교 교장으로 사역하는 동안 가장 하위렴을 곤혹스럽게 만든 것은 앞에서 언급한 실업교육의 확대 시행의 여부가 아니라, 무엇보다도 기독교 학교에 대한 총독부의 간섭이 점차 심해지고 있는 점이었다. 그들은 매월 학교에서 사용하는 교재와 수업내용은 물론 심지어 학교에서의 모든 일상까지도 보고하게 하는 등 선교사들의 사생활까지 침해하는 일이 다반사였기 때문이었다.

"총독부에서는 최근 들어 부쩍 우리 학교에서 사용하는 책과 사용하지 않는 책은 무엇이며, 부르지 않는 노래는 어떤 것들이 있는지 등을 묻는 공문을 보내곤 했다. 심지어 연료사용 경비 내역과 선교사의 사례 액수까지 자세한 보고를 요구해 왔는데, 모든 질문서의 내용이 한자로 쓰여있어서 번역을 따로 해야만 이해할 수가 있었다. (중략) 나를 강제로 자리를 비우게 하고, 임시 휴교 조치를 강행했던 위기가 두 번이나 있었다. 국면이 이렇게 전개되는 상황에서 학교를 성공적으로 이끌어가기 위해서는 선교사의 임석臨席과

---

176) J. B. Reynolds, "Indudstrial Education as a Part of the Missionary Program", *The Korea Mission Field*, Vol. 22, No. 10, Oct. 1926, pp 214~215

단속團束이 필수적이라 생각되어 이번 연례회의에서 적절한 대책이 세워지기를 희망하고 있다."[177]

전라노회 창립에 참여하다(1911)

1911년 대리회(代理會; Sub-Presbytery)를 노회로 개편한다는 독노회의 결정에 따라 독노회 산하 7개 대리회를 7개 지역 노회로[178] 개편 조직했다. 이로써 조선 장로교는 선교 한세대 만에 노회 정치체제의 성공적인 안착을 이루며 뿌리를 내려가기 시작했다.

이에 따라 전라대리회 역시 1911년 10월 15일 전주 서문밖교회에서 회집을 하고, 전라노회로 개편하면서 임원을 선출하고 노회 시대를 열었다. 당시 전라노회 창립 당시 회원구성을 보면, 목사회원이 배유지, 이눌서, 류서백, 부위렴, 강운림, 최의덕, 마로덕, 고라복, 타마자, 하위렴, 이기풍, 김필수, 윤식명 등 13명이었으며, 장로회원으로는 양성률, 최홍서, 서영선, 신경운, 이승두, 최국현, 조덕삼, 이원필, 류기택, 최학삼, 이자익,

---

177) "Report of W. B. Harrison, Mokpo, Korea, 1909~10", *The Korea Mission Field*, Vol. 6, No. 10, Oct. 1910, pp. 254
178) • 경충노회 : 목사 곽안련(Charles A. Clark) 등 11인과 장로 함태영 등 11인
  • 전라노회 : 목사 최의덕(Lewis B. Tate) 등 10인과 장로 이승두 등 12인
  • 경상노회 : 목사 손안로(Andrew Adamson) 등 12인과 장로 박신언 등 12인
  • 함경노회 : 목사 어아력(A. M. Earl) 등 9인과 장로 장홍술 등 6인
  • 남평안노회 : 목사 마포삼렬(Samuel A. Moffett) 등 29인과 장로 이윤모 등 54인
  • 북평안노회 : 목사 방혜법(Herbert E. Blair) 등 17인과 장로 김진화 등 12인
  • 황해노회 : 목사 한위렴(William B. Hunt) 등 8인과 장로 김창일 등 18인

위위렴W. A. Venable, 오인묵, 김응규(유고로 불참) 등 14명으로서 총대는 모두 27명이었다.

임시회장인 김필수 목사의 사회로 노회를 이끌어갈 임원과 각부 위원을 선출했다. 이때 하위렴은 이눌서 선교사, 류기택 장로와 함께 규칙위원을 맡아 노회 조직의 틀을 함께 세웠으며 창립 당시 전라노회의 조직도는 다음과 같다.

회 장 : 김필수 목사
부회장 : 배유지(Eugine Bell) 목사
서 기 : 이승두 장로
회 계 : 최극현 장로, 최의덕(Lewis B. Tate) 목사

정사(定事)위원 - 배유지(Eugine Bell), 이기풍, 최흥서
헌의(獻議)위원 - 서영선, 부위렴(William F. Bull), 이승두
재정(財政)위원 - 이자익, 고라복(Robert T. Coit), 강운림(William M. Clark)
규칙(規則)위원 - 하위렴(William B. Harrison), 이눌서(William D. Reynolds), 류기택
학무(學務)위원 - 김필수, 류서백(John S. Nisbet), 위위렴(W. A. Venable)[179]
정치(政治)위원 - 윤식명, 최의덕(Lewis B. Tate), 최학삼
검사(檢査)위원 - 未擇

---

179) 오스틴대학을 졸업하고 교사로 활약하다 내한한 영명학교 교장으로 사역한 교육선교사로 전라노회 창립 장로회원 가운데 유일한 미국인이었다.

전라노회의 창립(앞줄 왼쪽에서 세 번째가 하위렴 선교사[180])

남장로교 내한 선교부에서는 조선예수교장로회의 7개 노회 가운데 전라노회의 지역 범위가 일단 자신들의 선교구역과 일치하고 있는 점에 만족감을 표시했으며[181] 1914년 8월 총회로부터 제주 선교를 전라노회가 주관하는 것으로 허락을 받았다.[182]

사경회(査經會) 강사로 참여하다

앞에서 언급했듯 각 지역 선교지부에서 해마다 열리는 중사경회(Station Bible Class) 행사에는 다른 지역 선교지부의 선교사들을 강사로 불러 개최하는 관례에 따라 1910년 2월 1일 군산에서 개최된 사경회에 하위렴

---

180) Rev. J. S. Nisbet, "Progressive Presbyterianism" *The Missionary Survey*, Vol 5, No. 11, Nov. 1915. pp. 838~840
181) Rev. J. S. Nisbet, "Progressive Presbyterianism" *The Missionary Survey*, Vol 5, No. 11, Nov. 1915. pp. 839
182) 북제주 지역은 이기풍 목사를 남제주 지역은 윤식명 목사를 임명했다.

선교사가 강사로 초청되었다. 그는 설교학과 소요리 문답 등 2과목을 가르쳤는데 참석자는 260명 정도 되었다.[183]

하위렴이 군산에서 사역할 당시(1906) 처음 개최되었던 중사경회에 60여 명이 참석한 것에 비하면 놀라운 발전이었다.[184] 이듬해 1911년 2월에는 목포지부가 주관하는 남녀 사경회를 개최하기도 했다.[185]

순천 선교지부 개설을 위한 타당성 조사

1910년 남장로교 내한 선교부에서는 호남 남동부지역에 또 다른 지부 설치를 계획하고, 광주와 목포지부에 속한 선교사들에게 타당성 여부를 조사하게 했다. 목포지부에서는 하위렴이 위원에 지명되었다. 소속 위원회의 대다수 위원은 광주에서 출발했으나 하위렴은 목포에서 혼자서 말을 타고 1,280Km의 순회 일정을 마치고 광주로 가서 위원들을 만났다.

위원들과 함께 순천지역을 돌아보고 순천이 지부 설치에 적절한 조건을 갖춘 장소라는데 동감했으나 선교부의 예산과 인력이 아직 미치지 못하는 현재 상황으로 비추어 볼 때, 가까운 시일 내에 스테이션을 여는 것

---

183) 위의 책 pp. 255
184) "Report of Kunsan Station", For the Quater Ending March 31st, 1906, *The Korea Mission Field*, Vol. 2, No. 7, May. 1906, pp. 136
185) "Note From the Station, Mokpo", *The Korea Mission Field*, Vol. 7, No. 1, Jan. 1911, pp. 69

은 불확실해 보인다고 하위렴은 판단했다.[186] 왜냐하면, 목포지부에 대한 선교사 충원요청에도 해외 선교부의 반응이 늦어 안타까워했던 터라, 하위렴은 개인적으로는 순천지부의 개설에 회의적이었던 것으로 보인다.

---

186) "Report of W. B. Harrison, Mokpo, Korea, 1909~10", *The Korea Mission Field*, Vol. 6, No. 10, Oct. 1910, pp. 255

제8장 선택의 갈림길에서 서서

출산을 기뻐할 겨를도 없이

이야기를 돌려 다시 하위럼과 에드먼즈의 결혼 당시로 돌아가 보자. 캐나다에서 결혼식을 치른 두 사람은 그 이듬해 하위럼의 고향 켄터키로 내려왔다. 그들은 해외 선교부와 노회에서 교섭해둔 교회들을 순회하며 조선 선교 현황을 보고하는 일로 바쁘게 지내다 보니 신혼여행은 엄두조차 내지 못한 채 어느덧 안식년이 끝나가고 있었다.

두 사람은 조선으로 돌아가야 할 채비를 서둘러야 했기 때문에 신혼여행은 조선으로 향하는 귀임歸任 여행으로 대신하기로 했다. 샌프란시스코를 출항한 증기선이 긴 항해 끝에 태평양을 건너 요코하마에 닻을 내렸다. 두 사람이 다시 고베에서 조선으로 가는 배를 바꿔 타고 제물포에 당도할 즈음 이미 에드먼즈는 만삭의 몸이었다.

항해 내내 뱃멀미와 구토로 시달렸던 탓에 제물포에서 다시 목포까지

오는 동안 그녀는 거의 탈진이 되어가고 있었다. 그 당시 목포에 지부支部가 설치되어 있었다고 하지만, 스테이션이라 해봐야 아직 선교사 숙소조차 변변하게 갖추어지지 않은 상태였다. 비록 에드먼즈가 내한 선교사로 6년을 사역했다 해도 처음 보는 목포의 풍광은 눈에 익었던 서울의 그것과도 사뭇 판이했다.

스테이션에 짐을 풀자마자 두 사람은 어설프기 짝이 없는 주변의 모든 상황에 하루속히 적응해야만 했다. 무엇보다도 하위렴 선교사는 에드먼즈의 출산일이 임박해지고 있었기 때문에 산모와 아기를 위한 준비가 시급했으나 스테이션을 총괄해야 했던 그는 전혀 신경을 쓸 여유가 없었다. 이때의 난감했던 상황을 하위렴은 이렇게 적고 있다.

"모든 이삿짐이 옮겨지고 부분적으로 정리가 된 후에 교회와 남학교와 여학교는 물론 지역교회를 돌아보아야 하는 순회 일정과 선교사 숙소와 진료소를 짓는 일로 정신을 못 차릴 정도여서 나는 어느 쪽으로 몸을 틀어야 할지 알 수가 없을 정도였다." [187]

목포에 부임하고 나서 얼마 되지 않아 에드먼즈는 1909년 10월 31일 딸 셀리나Margaret Selina Harrison를 출산했다.[188] 셀리나가 태어나던 그해 봄에 오웬 박사가 과로로 순직하는 바람에 진료소에는 의사가 없었으나 다

---

[187] "Report of W. B. Harrison, Mokpo, Korea, 1909~10", *The Korea Mission Field*, Vol. 6, No. 10, Oct. 1910, pp. 254
[188] "News of the Month", *The Korea Mission Field*, Vol. 6, No. 1, Jan. 1910, pp. 3

행히도 간호선교사로 사역하던 에밀리Emily C. Mccallie[189]가 출산을 도울 수가 있었다. 그녀는 2년 전 내한해 전주에서 사역하다가 맥컬리 선교사와 결혼하면서 목포 진료소에 내려와 있었다.

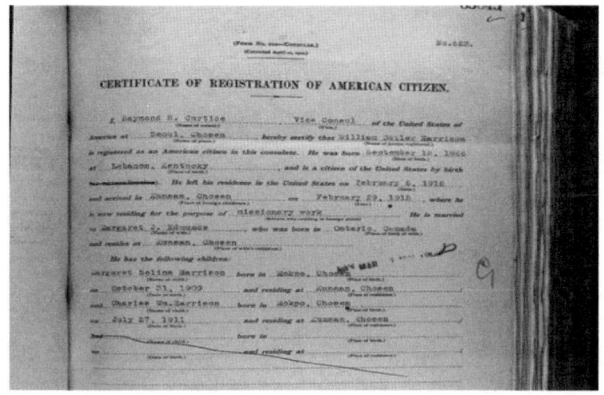

U.S., Consular Registration Certificates, 1907~1918 Volumes 134, 65645[190]
주한미국영사관에 신고한 두 자녀의 출생신고서

혼신을 다한 목포에서의 사역(1911)

하위렴 선교사가 목포에 부임하면서 양동교회 재건축 공사는 물론 선교사 숙소와 진료소를 포함한 스테이션 조성공사를 전체적으로 떠맡았다. 공사의 크고 작은 인허가 사항은 물론 자재구매와 재정관리, 인부고

---

189) 에밀리(Emily Cordell McCallie, 1873~1931), 1907년에 간호선교사로 내한해 전주에서 사역하다 맥컬리 선교사와 결혼한 후 목포로 옮겨와 목포 프렌치병원에서 사역함.
190) Chronological Reports, Volume 134(Jan. 1917~Feb. 1918) 두 자녀 모두 목포에서 출생했으나, 거주지의 주소가 군산으로 되어있는 것으로 보아 군산에 부임 후 두 자녀를 동시에 출생신고를 한 것으로 보인다.

제3부 땅끝까지 이르러(행 1:8) 165

용 그리고 안전사고 예방에 이르기까지 처음부터 어느 것 하나 소홀히 할 수 없는 것들이었다. 그는 교인들과 인부들을 데리고 불철주야 공사 현장에 매달려야만 했다.

에드먼즈는 그녀대로 아기를 양육하며 눈코 뜰 새 없이 바빴지만, 그녀는 여학교에서 음악 교사로 학생들을 지도하고, 교회에서는 주일학교 여교사들을 따로 모아 주중에 성경공부를 지도하기도 했다. 무엇보다도 자신이 간호선교사였기 때문에 목포 진료소의 간호사들을 관리하며 간호 인력을 양성하는 일에도 힘을 기울였다.

1911년 7월 27일에 아들 찰스Charles William Harrison까지 태어났다. 셀리나와는 두 살 터울이었다. 그때까지도 목포 진료소에는 아직 의사가 부임하지 않은 상태여서 이번에도 에밀리가 출산을 도왔다. 첫 딸을 낳았을 때도 겨를이 없어 적절한 산후조리를 하지 못했던 에드먼즈는 둘째를 출산하고 나서도 쉴 틈이 없이 사역에 매달려 무리하다 얻은 산후 후유증으로 그 후 오랫동안 병고에 시달리기도 했다.

하위렴 역시 양동교회 재건축과 스테이션 조성공사를 마무리하는 동안, 몸을 돌보지 않고 무리를 하는 바람에 그 후로 거의 일 년을 병으로 고생하기도 했다. 두 사람 모두 과로로 건강에 이상이 오고 있었지만, 하위렴은 3년이라는 짧은 시간에 불모지와 같은 이 지역에다 선교 인프라를 마무리했다는 점에 스스로 긍지를 느꼈다.

"거의 일 년을 앓고 지내다가 다시 건강을 되찾아 지난 한 해 동안은 하나님께 감사를 돌리며 기쁨 중에 지냈다. 순회 사역과 학생들을 가르치는 일, 선교부 건축공사와 일반 행정 등에서 활동적인 봉사의 기쁨을 누렸으며 일들이 마무리되어가는 것을 보며, 만족감을 느끼기도 했다." [191]

그러나 한편으로는 자신의 본령本領이 복음 전도에 있음을 되새기고, 그동안 돌보지 못했던 순회지역을 돌아봐야겠다는 생각에 그는 윤식명에게 맡겼던 순회지역을 다시 넘겨받았다.

"한편 노회와 선교사 공의회 그리고 총회 후에 열리는 연례모임 등도 빠뜨릴 수 없는 중요한 일들이었지만, 그것보다도 먼저 내가 해야 할 일은 오랫동안 돌보지 못했던 지역을 순회하는 것이었다." [192]

자신의 시찰 구역인 영암, 해남, 강진, 장흥에 이르는 서남해안의 지리적 상황은 군산의 그것과도 크게 달랐다. 왜냐하면, 굴곡진 만과 크고 작은 반도의 긴 해안선을 따라 발달한 촌락들을 순회하기 위해서는, 육로와 수로를 수시로 바꿔가며 여행해야 할 때가 많아 번거롭고 어려웠기 때문이었다.

"내가 맡은 순회 구역은 2개의 군을 포함해 또 다른 2개의 군의 일부 지역으

---

191) W. B. Harrison, "Last Year's Evangelistic Work in Mokpo", *The Korea Mission Field*, Vol. 8, No. 1, Jan. 1912, pp. 31
192) 위의 책, pp. 31

로 면적이 40x65 평방마일이나 되는 반도의 서남해안 지역이었다. 이곳은 각각 14x25 평방마일 정도가 되는 두 개의 만이 서북 방향으로 뻗어 세 개의 긴 반도를 서로 갈라놓고 있었다. 다른 하나의 만은 남쪽으로 향한 입구로부터 굴곡진 해안선을 따라 육지로 깊이 들어와 있었다. 이 지역을 순회하려면 목포로부터 만을 가로질러야 했기 때문에 모든 순회는 처음부터 끝까지 수로 이용이 필수였지만 그렇다고 해서 어느 곳도 다시 육로를 이용하지 않고는 도달할 수가 없었다. 역풍이 불고, 썰물일 때를 만난다거나 혹은 배에다 말을 태울 수 없는 상황이 생기기도 했지만, 그것보다도 복음에 관심을 보이지 않는 마을을 만난다든지 게다가 자전거로 접근할 수 없는 도로 사정이나 변화가 잦은 날씨를 만나면 순회가 더욱 어려워지기도 했다." [193]

열악한 지리적 여건에도 하위렴은 1911년 한 해 동안 봄과 가을 두 차례로 나누어 순회 구역의 모든 교회를 2회 이상 방문했다. 춘계순회는 자전거와 말을 타고, 추계순회는 걸어서 했는데 총 93일이 소요되었다. 20여 개의 교회를 방문해 문답과 성례 그리고 회계감사는 물론 치리까지 했으며, 때로는 임시 제직이 필요하다고 요구하는 교회가 있으면 선출하는 것을 돕기도 했다. 놀랍게도 순회 구역의 교회 가운데 15개 교회가 이미 주일학교를 개설하고 있었다.

조사들과 함께 순회 일정을 진행하면서 대략 15~20일 정도를 문답에 소요했다. 순회지역의 총 953명의 문답 지원자 중 아예 261명은 보류시켰고, 그중에서 392명만 학습 교인으로 허락했으며 115명은 학습 교인

---

193) 위의 책, pp. 31

대기자 명단에 두었고, 나머지 185명만 세례를 베풀었다.

문답에 참여한 교인들 대다수가 이구동성으로 문답이 너무 까다롭다고 불평하기도 했지만, 시간이 지나면서 그러한 엄격한 문답 절차가 교회의 순결을 유지하게 하고 나아가 모두에게 유익하다는 것을 알게 되면서, 교회 생활에 더욱 애착을 갖게 됐다는 이야기도 전했다.[194]

한편 그는 강진읍에서 멀지 않은 병영교회[195]를 순회하는 중에 들었던 한 과부의 간증을 전하면서 그녀가 예수를 영접하고 어떻게 그녀의 삶이 변화되었는지를 소개하기도 했다.

"교인 가운데 김 씨로 불리는 한 젊은 과부가 있었는데 그녀가 20살 되던 해에 하나밖에 없던 어린 아들마저 잃고 말았다. 그녀는 비탄에 잠겨 어떤 위로도 마다하고 미칠 듯이 슬퍼했다. 딱한 상황으로 그렇게 오륙 년을 지내다 우연히 그녀는 복음을 듣고 예수를 영접했는데 교회에 출석하면서 크게 위로받고 심령에 평안을 되찾았다. 지금 그녀는 더 이상 자신은 외로운 과부가 아니라고 말하며 자신이 굶어 죽지 않는 한, 믿지 않는 이웃을 위해 전도하는 삶을 살 것이라 다짐하기도 했다. 그녀는 어렵게 살면서도 교인들을 위한 헌신에 앞장서고 있다." [196]

---

194) 위의 책, pp. 31
195) 조선 시대 전라병영성이 있던 곳에서 지명이 유래된 병영(兵營)은 1653년 네델란드인 하멜 일행이 조선에 표착한 뒤 억류되었던 곳으로, 지금까지도 그들의 생활 흔적이 남아있다. 남장로교 선교사 프레스톤과 오웬이 들어와 복음을 전하고 교회를 설립했다. 목포지역 최초의 장로였던 임성옥이 1912년 평양신학교를 졸업하고, 1915년 고향 강진에 돌아와 병영교회에서 시무했다.
196) W. B. Harrison, "Last Year's Evangelistic Work in Mokpo", *The Korea Mission Field*, Vol. 8, No. 1, Jan. 1912, pp. 31

이외에도 믿음을 지키려다 가정에서 모진 핍박을 당했다는 한 여인의 이야기를 듣고 자신의 아픔처럼 안타까워하면서 '세상에서는 너희가 환난을 당하나 담대하라 내가 세상을 이기었노라(요 16:33)'라는 말씀으로 그녀를 위로하고, 오갈 데가 없이 버려진 그녀를 윤식명 목사에게 보내기도 했다.

"아내의 신앙생활을 극심하게 반대하는 남편으로부터 거의 매일같이 매질을 당하고 사는 젊은 여자 하나가 있었는데 한번은 그녀가 너무 많이 맞아 거의 죽음에 이를 정도가 되기도 했다. 그 후 그녀가 집에 혼자 있을 때 3대에 걸친 집안의 족보를 가져다가 아궁이에 던져 넣고 아예 집에서 도망쳐 나와 버렸다. 지금 그녀는 윤 목사의 집에 머물며 간호사로 활동하고 있다." [197]

하위렴이 자신의 시찰을 순회하던 당시만 해도 여전히 '백만인구령운동'의 여파가 식지 않아 교회마다 특별 전도 집회가 줄지어 열리고 있었는데 9개 교회가 각각 5일간씩 집회를 연달아 개최하기도 했다. 집회에 참석하는 인원은 교회마다 어림잡아 100여 명 정도쯤 되었다.

하위렴은 1911년 한 해 동안 커다란 진전을 보인 순회 사역의 성과를 스스로 평가하면서 그는 먼저 자급自給/Self-support[198]의 실현을 꼽았다. 하

---

197) "Note from the Station", Mokpo, *The Korea Mission Field*, Vol. 8, No. 3, Jan. 1912, pp. 74~75
198) '3자 원칙'으로 불리는 네비우스 선교정책은 즉 현지인이 현지인에게 전도하도록 하는 '자전(自傳, self-propagation)', 현지 교인이 현지 교회 목회자의 생활비와 교회 운영을 책임지도록 하는 '자급(自給, self-supporting)', 그리고 현지 교회 문제를 현지 교인들이 처리하도록 하는 '자치(自治, self-governing)' 등을 골자로 하고 있다.

위렴은 순회 지도를 할 때마다 교회가 목회자들은 물론 조사들에게도 마땅한 사례를 지급하도록 강조했으나 그들은 한결같이 교회의 재정을 고려해 볼 때 조사에게 사례하는 것은 시기적으로 부적절한 제안이라고 반대했다. 그러한 분위기 가운데서도 6개 교회에서는 하위렴의 권면을 긍정적으로 받아들여 6개월 전부터 전도부인을 돕는 헌금을 시작하는 등 조사들의 사례를 위해 발을 벗고 나서기도 했다.

하위렴은 시찰 구역내 장로 하계모임에서 자급自給:Self-support의 취지를 다시 한번 설명하면서 다음에 동계 모임으로 모일 때는 교회 별로 사례할 수 있는 확실한 금액을 약속하자고 제안해, 참석자 전원 일치의 동의를 받아내기도 했다.

또 하나는 주일학교가 크게 부흥한 일인데 1911년 연초에만 해도 조직된 주일학교가 하나도 없었으나 앞에서 언급한 대로 연말이 채 지나기도 전에 자그마치 15개 교회에 주일학교가 생겨나면서 시찰 구역 전체에 775명의 어린이가 참석하는 주일학교로 성장을 하고 있었다.[199] 더욱 고무적인 것은 교사와 교인들의 뜨거운 헌신에 힘입어, 주일학교에 더 큰 부흥이 기대되고 있는 점이었다.

하위렴은 지금까지 성공적인 순회 사역이 가능했던 이유로는 어려운 환경에서도 묵묵히 맡은 바 책임을 다해온 조사와 권서인 그리고 전도부

---

199) W. B. Harrison, "Last Year's Evangelistic Work in Mokpo", *The Korea Mission Field*, Vol. 8, No. 1, Jan. 1912, pp. 30-32

인의 수고와 헌신의 덕분이었다고 회고하며 그들은 추위나 더위에도 불구하고, 때로는 일정에 밀려 끼니를 거르면서도 기쁨으로 복음을 전했었다고 그들에게 공을 돌렸다.

하위렴은 이미 동사목사였던 윤식명에게 리더십을 이양했지만, 목회적 돌봄이라는 차원에서 개선점이 보이면 지적하기도 했는데 다행스럽게도 당회원들과 교인들은 그의 의도와 노력을 이해해 주었다. 하위렴의 제안에 따라 어떤 것들은 은혜롭게 개선이 되기도 했으나 어떤 때는 그러한 제안이 오히려 문제를 더 크게 만들어 난감한 상황에 처하기도 했다. 그런 일을 만날 때면 그는 어김없이 엎드려 기도하며 하나님의 응답을 구하기도 했다.

하위렴은 그해(1911) 목포지부의 선교통계 상황을 다음과 같이 보고했다.[200]

- 교회 수 22개 처소
- 세례교인 수 512명
- 한해 세례자 수 185명
- 학습교인 수 473명
- 총 교인 수 2000명
- 주일학교 수 15개
- 주일학교 학생 수 793명
- 주중학교 학생 수 173명
- 유아세례자 수 35명
- 헌금액수 1101.25엔

---

200) 위의 책, pp. 32

아내의 신병 치료를 위해 귀국하다(1912)

앞에서도 언급했듯 하위렴은 초임선교사들만 남아있던 목포에 부임해 양동교회 당회장과 영흥학교 교장, 게다가 스테이션 조성공사는 물론 순회 사역까지 맡아 하면서도 어느 것 하나 소홀함이 없이 혼신의 힘을 다했다. 늦은 나이에 자녀를 얻었음에도 가족들과 함께 휴가 한번을 떠나보지 못할 정도로 사역에만 매달리다 보니 자신은 물론 에드먼즈의 건강도 눈에 띄게 쇠약해지고 있었다.

상처喪妻 후 다시 만난 아내였기에 하위렴은 허약해진 에드먼즈를 자신의 건강보다도 더 염려했다. 그는 휴식을 취하라는 동료 선교사들의 권유를 처음엔 무심코 들었으나 시간이 지날수록 에드먼즈의 상태가 점점 악화하고 있어 더 이상 미룰 수가 없었다. 목포에 부임한 지 3년. 그는 다시 아내의 치료를 위해 미국행을 결정해야 했다.

하위렴은 이때부터 지부 내 여러 사역을 충격이 없이 인계하기 위해 준비를 했던 것으로 보인다. 앞서 이야기했듯이 먼저 동사목사였던 윤식명을 위임목사로 세우며 양동교회의 리더십 이양을 서둘렀다. 그리고 미국에 돌아가기 전 자신이 돌보고 있는 23개 교회를 전부 순회한다는 일정을 잡고, 강행군을 해 1911년 12월 초순까지 자전거와 말을 타고 330마일을 여행하며 2회에 걸친 순회를 끝내면서 그해 4/4분기에만 해도 세

례를 신청한 117명 가운데 64명에게 세례를 주고, 성찬을 베풀었다.[201]

한편 그해 12월 어떤 이유인지는 모르지만, 하위렴은 군산지부를 방문해 10여 군데의 지역교회를 돌아보면서 9개 교회에서 성찬을 베풀고, 50명의 지원자 가운데 24명에게 세례를 주기도 했다.[202] 아마도 그가 미국에 돌아가면 자신들의 체류가 길어져 어쩌면 조선에 다시 돌아올 수 없을지도 모른다는 생각에 지난날 사역했던 군산을 방문해 교회와 교인들을 둘러보고자 했던 것으로 추측되는 대목이다.

그달 중순에는 자신들의 부재로 인해 가장 염려가 되었던 영흥학교와 정명여학교를 맡아 줄 니스벳 부부가 전주로부터 부임하자, 이때부터 그는 귀국을 서두르기 시작했다.

앞에서 언급한 대로 하위렴은 윤식명 목사에게 교회를, 니스벳 부부에게 남녀학교를, 순회 사역은 낙스[203] Robert Knox/로라복와 맥컬리[204] Henry D. McCallie/맹현리에게, 그리고 병원은 오웬의 후임으로 부임한 하딩 Maynard C.

---

201) Anabel M. Nisbet, "Notes From The Station/Mokpo", *The Korea Mission Field*, Vol. 8, No. 1, Jan. 1912. pp. 75
202) 위의 책, pp. 75
203) S. K. Oh, "Medical Work at Mokpo" *The Missionary Survey*, Vol 1, No. 12, Oct. 1912. pp. 911
　　Robert Knox/로라복 선교사는 얼마후 목포지부를 떠나 광주지부에 부임했다.
204) Maynard C. Harding, "Item from Mokpo" *The Missionary Survey*, Vol 1, No. 12, Oct. 1912. pp. 911
　　하딩(Maynard C. Harding)은 맥컬리 선교사와 같은 선교부에서 사역하면서도 그를 만나 볼 수 없을 정도로 도서지방 순회에 전력을 기울였다고 썼다.

Harding과 군산 구암병원에서 사역하던 오긍선[205]에게 맡기면서 스테이션의 공백을 메꾸어놓았다.

한편 3살과 1살짜리 어린 두 자녀를 데리고 일본으로 가는 배를 타기 위해 부산까지 이동하는 것조차 힘이 들 정도로 쇠약해진 에드먼즈를 위해 니스벳 부부가 동행하겠다고 나섰는데[206] 순천 선교지부 고라복Robert T. Coit 선교사는 이때의 하위렴 부부의 건강상태를 일본에 있는 친구 카메론Cameron Johnson에게 편지[207]하면서 '하위렴 선교사 내외가 어쩌면 다시 조선으로 돌아오지 못하는 기약 없는 귀국이 될 것 같다.'라며 안타까워하기도 했다. KMF 편집장을 맡고 있던 릴리아스Lillias H. Underwood[208] 선교사 역시 하위렴 부부가 미국으로 돌아가는 것을 선교잡지에 공지하면서 그들이 회복되어 속히 조선으로 돌아오기를 기원했다.

1912년 연초에 미국으로 돌아간 하위렴 선교사 내외는 잠시 오레곤에 머무르며 요양하다가[209] 고향에서 가까운 켄터키주 루이빌로 거처를 옮

---

205) S. K. Oh, "Medical Work at Mokpo" *The Missionary Survey*, Vol 1, No. 12, Oct. 1912. pp. 912
　　미국에서 공부하고 의사가 되어 군산지부에서 사역했으나 하위렴의 귀국 후 목포병원에 부임해 하딩(Maynard C. Harding)을 도와 의료 사역에 힘을 썼다.
206) Robert T. Coit, "A Note of Cheer from Korea", *The Missionary Survey*, Vol 1, No. 12, Oct. 1912. pp. 911
207) 위의 책, pp. 909
208) "Notes And Personals" *The Korea Mission Field*, Vol. 8, No. 8, Jan. 1912, pp. 227
　　릴리아스(Lillias H. Underwood) 선교사는 언더우드 선교사의 아내로 그 당시 KMF(The Korea Mission Field)의 편집장을 맡고있었다.
209) Personnalia, *The Missionary Survey*, Vol 2, No. 2, Dec. 1912, pp. 123
　　미국에 도착한 하위렴 선교사 부부는 오레곤주 후드리버(Hood River, OR)에 수 주간 머무르며 휴식을 취하다 켄터키 루이빌(2419 Longest Ave. Louisville, KY)로 거처를 옮기고 조선으로 돌아올 때까지 그곳에 머물렀다.

졌다. 3년이 지난 1915년에 다시 조선에 복귀하면서도 허약한 몸을 걱정하고 있는 것으로 보아 그 이후로도 두 사람은 건강 문제로 인해 선교사역 내내 어려움을 겪은 것으로 보인다.[210]

몬트리트에서 열린 선교사 대회에 참가하다(1913/1914)

그는 신병 치료차 미국에 머무는 동안에도, 자나 깨나 관심은 늘 조선에 있었다. 1913년 노스캐롤라이나 몬트리트(Montreat, NC)에서 남장로교 해외선교사 대회(8/13~8/17)가 개최될 때도 회복되지 않은 몸으로 참가해 조선 선교의 개황을 보고하고 조만간 추수를 대비해야 할 교회 가운데 하나가 바로 조선의 교회임을 강조하기도 했다.[211]

그는 그 이듬해인 1914년에도 같은 장소에서 개최된 대회(8/12~8/16)에도 순천지부 고라복Robert T. Coit 선교사와 함께 참가해 조선 선교의 상황을 설명하는 연사로 나서기도 했다.[212] 그때 먼저 등단한 고라복Robert T. Coit 선교사는 조선 복음화 과정을 보고하기에 앞서 먼저 내한 선교 25년 동안 조선에 일어났던 변화를 이야기하면서 '가장 놀라운 변화는 단지 철도가 놓이고 증기선이 다닌다거나 전화, 은행, 학교의 설립이 아니라, 25

---

210) 위의 책 pp. 123
211) Rev. Donald W. Richardson, "Our Foreign Mission Conference at Montreat" *The Missionary Survey*, Vol 2. No 12. Oct 1913, pp. 910
212) Rev. W. C. McLaughlin, "A Missionary Medley at Montreat" *The Missionary Survey*, Vol 3. No 10. Oct 1914, pp. 730

만 명의 교인이 생겨난 사실'이라고 강조하고, 그는 조선에서의 비약적인 선교 효과는 바로 복음에 대한 조선인의 겸손한 수용성에 있었다고 언급하기도 했다. 나아가 그는 조선 복음화의 시급함을 강조하면서 열려있는 선교의 문이 언제 어떻게 일제에 의해 닫힐지도 모르기 때문에 미국 교계에서는 이 기회를 놓치지 말고 빠르게 대처할 필요가 있다고 역설했다.[213]

연이어 등단한 하위렴은 미국 역사상 조선에 제일 먼저 접촉했던 제너럴 셔먼호 사건을 예로 들면서 그들이 조선의 왕릉을 도굴하려 했던 적이 있음을 지적하고 당시 이 일로 분노한 조선 조정에서는 제너럴 셔먼호를 불태우고 모든 선원의 목을 베어 대동강에 수장시키고, 제너럴 셔먼호의 닻을 떼어내 평양 서문에 전시해 둔 것을 언급했다. 미국에서는 이 사건의 책임을 묻기 위해 사절을 파견해 조선과 공식적인 대화를 시작했지만, 무엇보다도 미국은 당시 조선이 외국인에 대해 어떠한 감정을 품고 있었는지를 먼저 이해했어야만 했다[214]고 주장하면서 이 일에 대한 미국 정부의 안일한 대처를 지적하기도 했다.

그는 이어서 조선 선교의 현안과 조선교회의 미래를 설명하면서 비록 미국의 교파주의 때문에 조선에 하나의 개신교를 세우는 일이 불가능했다 하더라도 그나마 다행인 것은 교파 간의 예양협정을 통해 갈등과 다툼이 없이 교회의 일치를 이루어 내는 성과를 거두었다고 보고했다.

---

213) 위의 책 pp. 731
214) 위의 책 pp. 732

고비를 딛고 다시 한국으로

해외선교사 대회가 열렸던 그해(1913) 연말쯤 하위렴은 아내의 건강이 나아지고 있음을 선교부에 알렸다. 그는 이번 겨울에 조선으로 돌아가길 원하지만 늦어도 이듬해 봄까지는 돌아갈 수 있을 것이라 기대하면서 그동안 전해 듣지 못했던 내한 선교부의 소식을 물으며 귀환을 손꼽아 기다리기도 했다.

"우리는 조선으로 돌아가기를 열망하고 있습니다. 조선에서 들리는 모든 소식을 간절히 기다리며, 우리는 지난 6월 30일로 마감하는 한해의 마지막 통계를 보고자 합니다." 215)

그러나 하위렴의 기대와는 달리 1914년 봄이 되어도 에드먼즈의 건강이 완전히 회복되지 않았다. 1914년 9월이 되어서야 해외 선교부에서는 의사들의 말을 인용해 에드먼즈의 회복 소식을 싣고, 2년 전 에드먼즈가 미국에 돌아올 때 만해도 그녀가 다시 회복될 수 있을까 하는 회의가 들 만큼 상태가 좋지 않았으나 이번 가을까지는 한국으로 돌아갈 수도 있겠다는 해외 선교부의 예상을 단신으로 싣기도 했다.216)

---

215) "Notes and Personals" *The Korea Mission Field*, Vol. 9, No. 12, Dec. 1913, pp. 307
216) Personnalia, *The Missionary Survey*, Vol 3, No. 9, Sep. 1914, pp. 709~710

하위렴의 가족사진[217]

---

217) 위의 책 pp. 709,
조선에 돌아온 직후 목포에서 촬영한 것으로 보이는 이 사진은 PHS(Presbyterian Historical Society)에 Pearl Digital Collections에도 소장되어있다.

제4부

이 반석 위에

교회를 세우리니

(마 16:18)

제9장 다시 금강을 따라 궁말 언덕에(1915~1928)

3차 안식년(1912~1915)을 마치고

1912년에 신병 치료차 미국에 돌아갔던 하위렴 선교사 내외가 이태를 훌쩍 보내고 1915년에 접어들고 나서야 조선으로 귀환할 수 있었던 것은 무엇보다 에드먼즈의 회복이 늦어진 데도 이유가 있었지만, 에드먼즈의 친정아버지 노아Noah가 위독하다는 기별을 받고, 그해 겨울을 캐나다에서 체류했던 원인도 있었다. 그는 78세의 나이로 1914년 성탄을 2주 앞둔 12월 11일 세상을 떴다.

그들이 캐나다에 머무는 수 주간동안 몰아친 한파와 눈 폭풍으로 에드먼즈의 친정이 있던 온타리오의 시골 마을은 수 피트나 쌓인 눈으로 통행이 어려웠다. 하위렴은 장인의 장례식을 마치고 나서도 한 동안을 캐나다에서 머무르다 이듬해가 되어서야 미국으로 내려와 내한 준비를 서둘렀다.

1915년 2월 6일 샌프란시스코에서 고베로 향하는 우편 증기선 시베리아Siberia호에 몸을 실었다. 안식년으로 미국에 머무는 동안 두 아이는 건강하게 자라 벌써 셀리나가 6살, 찰스가 4살이 되고 있었다. 해외 선교부에서도 하위렴 선교사 내외가 건강을 회복해 조선으로 복귀한다는 소식을 내한 선교부에 단신으로 전하며 함께 축하해 주었다.[218]

1915년 샌프란시스코에서 고베를 항해했던 시베리아siberia호

그 배에는 중국, 일본 그리고 조선으로 파송되는 남장로교 선교사들이 승선하고 있었는데 하위렴 선교사 내외를 제외하고는 모두가 그해 처음으로 임지에 나가는 남장로교 초임선교사들로 하위렴 선교사의 어린 두 자녀를 포함해 일행은 모두 11명이나 되었다. 2주간의 항해 끝에 태평양을 건너 고베에 당도했고, 다시 하위렴 선교사의 일가족이 제물포를 거쳐 군산에 도착한 날은 그해 2월 27일이었다.

---

218) Personnalia, *The Missionary Survey*, Vol 4, No. 3, Mar. 1915, pp. 201

1915년 2월 6일 샌프란시스코에서 시베리아siberia 호에 승선한 선교사 일행[219]

이때 시베리아 호에 함께 승선했던 일행 가운데 토마스 윌슨Thomas E. Wilson(1886~1917)[220]이라는 선교사가 있었는데, 아칸사스주 컬럼버스 Columbus, AR가 고향인 그는 유니온신학교에서 공부한 하위렴의 후배로 건장하고 열정이 남다른 젊은 목사였다. 그는 조선 선교상황을 보고하는 집회에 참여했다가 그곳에서 하위렴 선교사를 만나 조선 선교를 지원한 초임선교사였다.

---

219) W. B. Harrison, "Lights and Shadows Itinerating in Korea", The Missionary Survey, Vol. 5, No 10, Oct. 1915, pp. 731
 • 서 있는 사람(좌로부터): 아그네스 우즈(Agnes Woods) 양(중국), 윌슨(T. E. Willson) 목사(조선), 해리슨(W. B. Harrison) 목사(조선)
 • 앉아 있는 사람(좌로부터): 하셀(J. W. Hassell) 목사 내외(일본), 해리슨 목사 부인, 에드먼즈(Edmunds J. Harrison)과 아들 찰스(조선), 맥클레임(McClaim) 양(중국), 해리슨의 딸, 셀리나(Margaret S. Harrison)(조선), 네티 맥멀러(Nettie McMuller) 양(중국), 릴리 우즈(Lilly Woods) 양(중국)
220) Ouachita Presbytery에서 안수받았다. Ouachita Presbytery는 후에 Mound Prairie Presbytery로 바뀌었다가 1988년 노회와 대회가 조정되면서 다시 Arkansas Presbytery로 바뀌었다.

미혼이었던 그는 파송이 되면서 곧바로 광주지부에 부임했는데, 그곳에서 그는 자신보다 먼저 내한한 여선교사 조지아$_{\text{Georgia C. Willson}}$ 양을 만났다. 2년여 교제 끝에 동료선교사들의 축복을 받으며 1917년 5월 서울에서 결혼식을 올린 두 사람은 곧바로 광주로 내려와 선교사 숙소에 신접살림을 차렸다.

신혼의 단꿈도 채 가시지 않은 그해 가을, 윌슨$_{\text{T. E. Wilson}}$ 선교사는 아내의 태중에 유복자를 남긴 채 풍토병으로 사망하고 말았다. 광주지부는 물론 남장로교 동료선교사들은 너무도 갑작스러운 그의 죽음에 고개를 떨구며 안타까워했다. 그해 아내 조지아는 만삭의 몸으로 남편의 시신을 수습해 미국으로 귀국하고 말았다.

T. E. Wilson 선교사[221]

---

221) Personnalia, *The Missionary Survey*, Vol 4, No. 3, Mar. 1915, pp. 200

하위렴은 자신의 집회에 참석했다가 선교사를 자원했던 후배 선교사가 조선에 파송되어 사역다운 사역을 한번 해보지도 못하고 죽음을 맞았다는 것에 더 안타까워했다. 그리고 조선에 파송되어 죽음을 맞았던 동료선교사와 그 가족들을 떠올리며 그는 다시 한번 몸을 떨었다. 전킨과 그 세 자녀의 죽음, 유진 벨의 두 아내의 죽음과 자신의 아내 데이비스의 죽음, 오웬 선교사의 죽음과 그리고 이번엔 후배의 죽음까지, 계속해 이어지는 선교사들의 고귀한 희생을 보면서 하나님께서 조선을 얼마나 사랑하시는지를 깨달았다. 그리고 조선 선교에 대한 자신의 각오를 다시 한번 새롭게 했다.

다시 군산으로(1915)

하위렴 선교사가 가족과 함께 군산에 부임하던 2월 27일은 때늦은 폭설이 내렸으나 하위렴의 귀환에 대한 환영을 막지 못했다. 그가 군산지부로 다시 돌아온 것은 거의 7년여 만으로 그동안 지부 산하 교인들은 오랫동안 떨어져 있었음에도 그를 잊지 않고 찾아와 반기며 환영했다. 하위렴은 동료선교사들과 지역교회의 뜨거운 영접에 몇 주 동안은 정신없이 지냈다.

자신이 떠나있던 7년 동안, 군산은 몰라볼 정도로 많은 변화를 겪고 있었다. 조계지를 중심으로 시내 곳곳의 거리가 죄다 일본식 가로街路명으로 바뀌었고 일본풍의 가옥들이 줄지어 들어서면서 시가지가 형성되고 있었다. 호남평야의 미곡을 손쉽게 반출할 목적으로 군산항에서 내항까지 철로를 연결한 인입선 공사와 대형선박의 접안接岸을 위한 축항 공사까지 마무리되어 부두의 모습은 몇 해 전과 비교해 사뭇 달라져 있었다. 죽성포 근처의 해안을 매립한 터에 세워진 대형창고와 정미소들은 이채롭기까지 했다.

자신이 군산을 떠나기 전 이미 개통되어 있던 전주-군산 간 도로는 아스팔트로 포장까지 되어 전국 최초의 신작로라는 명성을 얻고 있었다. 한편 호남선이 이리까지 연장이 되면서 이리가 교통의 요지로 자리를 잡게 되자, 군산은 경술국치(1910) 이후 전국의 다른 어느 지역보다도 빠르게 변화하고 있었다.

동양척식회사를 앞세워 일본인 농업이민자를 모집해 조선에 정착시키고자 했던 일제는 먼저 이 지역에 수리조합을 세웠다. 그리고는 농경지를 헐값에 사들여 곳곳에 대규모 농장을 설립하기 시작했다. 몇 해 가지 않아 호남평야 일대의 대다수 농민은 농지를 잃고 소작농으로 전락하면서 아무것도 가진 것이 없는 농민들은 속수무책으로 개항장 군산에 몰려들기 시작했다. 고지대에 무허가 판잣집들이 급격히 늘어나면서 빈민촌이 생겨나기 시작한 것도 이 무렵이었다. 군산은 서서히 식민지 수탈의 현실 공간으로 떠오르고 있었다.

도시 빈민으로 전락해 버린 그들에게 한 가닥의 유일한 위로는 교회였다. 그들이 교회로 몰리면서 스테이션 내 구암교회는 물론 시내에 있던 개복교회도 교인들이 급속하게 늘어나고 있었다. 교회 증축의 필요를 느

긴 두 교회 모두 장로를 한 사람씩 더 세워야만 했다.[222]

한편 하위렴 선교사가 자리를 비웠던 동안(1908~1915) 순회지역 내에 60여 개나 되는 교회를 겨우 두 선교사(부위렴과 매요한)가 몇 사람의 조사만을 데리고 이끌어왔다는 사실은 그들의 노고가 어떠했을지 짐작이 되고도 남았다. 무엇보다도 이렇게 목회자가 없는 열악한 상황에서도 믿음을 잃지 않고 교회를 지켜온 교인들을 보는 순간 하위렴은 하나님께서 조선과 조선인 앞에 펼쳐두신 푸른 미래를 보는 듯했다.

사역 분담과 전문화

그동안 전주(1896~1904), 군산(1904~1908), 목포(1909~1912) 등 세 지부에서 사역하며 스테이션 조성사업을 완수해 각 지부의 기틀을 마련했을 뿐 아니라 가는 곳마다 탁월한 리더십으로 흔치 않은 과제들을 완수했던 하위렴 선교사에게 다시 한번 군산지부의 책임이 맡겨지고 있었다.

부임 당시(1915) 군산지부에는 이미 스테이션 조성이 마무리된 상태였기 때문에 하위렴은 소속 선교사들과 함께 지부의 전체 사역을 효과적으로 이끌어가는 일이 급선무였다. 하위렴은 먼저 복음, 의료, 교육 등 3개

---

222) John McEachern, "Annual Report, Kunsan Station", The Missionary Survey, Vol. 6, No. 2, Feb. 1916, pp. 131

사역 외에 아예 여성 사역을 따로 떼어 네 분야로 나누고, 분야마다 새로운 인원을 보강해 전문적인 팀 사역을 추진했다.

1917년 당시 사역 분담을 보면[223] 복음 사역은 하위렴, 부위렴, 매요한 등 세 선교사가 맡았고 의료 사역은 패터슨Jacob B. Patterson과 간호사 래스롭Lillie O. Lathrop이, 학원 사역은 남학교에 인돈William A. Linton과 여학교는 엘비Libbie A. Alby와 순천 선교지부에서 전임해온[224] 듀피Lavalette Dupuy가 맡았으며 여성 사역은 다이샤트Julia Dysart가 전담하고 있었다.

> "그해 남학교 교장으로 사역하던 베너블(William A. Venable) 선교사가 안식년 휴가를 얻어 떠났으나 다행스럽게도 인돈 선교사가 충원되면서 그의 자리를 대신해 주었다." [225]

이처럼 우수한 자질과 열정을 가진 선교사들이 잇달아 부임해 오면서 군산지부는 최고의 전성기를 구가하고 있었다. 매요한 선교사는 내한 선교사 연례회의(1916)에 하위렴 선교사 부부의 귀환과 함께 군산 선교지부의 사역이 크게 활성화되어 가고 있음을 서면으로 보고하기도 했다. [226]

---

223) 송현강, "윌리엄 해리슨(William B. Harrison)의 한국선교" 『한국기독교와 역사』 제37호, 2012. 9. 25, pp. 55
224) Lavalette Dupuy, "Farewell to Soonchun; Welcome to Kunsan" *The Missionary Survey*, Vol. 6, No. 8, Aug. 1916, pp. 608
225) W. B. Harrison, "Southern Presbyterian Mission in Korea, A Portion of Report of Kunsan Station for 1916", *The Korea Mission Field*, Vol. 13, No. 2, 1917, pp. 52
226) 위의 책 pp. 130

• 복음 사역

당시 군산지부에서 관할하는 순회지역의 전체적인 인구는 대략 336,000명 정도였다. 하위렴은 군산으로 복귀하면서 사역의 전문화를 통해 스테이션의 안정화를 꾀하는 한편 복음 전도에 전념하기 위해 순회사역에 초점을 맞추었다.

하위렴은 순회 구역을 조정해 동부와 남부 그리고 북부 등 3개의 시찰로 나누고, 자신을 포함해 부위렴William F. Bull과 매요한John McEachern 등 3명의 선교사가 각각 나누어 맡았다. 그리고 순회사역을 돕는 선교부 소속의 조사 3명과 7명의 조선인 유급 조사 그리고 3명의 권서인을 따로 두었다.

3개 시찰 포함해 순회지역 전체에 교회가 62개, 그리고 세례 교인이 1700명, 학습 교인이 257명이 등록되어 있었으며, 믿음을 고백한 자는 따로 계수해 93명이 있었고, 그해 유아 세례자는 43명이었다. 시험을 통과해 이미 장로로 세워진 자가 한 사람이 있었으며, 한 사람은 피택이 된 상태였다.[227] 우선 하위렴 자신이 맡은 동부 시찰만 해도 373명의 세례교인과 138명의 학습교인을 포함한 17개 교회와 2개의 미조직 교회가 있었고, [228]

---

227) W. B. Harrison, "Southern Presbyterian Mission in Korea, A Portion of Report of Kunsan Station for 1916", *The Korea Mission Field*, Vol. 13, No. 2, 1917, pp. 53
228) W. B. Harrison, "Work at Kunsan Station", *The Missionary Survey*, Vol. 5, No. 12, Dec. 1915, pp. 925

교회는 그 후로 하나가 더 늘어 18개나 되었다.[229]

    혼자서 17~18여 개의 교회를 한 해 52주 동안 나누어 빠짐없이 순회한다고 쳐도 교회 별 방문횟수는 일 년에 겨우 2번에서 많아야 3번 정도가 고작이었다. 어쩔 수가 없는 현실이었다. 선교사들은 순회할 때마다 말씀을 전하고, 성례를 베풀고, 헌금관리를 감독하고, 나아가 교회 생활에 잘못을 있을 때는 교정해 주기도 하면서, 마치 허물어진 농장에 울타리를 다시 두르고 풀을 뽑아 북을 돋우며 수확을 기대하는 농부처럼 힘을 다해 교인들을 가르치며 교회를 돌보았다.[230] 그렇게 순회 횟수가 적고 지원이 부족한 현실임에도 한 여성의 리더십 아래 교회 성장을 이뤄낸 사례를 소개하기도 했다.

    "시력이 거의 맹인에 가까울 정도였던 한 여성의 리더십 아래 2년 동안 교인이 4배가 증가했는데 외부의 지원이 전혀 없었음에도 교회 증축을 해낼 만큼 급성장을 이뤘다. 그해 16명이 세례 문답을 통과했는데 놀랍게도 그중

---

229) '조선예수교장로회전북노회' 제12회 회의록, 1923. 1. 23, pp. 35~36
하위렴이 담당한 동부 시찰의 소속 교회는 다음과 같다.
부여군 양화면 초왕리(고내수 영수), 부여군 충화면 지석리(손재신 집사),
부여군 충화면 오덕리(양재하 영수), 부여군 임천면 옥곡리(김상규 집사),
부여군 세도면 청포리(김진규 영수), 옥구군 서혜면 서혜리(이자연 집사),
옥구군 나포면 서포리(김종학 집사), 익산군 용안면 송산리(한수영 집사),
익산군 웅포면 웅포리(황재삼 목사), 익산군 웅포면 대붕암리(강두희 영수),
익산군 성당면 부곡리(최상식 영수), 익산군 함라면 함열리(이내겸 집사),
익산군 황등면 용산리(박공업 장로), 익산군 오산면 오산리(박화윤 영수),
익산군 황등면 동연리(백낙규 장로), 익산군 익산면 고현리(김자윤 장로),
익산군 익산면 이리(김중수 목사)

230) John McEachern, "Annual Report, Kunsan Station", *The Missionary Survey*, Vol. 6, No. 2, Feb. 1916, pp. 130

6명은 47~70세 사이의 과부들로 문맹이었다. 학습 교인으로 47명이 등록
하기도 했다. 게다가 주일예배에 참석하는 교인이 거의 200여 명이나 되는
데도 한 사람의 결석자가 없이 매주 예배에 참석했으며 만일 한 사람이라도
주일예배에 빠지면 누군가는 그를 찾아가 결석의 이유를 묻고 권면해 반드
시 다음 주에는 예배에 참석하도록 끌어내기도 했다." [231]

한편 주일학교에 대해서는 선교부 차원에서 지속적인 강조를 해와서
그런지 교회마다 대체로 주일학교 조직을 잘 운용하고 있었고, 어떤 교
회에서는 주일학교 활성화를 위해 나름대로 다양한 시도를 하는 곳도 있
었다.[232]

하위렴의 순회 구역 가운데 이미 5개의 교회부설 학교가 세워지면서 학
생 수가 90여 명에 달해 내심 기뻐했지만, 한편으로는 공교육이 무상으로
이뤄지고 있는 데다 교회부설 학교에 대한 당국의 규제가 점차 심해지고 있
어 기독교 교육의 정체성이 약화 되지나 않을까 은근히 걱정하기도 했다.[233]

• 의료 사역

내한 선교 초기부터 의료 사역이 선교의 중추적인 역할을 해 온 데다

---

231) W. B. Harrison, "Southern Presbyterian Mission in Korea, A Portion of Report of Kunsan Station for 1916", *The Korea Mission Field*, Vol. 13, No. 2, 1917, pp. 53
232) W. B. Harrison, "Southern Presbyterian Mission in Korea, A Portion of Report of Kunsan Station for 1916", *The Korea Mission Field*, Vol. 13, No. 2, 1917, pp. 53
233) W. B. Harrison, "Work at Kunsan Station", *The Missionary Survey*, Vol. 5, No 12, Dec. 1915, pp. 925

하위렴 자신이 과거 의료선교사로 사역을 해본 적이 있어 누구보다도 진료를 통한 선교 효과를 잘 알고 있었기 때문에 그는 병원 운영에 남달리 관심이 많았다. 원활한 의료 사역을 위해 현지 간호사의 역할이 크다는 점을 파악하고 간호선교사였던 아내 에드먼즈와 함께 간호사 양성에 노력을 기울이기도 했다.

마침 패터슨 박사가 안식년으로 자리를 비운 사이 광주에서 사역하던 쉐핑E. J. Shepping 선교사가 군산에 올라와 구암병원에서 잠시 사역을 했는데, 이때부터 그녀가 1917년 세브란스로 옮겨갈 때까지 거의 3년 정도를 에드먼즈와 함께 간호사 소양 교육에 힘을 기울이기도 했다.

"다섯 명의 간호사들에게 일본어, 중국어, 영어, 의약품 개론, 간호의 이론과 실제 그리고 심리학 등을 나누어 가르치기도 했다." [234)]

이때 이렇게 교육받은 간호사들의 자질과 능률이 눈에 띨 정도로 크게 향상된 것에 대해 하위렴은 쉐핑의 역할에 감사를 표하기도 했는데, 이듬해 쉐핑은 세브란스로 옮겨가면서 군산에서 가르쳤던 두 명의 학생을 그곳에 데려가 공부시키기도 했다.

그뿐 아니라 구암병원에서 6년 이상을 일했던 조수 정 씨도 언급하면서 그는 병원을 찾은 환자들의 절반 이상을 수술하지 않고도 치료해 주

---

234) 위의 책 pp. 51

위 사람들에게 기쁨과 놀람을 주기도 했는데, 이러한 사실이 입소문을 타면서 구암병원이 더욱 크게 알려지는 계기가 되기도 했다며 그를 칭찬하기도 했다.

한편 전쟁으로[235] 의약품의 가격이 천정부지로 치솟아 오르며 품귀 사태까지 빚어지자 의약품 확보에 한동안 어려움을 겪기도 했다.

> "1차 세계 대전으로 의약품이 품귀되어 약값이 놀랄 만치 올랐으나 아직 까지는 그런대로 필요한 만큼의 재고가 있었기 때문에 견딜 만했다. 전쟁 전에 2불에 거래되던 것이 지금은 25불에 거래되고 있다." [236]

• 교육 사역

1916년 당시 군산지부에 소속된 교육기관으로는 일단 선교부에서 직접 운영하는 소학교와 남녀 고등보통학교 과정이 있었고, 지역교회에 부설되어 있던 12개의 남자 소학교가 있었다.

> "그해 소학교에는 200명의 어린이가 재적하고 있었고, 여학교에는 62명의 학생과 5명의 선생이 그리고 남학교에는 74명의 학생과 7명의 선생이 있었다." [237]

---

235) 1914년 7월 28일부터 1918년 11월 11일까지 일어난 제1차 세계 대전.
236) W. B. Harrison, "Southern Presbyterian Mission in Korea, A Portion of Report of Kunsan Station for 1916", The Korea Mission Field, Vol. 13, No. 2, 1917, pp. 51
237) 위의 책 pp. 52

미션스쿨이라고 해서 자체적인 교과과정은 일절 허락되지 않았고, 반드시 당국에서 요구하는 교과과정을 따라야 했다. 다만 기독교 수업 같은 종교교육은 별도의 허락을 받아야만 했다. 이 원칙이 지켜지는 한 수업이나 학사學事 과정에 특별한 어려움은 없었다. 다만 한가지 흠이라면 미션스쿨은 졸업 시 총독부에서 시행하는 학력 시험을 통과해야 총독부 인정의 졸업장을 받을 수 있다는 점이었다.

"해마다 학교는 우리가 도달하고자 하는 목표에 점차 다가가고 있었다. 졸업생 6명 가운데 2명이 총독부 학력 인정 졸업장을 받았고 다른 4명 가운데 3명은 안타깝게도 한 과목에서 과락이 있었다. 그 과목만 합격하면 그들 역시 총독부 학력 인정 졸업장을 받을 수 있게 될 것이다." [238]

무엇보다도 하위렴은 기독교 학교의 정체성 강화를 위한 방안으로 학생들에게 세 가지 영성 훈련을 추진했다. 그것은 YMCA 활동 참여와 주일학교 교사로 봉사하는 일, 그리고 제주도 선교여행을 통한 현지 전도 훈련 프로그램 등이었다.

"첫째는 70명의 회원을 가진 YMCA에서 매주 금요일 저녁 2시간씩 활동에 참여하는 것과 둘째는 남학생들이 4개의 주일학교 확장프로그램에 봉사하는 일과 셋째로는 학교에서 경비를 대는 졸업 여행으로 한 달 동안 제주도

---

238) 위의 책 pp. 52

를 돌며 전도 훈련을 시키는 프로그램이었다." [239]

한편 가정형편이 어려워 실과 수업을 통해 보조 신청을 받아야만 하는 남학생이 다른 어느 해보다도 많아 25명이나 되었지만, 자랑스러운 일 가운데 하나는 실과 수업 중에 만든 학생의 공예작품 가운데 '찬합饌盒' 1점과 '서가書架' 2점이 경성에서 열리는 전람회에 출품되어 총독부로부터 상을 받은 일이었다.

여학교는 1916년 한 학기 동안은 다이샤트 선교사가 지도했는데, 순천지부에서 듀피 선교사[240]가 부임해 오면서 다이샤트는 다시 여성 사역을 맡았다. 여학교에는 듀피 외에 쉐핑과 에드먼즈가 합동으로 주당 14시간을 맡아 가르쳤으며 에드먼즈는 교과 이외에도 여학생에게 필요한 과외활동을 지도하기도 했다.

> "에드먼즈가 지도한 수예부에는 여학생이 25명이나 될 정도로 서양자수의 인기가 많았다. 그들이 만든 작품을 판매한 수익금은 91엔이나 되어 들어간 경비를 제하고도 25엔 정도가 남아 수예부의 운용 경비에 보태기도 했다." [241]

하위렴 선교사는 그해(1916)에 있었던 세 분야의 사역을 보고하면서

---

239) 위의 책 pp. 52
240) Lavalette Dupuy, "Farewell to Soonchun; Welcome to Kunsan" *The Missionary Survey*, Vol. 6, No. 8, Aug. 1916, pp. 608
241) W. B. Harrison, "Southern Presbyterian Mission in Korea, A Portion of Report of Kunsan Station for 1916", *The Korea Mission Field*, Vol. 13, No. 2, 1917, pp. 52

조선교회의 보랏빛 미래를 내다보기도 했으나 일제의 수탈로 주민들의 삶이 점점 더 비참해져 가는 것을 곁에서 보면서 교인들을 위로하는 일도 빠뜨리지 않았다.

"교인들의 불굴의 의지와 헌신은 한국 교회의 장래를 기대해 볼 만 합니다. 지금까지 일어났던 추이를 이해하기 위해서는 우리는 교인들이 견뎌내야 했던 시험들도 함께 기억해야 합니다. (중략) 더 많은 양의 쌀이 생산될수록 가난한 농민들의 식생활은 점점 더 수준 이하로 떨어지는 것 같았습니다. 설사 선교사들의 손길이 내년에 감소가 된다고 할지라도 하나님의 은혜 아래 교인들의 열성적이고 효과적인 노력을 통해 우리는 더 큰 결과들을 이루리라 기대해 봅니다." 242)

사경회(査經會)를 개최하다(1916)

앞에서 언급했듯이 장로교 공의회 차원에서도 현지 지도자 양성의 필요를 절감(切感)하고 있던 때라 그들을 양육하기 위한 대안으로 등장한 것이 사경회였다. 남장로교 내한 선교부에서도 1906년 1월 군산지부에서 처음으로 사경회를 시도한 이래 해마다 각 지부를 돌아가면서 개최하자 지역교회들로부터 커다란 호응을 받기 시작했다.

---

242) 위의 책 pp. 54

하위렴이 미국에서 돌아와 다시 부임한 그 이듬해(1916)에도 마침 군산에서 중사경회가 개최되었는데 이때도 그는 사경회를 기획하고 전체적인 운용을 지휘했다. 그해 중사경회 참가 인원은 남성이 230명, 여성이 75명에 이를 정도로 성황을 이루었다.

일단 참가자들은 본인의 등록비와 먹을 양식 그리고 오고 가는 여비는 물론 자신이 집을 비우는 동안 부양가족의 생계까지도 미리 챙겨두어야만 참석할 수 있다는 것을 생각해 보면, 사경회 참가자들의 열성이 얼마나 컸는지 짐작해 볼 수 있다. 사경회에 참가하고 싶어도 이러한 경비를 감당치 못해 참가하지 못하는 사람들이 많았다.

참가자들은 은혜를 사모하는 마음으로 원근 각처에서 달려와 겸손한 자세로 임했으며 시작하는 첫날부터 새벽기도로 시작해 사경회의 일정을 뜨겁게 달구기도 했다.

> "사경회 첫날부터 참석자 전원이 참석하는 뜨거운 새벽 기도회를 비롯해 모든 순서마다 하나님의 은혜를 구하는 참석자들의 진지한 모습을 보면서 주님께서 사경회를 통해 새로운 역사를 이루실 것이라는 확신이 들었다." [243]

평양에서 강사로 참석한 스왈론(W. L. Swallon) 박사가 남자반을 맡아

---

243) W. B. Harrison, "The Kunsan Men's Bible Institute", *The Korea Mission Field*, Vol. 12, No. 6, Jun. 1916, pp. 167~168

그들을 6개 반으로 나누어 하루에 3시간씩[244] 10일간에 걸친 성경공부를 이끌었으며, 여자반은 그래함(Graham)과 미세스 파커(Mrs. Parker) 선교사가 맡아 15명씩 5개 반으로 나누어 하루에 3시간씩 10일 동안 진행했다.[245]

저녁 모임은 주로 참가자 토론 형식으로 진행했는데 주로 교회가 당면한 문제나 가정예배 실천요령에 대한 의견을 교환하거나 주일학교 사역과 운용에 있어서 개선점을 주제로 토론을 벌이기도 했다. 한편 사경회 도중에도 그들은 1,022일의 날 연보(복음서를 출판하는 일에 헌신할 주중의 날 수)를 작정하기도 했다.[246]

사경회 종료식이 있는 마지막 날에는 으레 교인 수 비례 참가자가 가장 많은 교회를 선정해 따로 시상施賞을 함으로써 다음 사경회의 참가를 독려했으며 참석자 전원이 촬영된 사진 액자와 기념 현수막은 그해 가장 많은 참가자를 보낸 교회가 수상受賞 한다는 예고에 따라 해당 교회에 상으로 주었는데 해마다 사경회가 거듭되면서 교회 별로 기념 현수막을 쟁취하기 위한 열띤 경쟁을 벌이기도 했다.[247]

---

244) 위의 책, pp. 167~168(KMF. Vol. 13, No. 2, 1917, pp. 52에는 6시간으로 되어있음)
245) W. B. Harrison, "Southern Presbyterian Mission in Korea, A Portion of Report of Kunsan Station for 1916", The Korea Mission Field, Vol. 13, No. 2, 1917, pp. 52
246) W. B. Harrison, "The Kunsan Men's Bible Institute", The Korea Mission Field, Vol. 12, No. 6, Jun. 1916, pp. 167~168
247) 위의 책, pp. 167~168

다음 해에 열리는 사경회 준비를 위해 성경 문제를 숙제로 내주고, 참가하고자 하는 자는 한 해 동안 미리 성경을 읽으며 기도로 준비하도록 했다. 이듬해 사경회에 참석할 때 답을 적어 제출하도록 하는 방식이었다. 작년에 내준 마가복음 시험문제는 답을 제출한 참석자 가운데 네 사람만 만점을 맞았는데 그들에게도 따로 푸짐한 시상을 했다. 금년에는 누가복음을 숙제로 주어 다음 사경회 때까지 풀어오도록 했다.[248]

마가복음에 대한 질문(군산지부에서 열린 중사경회에서)[249]

1. 마가는 예수님을 보았는가?
2. 마가복음에는 얼마나 많은 비유가 있는가?
3. 마가복음에는 얼마나 많은 기적이 실려있는가?
4. 메뚜기를 먹은 사람은 누구인가?
5. 몇 사람의 문둥이가 깨끗함을 받았는가?
6. 누가 세례요한을 처형했는가?
7. 어디서 얼마나 오랫동안 5,000명이 빵을 먹었는가?
8. 언제 예수께서 물 위를 걸어오셨나?
9. 4,000명을 먹이시고 얼마나 많은 떡 광주리가 남았는가?
10. 예수님을 따르던 무리가 무엇을 받았는가?
11. 누가 예수님의 산상 변모를 보았는가?
12. 주님은 어린이에 대해 뭐라고 말씀하셨나?
13. 언제 어디서 주님은 회초리로 사람을 치셨나?
14. 율법에서 가장 큰 계명은 무엇인가?

---

248) 위의 책, pp. 167~168
249) 위의 책, pp. 167~168

15. 어디에서 물 주전자를 운반하는 남자에 대해 들었나?
16. 누가 주님을 겟세마네까지 따라갔나?
17. 예수께서 세 제자 앞에서 시도하신 것은 무엇인가?
18. 십자가에 달리신 후 예수의 옷은 어떻게 되었나?
19. 가상칠언 중 마지막 말씀은 무엇인가?
20. 예수님의 마지막 계명은 무엇인가?

사경회를 마치고 그 자리에서 전라 대리회(代理會; Sub-Presbytery) 지도자 협의회가 뒤따라 열려, 지역 노회 설립에 관한 행정적인 절차와 거기에 따르는 여러 가지 지엽적인 이슈들을 논의하기도 했다.[250]

그해 소사경회도 지역교회 별로 개최되었는데 남성 소사경회는 5일간씩 진행되는 프로그램으로 10회 정도 개최되었고, 여성을 위한 소사경회 역시 같은 내용으로 5회 정도가 개최되었다. 후리교회에서 열렸던 여성 소사경회에는 농번기를 앞두고도 60여 명의 여성이 참석할 정도로 뜨거운 열기를 보여주기도 했다.[251]

전북노회 창립과 활약(1917. 10.)

1917년 9월 서울 승동교회에서 제6회 조선예수교장로회 총회로 모였

---

250) 위의 책, pp. 167~168
251) W. B. Harrison, "Southern Presbyterian Mission in Korea, A Portion of Report of Kunsan Station for 1916", *The Korea Mission Field*, Vol. 13, No. 2, 1917, pp. 53

을 때 전라노회를 남북으로 분립하기로 결의하고, 전북노회장을 이원필로, 전남노회장을 류서백John S. Nisbet으로 임명했다.

그해 10월 10일 전주 서문교회에서 목사회원 15인과 장로회원 20인이 회집해 전북노회252) 창립을 위한 예배를 드리면서 곧바로 노회장 이원필 목사의 주재로 공천위원에 김인전, 하위렴, 임구환, 이승두, 최홍서 등 5인을 지명하고 임원회 및 상비부위원을 선출했다. 253)

전북노회 창립 당시 선교사로는 유일하게 공천위원에 지명된 하위렴 선교사는 임원선출과 노회의 조직에 깊숙이 관여했고, 또한 상비부위원

---

252) 전북노회 창립 당시 회원은 다음과 같다.
  목사 : 이눌서, 강운림, 하위렴, 매요한, 위인사, 여부솔(미국인 선교사), 김필수, 이원필, 김인전, 최대진, 김성식, 이제언, 이자익, 김응규, 김성원(한국인 목사) 15인이며
  장로 : 박창욱, 김계홍, 홍종필, 김희서, 최학삼, 류성렬, 이일문, 강평국, 이승두, 엄명진, 박성윤, 백낙규, 임구환, 류기택, 서명오, 최재순, 최흥서, 오인묵, 류명수, 최국현 등 20인으로 모두 35명이었다.
253) 노회 조직을 상비부와 정기부로 나눠 위원을 선임하고, 상비부위원에는 1, 2, 3년 조로 편성하였는데 그 구성은 다음과 같다.
  • 상비부위원
    임사위원 : 1917년: 김인전, 류기택. 1918년: 김필수, 최흥서. 1919년: 이눌서, 백낙규.
    규칙위원 : 1917년: 강운림, 최대진. 1918년: 하위렴, 임구환. 1919년: 최의덕, 류성렬.
    목사가족구조위원 : 1917년: 마로덕, 홍종필. 1918년: 이승두, 최학삼. 1919년: 매요한, 오인묵.
    주일학교위원 : 1917년: 여부솔, 김성식. 1918년: 위인사, 박성윤. 1919년: 이재언, 김희서.
    전도국위원 : 하위렴, 이승두, 이자익, 홍종필
  • 정기부위원
    헌의위원 : 김필수, 강운림, 김응규
    신학준시위원 : 이눌서, 강운림, 김인전, 부위렴
    학무위원 : 여부솔, 김성원, 이일문, 김계홍, 임구환, 엄명진
    재정위원 : 위인사, 김인전, 박창욱, 최흥서
    시찰위원 : 전주지방: 강운림, 이눌서, 마로덕, 위인사, 이자익, 김인전, 이승두, 강평국
            군산지방: 부위렴, 매요한, 하위렴, 이원필, 이재언, 최흥서
    선교사교섭위원 : 이자익, 이승두, 홍종필
    사찰위원 : 김응규, 최재순, 류성렬

으로써 규칙위원에 선임되어 리더십의 이양을 위한 조직의 기틀을 잡았다. 그뿐 아니라 군산 동부지방 시찰위원을 비롯해 전도국위원 등으로도 활약하며 치리회 운영에 힘을 기울이기도 했다.

한편 그는 남장로교 내한 선교부 연례회의의 각 분과위원회에도 소속되어 내한 선교 운영 전반에 참여했으며 그는 선교부의 인사위원회, 선교사 자녀교육위원회, 임시위원회 위원을 맡아 활약하면서 선교사연합기관인 '개신교선교부공의회'에 남장로교 대표로 참여하기도 했다. 한편 1921년에는 사기史記 편집위원으로 테이트와 함께 호남지방 기독교 역사를 기록하고 편집하는데 기여하기도 했다.

전북노회 창립 예배를 마치고(둘째 줄 좌로부터 일곱 번째가 하위렴 선교사)[254]

---

254) H. H. Underwood, "The Quarter Centennial of The Southern Presbyterian Mission In Korea" *The Missionary Survey*, Vol. 8, No. 10, Oct. 1918, pp. 585

전북지방 선교 25주년 기념행사(1917. 11.)

전북노회가 창립되면서 곧바로 전북지방 선교 25주년을 교회 별로 기념하기로 하고[255], 전북지방 전체 기념 축하예배는 그해 11월 4일 전주 서문교회에서 드리기로 했다. 기념행사 준비위원으로는 이자익 목사, 이승두 장로, 홍종필 장로가 선출되었다.

축하예배 전 기념행사는 11월 2일 금요일부터 시작되었는데 그날 저녁 7시 30분 전주 서문교회에서 레이놀즈 선교사의 사회로 시작된 25주년 기념행사에는 4~500여 명의 교인이 모여 하나님께 영광을 돌렸으며, 호남에서 25년간 사역한 선교 내력문〈How the Mission Was Begun〉을 아래와 같이 기술하고 보고했다.[256]

---

255) 이 기념식에서는 전주 서문교회의 김인전 목사가 작사한 전라 선교 25주년 기념가를 찬송가 3장에 맞춰 불렀다.

1절 동아반도 우리조선 사천여년 이민족아
　　흑암중에 생활하고 죄악에서 신고하여
　　두눈있다 하면서도 보지못한 소경이오
　　두손있다 할지라도 속박당함 뿐이로다

(후렴) 기념합세다 기념합세다
　　　하나님의 크신 사랑 영원 기념합세다
··
(후략)

256) H. H. Underwood, "The Quarter Centennial of The Southern Presbyterian Mission In Korea" *The Missionary Survey*, Vol. 8, No. 10, Oct. 1918, pp. 585

• 7인의 개척선교사 내한 여정

• 호남지방 선교회 지부 설립과정
　　전주 선교부 설립(1894~)
　　군산 선교부 설립(1896~)
　　목포 선교부 설립(1898~)
　　광주 선교부 설립(1904~)
　　순천 선교부 설립(1909~)

• 남장로교 선교부의 통전적 사역
　　복음 사역(전도 역사의 4시대 : 파송, 왕성, 낙심, 조직)
　　의료 사역(군산, 전주, 목포, 광주)
　　교육 사역(고등학교 8, 교회소학교 79, 학생 2,022명)
　　주일학교 사역(1897~) 315 교회 중 252개 교회에 설립, 63개 교회 미설립
　　서적 번역간행(성경 번역과 기타 서적)

• 순직자 추모
　　광주 배유지 목사 부인(Charlotte W. Bell) 기념문(1895 내한~ 1901)
　　군산, 전주 데이비스(Linnie F. Davis) 선교사 기념문(1892 내한~ 1903)
　　군산, 전주 전위렴(William M. Junkin) 목사 기념문(1892 내한~ 1908)
　　광주 오기원(Clement C. Owen) 목사 기념문 (1898 내한~ 1909)
　　전주 랭킨(Cornelia B. Rankin) 선교사 기념문(1907 내한~ 1911)
　　군산 안부인(Anna M. Bedinger) 선교사 기념문(1910 내한~ 1916)

남장로교 내한 선교사 가운데 지난 25년 동안 조선 땅에서 사역하다가 목숨을 바친 6명의 순직자 명단이 호명될 때는 참석한 모든 사람이 숙연한 모습으로 고개를 떨궜다.

이튿날 11월 3일에는 전라북도 부지사와 전라노회 노회장, 이 지방 출신 평양신학교 학생대표와 세브란스 의대 학장 어비슨O. R. Avison 박사 그리고 영국성서공회 휴즈 밀러Huge Miller의 축사가 있었고, 오후에는 각 선교지부의 사역과 활동에 대해 듣는 시간을 가졌다.

11월 4일 주일 11시 서문교회에서 열린 선교 25주년 기념 축하예배에는 많은 인사와 교인들이 참석한 가운데 현지인 목사들이 순서를 맡아 진행했는데, 그들은 대부분 초기 내한 선교사들에게 세례를 받은 자들로, 후에 장로로 세움을 받고, 다시 노회의 추천을 받아 신학교에서 공부하고 목사가 된 자들이었는데 지금은 그들을 키워낸 선교사들과 함께 사역하는 모습을 보고 모두가 감격하며 하나님께 영광을 돌렸다. [257]

군산지역 선교 초기 역사를 갈무리하다(1918)

하위렴은 목포 사역(1909~1912)을 끝내고 안식년(1912~1915)으로 미국에 돌아갔다가 다시 군산에 부임하면서 그는 군산 선교의 초기 상황

---

257) 위의 책, pp. 585

을 기록으로 남겨야 할 의무감 같은 것을 강하게 느꼈던 것으로 보인다. 왜냐하면, 초기 군산 선교를 시작했던 전킨은 물론 당시 그와 함께 사역했던 데이비스마저 유명을 달리해 버린 데다 의료선교사 드루조차 신병身病으로 귀국했기 때문이었다.

물론 개척선교사들의 뒤를 이어 부위렴 선교사 내외가 부임해 있었지만, 내한 연도로 보아도 하위렴 선교사보다 3년이나 늦고 나이로 쳐도 하위렴보다 10년이나 연하였기 때문에 선교지부에 대한 실질적 책임과 리더십은 늘 하위렴에게 있었다.

이런 이유로 하위렴은 자신의 파송 20주년(1918)을 즈음해 자신의 기억 속에 남겨진 초기선교 개척사를 선교잡지에 게재하면서 자신의 기록이 후세의 역사가들에 도움이 되기를 바란다며 기사의 끝부분에 기록한 의도를 밝혀두기도 했다.

"하나님의 선하신 손길로 말미암아 어떻게 여기까지 오게 되었는지를 역사가들에게 남기고자 한다." [258]

앞에서도 살펴보았듯이 선교지부가 개설되고 얼마 되지 않아 전킨과 드루가 준비를 위해 지부를 비웠을 때(1896) 하위렴이 군산 스테이션에

---

258) Rev. W. B. Harrison, "The Opening of Kunsan Station, Korea" *The Missionary Survey*, Vol. 8, No. 1, Jan. 1918, pp. 18~19

머문 적도 있었고, 데이비스의 사망 후 전킨과 사역지를 교환해 군산지부를 실제로 이끌었던 그였기 때문에 군산지역의 초기선교에 대한 하위렴의 기록은 그만큼 가치가 있는 것이라 여겨진다.

그가 기록한 군산 초기선교 역사는 연대기적 사건의 순서로 본다면 당연히 서두에서 다뤄야 하겠지만, 하위렴의 행적을 따라가는 서술의 순서상 그가 선교잡지에 게재한 시점을 따라 이곳에 소개하고자 한다.

• 선교사들의 군산 정착

선교지부 설치를 위해 맨 먼저 레이놀즈와 드루가 도착해 살펴보았던 군산의 인문지리적 개황과 특징 그리고 군산에 도착하면서부터 군산에 매혹되어 버린 드루 박사를 언급하며 이야기를 시작하고 있다.

"금강 입구의 작은 포구 군산은 제물포에서 남쪽으로 120마일 떨어져 있었다. 우리가 아는 한 이 곳을 처음 방문한 선교사이자 서양인은 레이놀즈와 드루였다. 선교를 위해 이 지역을 살피러 온 것은 1894년 가을이었다. 당시 군산은 농사를 짓거나 어업에 종사하는 사람들이 사는 한적한 마을로 조수간만의 차가 커서 조그만 증기선을 겨우 댈 수 있다는 점을 제외하고 포구의 조건으로만 본다면 그렇게 양호하거나 가망성이 보이는 곳이 아니었다. 그러나 조밀하게 펼쳐진 매혹적인 농경지만큼은 장래성이 있는 지역으로 여행자들의 흥미를 끌기에 충분했다. 누구보다도 드루 박사는 이곳에 깊은

애정을 보였다." 259)

1895년경의 수덕산 전경

당시 호남 일대는 동학농민항쟁으로 민심이 흉흉하던 때였다. 영사관에서조차 선교사들의 신변 안전을 위해 이 지역의 여행을 자제시키며 일단 서울로 철수를 권고하고 있었다. 얼마 후 사태가 수습되자 선교부에서는 다시 대책을 세우고, 군산지부 개설에 대한 책임을 전킨과 드루에게 맡겼다.

곧바로 그들은 네 명의 선원을 포함한 범선 한 척을 세내어 약과 책 그리고 약간의 생필품을 싣고 제물포를 떠나 군산으로 향했다.260)

"1895년 3월 전킨과 드루가 다시 범선을 타고 제물포를 출발했으나, 비와

---

259) 위의 책, pp. 18
260) 조지 톰슨 브라운, "한국선교 이야기「, 천사무엘, 김균태, 오승재 옮김, 동연, 2010, pp. 69

안개 때문에 11일이나 걸린 끝에 겨우 군산에 도착했다." [261]

군산에 도착한 두 사람은 한 달 남짓 답사를 하며 진료와 전도를 펼치는 동안, 놀랍게도 두 사람[262]의 신자를 얻기도 했는데 그들은 친절하게도 자신들의 사비私費를 들여 임시거처까지 마련해 주었으며 답사를 마치고 돌아가는 선교사들에게 다시 그들이 돌아오면 학습을 받겠다고 약속하기도 했다.

1896년 4월 드디어 모든 준비를 마친 전킨과 드루의 가족이 군산에 무사히 도착했다.[263] 그들은 답사 당시 보아 두었던 거처에 짐을 풀고 선교지에서 첫발을 내딛기 시작했다.

"드루의 집은 현재의 우체국 앞쪽에 있는 언덕 기슭에 자리하고 있었는데 바로 드루의 집 뒷마당에 있었던 우물이 지금도 거기에 남아있으며, 전킨의 집은 드루의 집에서 동남 방향으로 지척에 있었다." [264]

하위렴은 당시 선교사들의 머물던 거처에 대한 묘사까지도 빠뜨리지 않고 남기고 있는데 심지어자신의 기억 속에 있는 한 우물의 위치까지도

---

261) Rev. W. B. Harrison, "The Opening of Kunsan Station, Korea" *The Missionary Survey*, Vol. 8, No. 1, Jan. 1918, pp. 18
262) 김봉래와 송영도로 알려져 있다.
263) 조지 톰슨 브라운, "한국선교 이야기", 천사무엘, 김균태, 오승재 옮김, 동연, 2010, pp. 69
264) Rev. W. B. Harrison, "The Opening of Kunsan Station, Korea" *The Missionary Survey*, Vol. 8, No. 1, Jan. 1918, pp. 18

언급하며 그 주변에 초기 선교사들의 집이 있었다고 술회하고 있다. 그가 기억해낸 정보와 자료 등이 어쩌면 이 지역 초기선교 역사 복원에 귀한 단서를 제공해 줄지도 모를 일이다.

• 주민들의 생활상

개항되기(1899) 전까지만 해도 외부 세계와 소통이 될 수 있는 인프라가 전혀 없었던 군산의 모습을 설명하면서 선교사의 눈에 비친 가난하고 무지했던 주민들의 열악한 생활상을 기록으로 남겨두기도 했다.

"부두에 정박시설은 물론 우체국이나 전화국도 없었다. 길들은 좁고 구불구불한 데다 불결하기까지 했다. 교환수단이라고는 오직 구리 엽전이었으며 은을 가지고도 물건을 사는 것이 쉽지 않았다. 지금 세관이 있는 자리와 그 남쪽으로 난 해변을 따라 고작 100여 채의 초가집들이 있었으나 사람들은 무지하고, 미신에 사로잡혀 살고 있었으며 남자들은 대다수가 음주와 도박에 빠져있었고, 여자들은 걸핏하면 소리를 지르며 잘 싸웠고 걸핏하면 무당을 찾아 문제를 해결하려 했다. 다행히도 그들은 외국인들에게만큼은 친절했는데 특히 외국인 여자들이 외출이라도 하면 그들은 재미난 구경거리라도 만난 듯 그들이 하는 일이나 행동에 언제나 커다란 관심을 보였으며 즐거운 화제로 삼기도 했다."

"조선인들이 사는 초가집은 유리창과 굴뚝이 없고, 크기가 8x12피트보다 작았으며 무엇보다도 가사를 도울 도우미를 구하는 문제는 심각했다. 적절하게 훈련이 되어있는 사람이 없는 데다가 젊은 여자들은 관습상 집 밖으로 외출이 금지되었고, 나이 든 여자들은 아예 배우려 들지도 않았기 때문이었다. 남존여비 관습에 찌들어, 먹여주고, 입혀주고, 돌봐주기까지 해야만 하는 남자들만 제외한다면 군산에서의 삶은 지극히 단순했다." [265)]

• 선교사로 살아남기

군산의 사정은 서울보다도 훨씬 열악해서 일부 식량을 제외하고는 석탄과 같은 땔감은 물론 사소한 생활용품조차도 구하기가 쉽지 않아 본국에서 날라와야 하는 것들이 대부분이었다. 샌프란시스코에서 구입한 물품을 배편으로 보낸다 해도 일본과 제물포를 거쳐 군산까지 탁송託送되는 소요 시간이 생각보다도 훨씬 더 걸리기도 해, 때때로 식품이나 생활용품이 바닥이라도 나면 선교사 가족들은 제물포에서 배가 들어오기만을 학수고대하며 기다려야만 했다.

"쌀이라든지 닭과 계란은 시장에서 구할 수 있었으나 땔감과 석탄은 구하기가 쉽지 않았다. 생활용품 가운데 어떤 것은 제물포에서도 가져올 수 있었지만, 그러나 대부분은 샌프란시스코에서 구입해 세관을 통과해야만 했기 때문에 제물포로부터 군산에 들어오는 증기선을 하염없이 기다려야 할 때가 많았다." [266)]

모든 환경이 생소한 데다 육아용품이나 생활용품이 떨어지기라도 하

---

265) 위의 책, pp. 18
266) 위의 책, pp. 18

면 아이들을 키우며 살림을 꾸려가야만 하는 선교사 아내들의 고충은 이만저만이 아니었다. 그러나 선교사 아내들은 행여라도 말씀을 전하는 남편들에게 누累가 되거나, 현지인들이 복음에 잘못된 편견을 갖게 될까 봐 세심한 주의를 기울이기도 했다.

"난로가(화재에 취약한) 초가집에서 매우 위험하다고 생각이 되어 일 년이 넘도록 모든 요리는 석탄 화로만을 사용했는데 그 후로도 전킨 부인은 난로를 가지고는 있었으나(불편을 감수하면서도 사용하지 않았고) 드루 부인은 아예 갖고 있지도 않았다. 이 헌신적인 선교사 부인들은(조선의) 아낙네들이나 어린이들과 우정을 쌓아가는 것 말고 다른 어떤 것에도 일절 그들의 시간을 쓰지 않았다. 그들의 모범적인 생활을 통해 교인들이 배워야만 하는 (기독교)가정의 모델을 보여주어야만 했다." [267]

• 군산의 초기 선교사역

전킨과 드루는 사역을 시작할 때부터 짝을 이루어 진료와 복음 전도를 병행했다. 드루가 주중에 진료를 시작하면 전킨은 진료소에 와서 기다리는 사람들을 만나고 주일에는 그들을 데리고 예배를 드렸다. 진료소에 환자들이 자유롭게 출입하면서 점차 교류하는 친구들이 생겨나기 시작했으나 안타깝게도 남녀가 동석할 수 없다는 관습 때문에 여자들은 교회에 나올 수도 없었다.

---

267) 위의 책, pp. 18

"드루는 진료소를 열어 환자를 돌보았고 전킨은 기다리는 환자들을 교회로 인도했다. 초창기에는 남녀가 떨어져 있어야 한다는 관습 때문에 여자들은 교회에 오는 것조차도 어려움이 많았다." 268)

모임을 갖고 예배를 드리기 시작하면서 믿음이 확인되는 사람을 만나면 세례에 앞서 먼저 학습 문답의 과정을 통과하게 했다. 선교 초기부터 자주 등장하는 학습 교인(catechumen)이라는 용어는 세례가 신중하게 베풀어져야 한다는 의도에서, 초신자에게 문답을 받게 한 다음 시간을 두고 신앙고백과 서약을 통해 교인으로 받아들이는 일종의 예비신자 제도였다.

1896년 군산지부에서 최초의 학습 교인이 생겼고, 그해 7월에는 최초의 수세자가 나왔으며 그해 10월에는 유아세례를 베풀기도 했다.

"1896년 4월 6일에 송영도, 김봉래, 차일선이 첫 학습 교인이 되었으며 그중 송영도와 김봉래는 7월 20일 세례를 받았다. 10월 4일에는 송영도의 딸이 유아세례를 받았다." 269)

• 데이비스의 부임과 사역
하위렴은 데이비스가 군산에 부임하게 된 경위와 시기에 관해서도 설

---

268) 위의 책, pp. 19
269) 위의 책, pp. 19

명해 두었다. 1896년 인성부재에서 열렸던 연례회의에서 데이비스의 군산 사역이 결정되자 데이비스는 한 달간의 준비를 마치고 군산에 내려왔다. 그녀는 지부의 선교사들과 합류하면서 매 주일 사람들을 모아 전킨의 집에서 그들과 함께 예배를 드렸다. 데이비스는 주일예배에 함께 동석할 수 없는 부녀자들과 어린이들만을 주중에 따로 모아 말씀을 가르치기도 했다.

> "그해(1896) 연례회의가 서울의 인성부재에서 열렸을 때 바로 데이비스 양의 군산 사역을 결정했으며 그녀는 한 달이 지나서 군산에 도착했다. 매 주일 전킨의 집에서 예배를 드렸는데 몇 사람의 남자가 참석했다. 시계를 가진 자가 아무도 없고 종을 쳐서 부를 수도 없어 깃발을 사용했는데 여성 모임을 알리는 색깔, 아동 모임을 위한 색깔을 구별해 사용했다. 주중에도 두세 차례 모였으나 모두가 잘 참석했다." [270]

그녀가 주중에도 궁말 지역을 찾아 부녀자들의 모임을 인도한 것을 보면 스테이션을 이곳으로 이전하기 전에도 이미 이 지역에 교인들이 있었음을 짐작해 볼 수 있다.

> "육로로 4.5 마일(배로 2마일) 떨어진 궁말에서 열리는 여성을 위한 주간 모임은 데이비스 양이 인도했다. 1897년부터는 데이비스 양의 커다란 온돌방

---

[270] 위의 책, pp. 19

이 모임을 위해 개방되기도 했다." 271)

• 해외 선교부 총무 체스터 박사의 방문

남장로교 해외 선교부 총무였던 체스터 박사는 남장로교에서 파송한 세계 각국의 선교지 가운데서도 특히 아시아 선교에 큰 관심을 보였다. 그 가운데서도 그는 조선 선교에 각별한 애정을 보여 내한 선교 초기부터 여러 차례 조선을 방문했던 인물이었다. 그는 선교사들과 함께 전라도 지역 답사를 직접 지휘하며 각 지부의 스테이션 선정에 깊이 관여하기도 했다.

지부가 세워지고 얼마 안 되어 선교사들을 독려하기 위해 그가 군산을 방문했을 때 지부의 선교사들이 마련한 환영 행사를 지켜본 주민들이 군산에 서양 선교사들이 정착해 활동한다는 소문을 내자, 삽시간에 인근에 사는 사람들이 서양 사람들을 만나보기 위해 모여들기 시작했다.

"해외 선교부 총무 체스터(Dr. Chester) 박사가 군산을 방문해 성원과 격려를 해주기도 했는데 선교부 남자들이 다 나와 해 질 무렵쯤 마을 서편의 언덕에서 한 시간 동안 폭죽을 터뜨리기도 하고, 체스터 박사를 위해 맛있는 고기 요리로 푸짐하게 대접하기도 했다. 얼마 가지 않아 군산에 외국인이 살고 있다는 소문이 인근 지역에 다 알려지게 되면서 이 지역에 주민들이 선교사들을 보려고 찾아오기도 했다." 272)

---

271) 위의 책, pp. 19
272) 위의 책, pp. 19

모여드는 사람들에게 전킨은 주일마다 설교했는데 설교에 대한 반응은 다른 어느 지역보다도 이 지역이 신속했다. 심지어 어떤 이들은 주일예배를 드리기 위해 토요일 저녁에 집을 떠나 몇십 리를 걸어오기도 했다.[273]

• 선교부의 이전계획과 하위렴의 활약

개항이 발표되기 한해 전(1898) 이미 수덕산 일대가 조계지에 포함된다는 사실을 알게 된 선교부에서는 스테이션 이전대책을 논의하면서 테이트와 하위렴 선교사를 위원으로 지명해 책임을 맡겼다. 하위렴은 부지 매입과정을 설명하면서 전도선의 계류繫留여부를 확실하게 해달라는 드루의 의견을 참고해 강변이 바라다보이는 궁말 지역의 언덕을 부지로 선정했음을 밝히고 있다.

"1898년 전주에서 연례회의가 열렸을 때 위원회는 한 번도 경험해 보지 못한 스테이션 부지 선정이 얼마나 중요한지 전혀 알지 못한 채 테이트와 하위렴 선교사에게 스테이션의 부지 선정을 돕도록 지명했는데, 두 사람은 곧바로 군산에 내려와 이곳저곳을 살피다가 선창에서 남동쪽으로 일 마일 반 정도 떨어진 언덕에 부지를 정했다. 다행스럽게도 궁말 언덕 기슭까지 연결된 강은 전도선의 좋은 선착장을 드루에게 제공했다."[274]

• 선교부 이전으로 교회가 나뉘다

지부 내 유일한 교회였던 군산교회가 자연스럽게 나뉘게 되는 경위도

---

273) 위의 책, pp. 19
274) 위의 책, pp. 19

이야기하고 있다. 군산의 개항(1899)이 발표되자 조계지 내에 있던 스테이션을 조계지 밖으로 옮기면서 자연스럽게 군산교회는 지역 이름을 따라 궁말교회(구암교회)로 불렸다. 한편 형편상 그곳으로 따라갈 수 없었던 교인들이 그들 나름대로 시내에서 모임을 유지하다가 1906년 가을 그들만의 예배처에 교회를 따로 세우고 개복교회라 이름하였다.

후에 군산 최초 교회의 타이틀을 놓고 구암교회와 개복교회가 다투기도 했는데, 군산교회가 궁말로 옮겨 구암교회가 되고, 옮기지 못하고 남아있던 교인들이 개복교회로 이어졌으니 최초를 놓고 두 교회가 서로 다투는 것은 의미가 없다고 볼 수 있겠다.

> "군산이 개항되고 나자 조계지 안의 조선인 집들은 다 철거가 되면서 신도시 조성계획에 따라 도로들이 새롭게 정비되기 시작하자, 교인들 역시 이곳저곳으로 흩어지면서 대다수가 궁말교회로 옮겨가 버리는 바람에 남아있던 군산 교인들의 조직적인 사역은 1906년이 될 때까지 이루어지지 못하고 중단이 되고 말았다." [275]

• 드루의 전도선 사역

드루는 처음부터 군산이 가지고 있는 포구로서의 입지 조건을 높이 평가했다. 물류 통로로서의 가치는 물론 무엇보다도 육로교통의 불편함을 대신해 전도선을 타고 금강과 만경강 그리고 고군산 열도를 다니며 전도

---

275) 위의 책, pp. 19

할 수 있다는 것이 그의 강력한 지론이었다. 군산지부의 잔류결정과 유지는 전적으로 의료선교에 중점을 둔 드루의 의견이 많이 반영되었던 것으로 보인다.

전도선

• 부위렴의 부임과 알비와의 결혼

1899년 부위렴 선교사가 군산지부에 부임하고, 그 이듬해 봄에 리비 알비Libbie A Alby양이 뒤따라 군산에 합류하면서 미혼이었던 두 선교사가 자연스럽게 결혼으로 골인하자, 선교사들 사이에서 군산은 큐피드의 화살이 날아드는 곳이라는 무성한 화제를 불러일으키기도 했다. 그 이후 두 사람은 부부 선교사로 군산 선교에 평생을 헌신했으며 전킨 선교사와 그리고 그 후임으로 부임했던 하위렴 선교사와 함께 이 지역 선교에 크게 이바지했다.

• 전킨 내외의 교육 사역

군산에서의 교육 사역은 전킨 선교사가 안식년을 마치고 돌아온 그해

1902년 몇 명의 소년을 모아 가르치면서 영명학교가 시작되었고, 전킨의 부인, 메리 역시 그녀의 거실에서 여학생을 가르치면서 여학교를 처음 시작했다. 당시 남학생 교실은 지금의 병원 일부가 되었으며 여학생을 가르치던 학교는 여학생 기숙사가 되었다.

하위렴은 선교사들의 정착과정에서부터 궁말 스테이션의 개설과정과 초기사역을 자세히 기술하고 글을 마감하고 있다.

제10장 3·1 운동과 군산 선교지부(1919. 3.)

경술국치(1910) 이후 일제의 조선 강점을 옆에서 바라보았던 내한 선교사들의 시각을 지금 우리의 시점에서 되돌아 살펴보는 것은 꽤 흥미로운 일이 될 것이다. 대체로 내한 선교사들이 우리 근대사 내지는 민족문제에 끼친 영향과 관련해서는 긍정과 부정의 시각이 혼재되어 있는데, 선교사들이 일제와 친화 관계를 유지함으로써 일제의 식민지배에 협력하였다는 부정적인 견해와 반대로 전도와 교육을 통해 조선인의 의식을 깨우쳐 항일운동과 민족운동에 기여했다는 긍정적인 견해가 그것이다.

일반적으로 기독교 주류에서는 일제의 조선 침략과 식민화 과정을 지켜보던 선교사들의 입장을 긍정적인 후자의 견해로 이해하고 있다. 그들은 일단 선교적 관점에서 정교분리의 입장을 취하고, 일단 총독부와 거리를 두면서 상호 인정과 불간섭원칙을 유지하고자 했다.

여기서 우리가 꼭 기억해야 할 점은 선교사는 조선인이 아니었다는 점이다. 그들은 외국인 신분으로 이 땅에 거주하며 일제의 지시와 보호를 동시에 받는 상태였기 때문에 우리 민족이 가졌던 민족의식이나 애국심을 그들에게서 우리와 같은 수준으로 기대하는 것은 무리이며, 더군다나 선교사들이 내한한 목적은 어디까지나 복음 전도에 있었기 때문에 그들이 부정하고 불법적인 방법을 동원하지 않는 한 그 목적을 효과적이고 충실히 수행하려는 노력을 비난해서는 안 될 것이다.[276]

예를 들면 내한 선교사 공의회 이름으로 발행했던 KMF(Korea Mission Field)와 같은 잡지만 보더라도 내용과는 아무 관계가 없는 일본 천황 부부의 사진이라든가 조선 총독의 사진을 속표지에 종종 삽입한 것을 보면 단순히 그들을 존경한다거나 지지해서가 아니라 일본과의 관계가 선교에 미칠 영향을 고려해 짐짓 시도했던 제스처로 보인다.

이들은 줄곧 이 같은 입장을 취함으로 내한 선교사들의 활동이 일제와의 관계에서 암묵적인 치외법권적 영역(?)으로 유지될 수는 있었지만, 그러나 정작 일제에 대항해야 하는 거국적인 만세운동에는 교단이나 노회 차원의 적극적 대처를 한 번도 하지 못한 것은 어쩔 수 없는 한계였다.[277]

아무튼, 개신교가 전국적인 조직망을 가졌음에도 불구하고 만세운동을 앞장서서 전개할 수 있는 기반으로 활용할 수 없었던 점은 몹시도 안타깝지만, 그러나 이러한 조직망을 통해 민족의식을 공유하고, 항일운동

---

276) 김승태, "한말 일제강점기 선교사 연구", 한국기독교역사연구소, 2006, pp. 5
277) 이덕주, "3·1운동과 기독교: 준비단계에서 이루어진 종교연대를 중심으로", 『한국 기독교와 역사』, 2017, pp. 47

을 지속적으로 확대해 나갈 수 있는 주요한 장치로 활용된 것만큼은 부인할 수가 없다.

3·5 만세운동과 영명학교

3·5 만세운동이 군산에서 일어났을 때도 지부 차원에서는 표면적으로 나서지 않고 있었다. 그러나 선교사들이 직접 앞장서지는 않았다 하더라도 서울에서부터 영명학교에 전달된 독립선언서를 학교 기숙사에서 밤새도록 복사하고 태극기를 만들어 거사를 준비하는 일은 선교사들의 묵인이 없이는 불가능한 일이었다.

안타깝게도 거사가 누설되면서 이 학교 교사였던 박연세, 이두열, 김수영, 고석주, 송정헌 등이 3월 4일 체포되고 말았지만, 교사 김윤실과 격분한 학생들이 모여 이튿날인 3월 5일 만세 시위에 불을 댕기자 군산 3·5 만세 소식은 빠른 속도로 인근 지역으로 퍼져나가 익산의 남전교회를 중심으로 인근의 고현교회, 동련교회, 제석교회 등이 시위에 참여하면서 익산 4·4 만세운동으로 이어지고 있었다.

아무튼 3·5 만세운동으로 영명학교는 수업이 중단되었고, 만세운동에 참여했거나 관련이 되었던 모든 교사와 학생이 체포되어 조사를 받았다. 심지어 구암병원의 직원들까지 전원 구속되면서 지부의 운영이 마비되고 말았다. 일제의 입장에서는 선교사들까지 구금拘禁하거나 추방하고 싶은 마음이 굴뚝이었겠지만 외교 문제로 일이 커질 것을 염려해 그렇게 까지는 하지 못했다. 그러나 결국 일제는 만세운동의 배후에 영명학교가 있음을 지목하고 고등과와 특별과를 전격 폐지하고 말았다.

한편 일본 경찰에게 사전에 발각되어 붙잡혀 들어간 박연세를 비롯한 교사 4명은 최종적으로 징역 1년 6개월에서 3년까지 실형을 선고받았으며, 만세운동에 앞장섰던 양기철을 비롯한 학생 11명도 징역 6개월의 실형을 선고받았다.

3·5 만세운동을 직접 목격하고 그해 안식년을 맞아 미국으로 돌아간 인돈William Linton 선교사는 일제의 잔학한 식민 통치와 한국인들의 저항을 증언하는 등 조선의 상황을 적극적으로 알리며 조선 독립의 필요성과 지원을 주장했다. 2010년 대한민국 정부로부터 이때의 공로를 인정받아 건국훈장 애족장에 추서되기도 했다.

영명학교 교장으로 사역하다(1919~1921)

3·5 만세운동의 여파가 아물기도 전에 영명학교 교장으로 있던 인돈이 안식년으로 자리를 비우자 하위렴은 또다시 영명학교 교장을 맡아야만 했다. 교장으로 취임한 하위렴은 무엇보다도 교사와 학생들이 구속되는 사태로 빚어진 어수선한 학교 분위기를 일단 일신—新해야만 했고, 한편 당국으로부터 감찰 대상이 된 학교 운영의 정상화를 위해 총력을 기

울여야만 했다.

3·1 만세운동 후 전국적으로 민족 자각의 불길이 타오르며 '아는 것이 힘이다.'라는 구호와 함께 교육열이 고조되면서 미션스쿨에도 지원자가 급증하기 시작했다. 만세운동으로 학교가 입은 피해도 컸지만, 반면에 유익한 결과로 막을 내린 셈이었다.

> "조선인들 사이에 커다란 자각이 일어났습니다. 그들은 '아는 것이 힘이다.' 라는 말을 진심으로 깨닫고 있었으며 아예 배우지 못했다는 것을 일종의 장애로 알 정도였습니다. 뜨거운 교육열이 곳곳에서 일어나면서 고등학교 1~2학년 학생 수가 처음에는 60여 명이었는데 지난 학기에는 260여 명으로 급증했습니다. 그런데도 100명 이상이나 되는 학생은 교실이 부족해 받아들일 수가 없어 발길을 돌려야만 했습니다." [278]

영명학교도 예외 없이 학생들이 몰려들고 있었다. 심지어 상투를 틀고 망건과 갓을 쓰고 서당에 다니던 학생들까지 찾아와 학교에서 입학을 허락해 준다면 기독교를 기꺼이 받아들이겠노라 하며 100여 명 정도가 지원하기도 했다. 그들은 입학과 동시에 자신들이 그렇게 고집하던 전통 복장마저 일순간에 바꾸자 이를 본 주변 사람들이 놀라기도 했다. [279]

---

278) "Notes on Educational Work for Boys", *The Korea Mission Field*, Vol. 17, No. 5, May. 1921, pp. 231
279) 위의 책, pp. 231

동부(하위렴)와 북부(매요한) 시찰의 교회부설 학교 역시 4개에서 9개로 늘더니 학생 수도 역시 80여 명에서 200여 명으로 급격한 증가세를 보였다. 이를 본 주변의 다른 지역교회들도 앞을 다투어 곧바로 부설 학교를 시작하겠다는 의욕을 보이며 지원을 요청하기도 했다.[280]

일제의 간섭과 조선인 탄압에 대해 교단의 관심을 촉구하다

군산 3·5 만세 시위가 있고 나서 얼마 있다가 서울에서 내한 선교부 공의회가 열렸다. 하위렴 선교사 역시 그 회의에 참석했는데 마침 총독부에서도 그 자리에 학무국장이란 자를 보내 여러 가지 규제사항을 열거하며 기독교 학교에서도 총독부의 방침에 적극적으로 따라 줄 것을 요청했다. 그는 몇 사람의 선교사를 따로 총독부로 불러 협조를 부탁하기도 했다. 총독부의 협조요청을 검토한 공의회에서는 담당위원회를 통해 공의회의 입장을 총독부에 제출하면서 그동안 총독부가 약속해온 것들도 함께 실행해 달라고 강력히 요청하기도 했다.

> "총독부에서 연례 선교사 공의회에 학무국장을 보내 선교사들에게 협조를 구하는 연설을 했습니다. 그리고 그들은 따로 선교사 몇 명을 초대해 자신들의 일에 잘 협조해 달라 부탁하기도 했습니다. 공의회에서는 수개월 동안 대책을 논의해 그 결과를 위원회에 제출하면서 공의회의 강한 의사를 총독부

---

280) 위의 책, pp. 231

에 전달했습니다. 그러나 그 후로도 여전히 총독부에서는 개선 의지를 전혀 보이지 않았으나 우리가 할 수 있는 것은 그들이 해온 약속을 실행하도록 하는 것뿐이었습니다." 281)

하위렴 선교사는 남장로교 해외 선교부 실행위원장인 체스터 박사에게도 이 사실을 그대로 보고하고 기독교 학교에 대한 총독부의 간섭에 대해 교단의 관심을 촉구하기도 했다.

한편 하위렴 선교사는 자신이 서울에 머무는 동안 총칼로 무장한 군인들이 곳곳에 배치되어 긴장감으로 살벌한 시내의 모습을 전하면서 일본 헌병들은 아무런 영장이 없이도 걸핏하면 조선인을 체포하거나 구금하기도 해 시민들은 불안에 떨고 있다고 전하기도 했다.

"내가 서울에 있는 동안 비록 소요 사태가 발생하지는 않았으나 긴장감은 고조되고 있었습니다. 곳곳에 물샐틈없이 배치된 무장 군인들이 걸핏하면 사람들을 잡아 드렸는데, 총독부에서는 그러한 탄압으로 조선인들을 단념 시킬 수 있다고 오해하는 것 같았습니다." 282)

한편 그는 조선인 탄압의 예를 조목조목 들면서 일본인에 대한 폭행은 법으로 금지되어 있으면서도 조선인들은 언제 어디서라도 즉결처분으

---

281) William B. Harrison, "Letter from Rev. W. B. Harrison" *The Missionary Survey*, Vol. 10, No. 1, Jan. 1920, pp. 14~15
282) 위의 책, pp. 14

로 체포와 구금을 시행할 수 있다는 총독부 부령府令을 언급하고, 조금이라도 마음에 안 들면 붙잡아다 폭력적인 취조取調를 하는 것 자체가 명백한 조선인 탄압정책이라 지적했다.

군산의 사정도 서울과 크게 다를 바 없이 삼엄한 총칼의 위협에 숨을 죽이고 있는 시민들의 모습을 전하며 소요 사태가 언제 어떻게 발생할지 예측하기 어렵다고 썼다.

"군산에서도 일본군 헌병대가 곳곳에 깔려 있어 시민들도 무력의 위협하에서 꼬박 지난 3일 동안을 지내야 했으며, 어제는 많은 중화기가 시내로 반입이 되었다는 이야기를 들었습니다. 아직 특별한 소요 사태가 일어나지 않는 것은 워싱턴에서 열릴 예정이던 국제연맹 회의가 연기됨으로써 잠시 소강 상태를 유지하고 있기 때문이라는 이야기도 들립니다. 일본 형사들은 전국 각 지역과 빈틈없는 연락을 주고받아도 서울과 지방에서 신문을 발행하는 자들까지는 잡아드리지 못하는 것처럼 보입니다." [283]

조선의 상황에 대한 교단의 반응

3·1 만세운동에 대한 일제의 폭력적인 진압에 대해 내한 선교사들은 본국에 여러 차례 자세한 실태를 보고했으나 교단 차원에서는 그때까지

---

283) 위의 책, pp. 14

이렇다 할 공식적인 성명서는 내지 않은 상태였다. 다만 해외 선교부 총무인 체스터 박사는 조선에서 발생한 유혈사태에 대해 깊은 우려를 표시하고, 선교사들의 보호를 위해 정부 차원의 조치가 필요하다고 강조하면서 현재 참고위원회(Committee of Reference)와 해외 선교부가 중심이 되어 국무부와 협의가 진행되고 있음을 알리고[284] 일본 정부를 향해서는 세계 여론에 귀를 기울여 달라는 정중한 요청도 빠뜨리지 않고 언급하고 있다.

> "우리는 솔직히 일본 정부가 세계의 여론에 귀를 기울여 국위에 걸맞는 처신을 하기 바라며, 조선 백성에게 황국 신민화를 강요하는 일본에 대해 세계 각국의 여론이 어느 쪽으로 흘러가는지 조속히 깨닫기를 희망합니다." [285]

한편 총회 교육부 간사였던 암스트롱Jno. I. Armstrong 목사는 몇 해 전(1915) 미국 남장로교 총회에서 '선교사 교육을 위한 7개년 계획'을 결의하고, 교회마다 매 주일 '배우자', '기도하자', '돕자'라는 표어를 내걸고 기금 마련에 동참하기로 한 것과 매년 남장로교에서 선교하는 7개국을 돌아가며 선교사를 지원하기로 한 것을 상기시키며 일제의 탄압으로 고통당하는 조선의 지원을 호소했다. 남장로교 총회에서는 3·1 만세 시위가 있던 그해(1919)를 '조선 선교사 돕기의 해'로 선정했다.

---

284) Rev. S. H. Chester, D. D., "The Situation in Korea" *The Missionary Survey*, Vol. 9, No. 6, Jun. 1919, pp. 347
285) 위의 책, pp. 347

"조선에서의 사역은 지금까지 놀라운 결과를 보여주고 있습니다. 지금 우리가 조선의 영혼들을 하나님의 자녀로 불러내는 것보다 더 보람이 있는 일은 없을 것입니다. 자기희생을 통한 복음 증거, 성경을 배우고자 하는 열정 등, 이런 것들 때문에 조선인들이 받는 박해는 교회사에 등장하는 2~3세기 교부 시대에 비견할 만한 합니다." [286]

총회에서는 이 지원사업을 위해 어느 해보다도 많은 $40,000 헌금을 작정하고, 조선의 2,651,000명의 영혼을 위해 한 사람이 $5씩만 헌금한다면, 8천 명만 참여해도 가능하다고 호소하면서 일제로부터 압박당하는 조선에 대한 선교 지원을 본격화했다.

콜레라가 창궐하다(1919)

전국적으로 확산해 가는 만세 시위에 두려움을 느낀 총독부에서는 군대까지 동원해 무자비한 진압으로 대응하기 시작했다. 수많은 사상자가 속출하기 시작하면서 민심이 극도로 흉흉해지고 있었다. 엎친 데 덮친다는 식으로, 그해 여름에는 콜레라까지 창궐해 사망자가 급증하며 전국적으로 피해가 극심해지고 있었다. 총독부에서는 오히려 조선인의 여행과 집회를 제한하는 기회로 삼아 내심 반기는 눈치였다.

---

286) Jno. I. Armstrong, Educational Secretary, "Foreign Mission in The Sunday School", *The Missionary Survey*, Vol. 9, No. 5, May. 1919, pp. 277

예를 들면 일본인들은 예방 접종이 없이도 여행이 가능했지만, 조선인들은 의사의 예방 접종 증명서가 없이는 여행은커녕 차표조차 살 수 없게 하고, 사람이 모이는 곳에는 방역을 핑계 삼아 아무런 대책도 없이 상인들의 영업을 중단시키는 등 갖가지 수단과 방법을 동원해 조선인들을 통제하다 보니 하루 벌어 하루 사는 영세상인들의 삶은 점점 더 어려워져만 갔다.

하위렴은 콜레라로 인한 당국의 여행 규제 때문에, 평양에서 열리는 집회에 차질이 생긴 상황을 체스터 박사에게 알리면서 '콜레라가 진정될 때까지 자신은 스테이션을 떠날 생각이 없고, 학교 내에서 발병하는 일이 없는 한, 휴교 조치는 없을 것'이라는 각오를 밝히며 그동안 학교시설 보수에 힘을 쏟겠다는 자신의 계획을 말하기도 했다.

> "LA에 거주하는 토레이 박사가 평양에서 열리는 한 주간의 집회를 인도하기로 예정이 되어 있었으나 콜레라로 인한 여행 제한 조치로 그가 일본까지는 왔다가 결국 조선에는 오지 못하고 되돌아가고 말았습니다. 강사의 유고로 결원이 생긴 평양집회에 나라도 참여할까 생각했으나 현재 상황을 보아서는 집에 머물러있는 것이 낫다고 여겨 결국 평양에 가는 것을 포기했습니다. (중략) 물론 학교에서 발병하는 일이 생기면 휴교 조치를 하겠습니다만 별일이 없다면 우리는 이 상태를 그대로 유지하려 합니다." [287]

---

287) William B. Harrison, "Letter from Rev. W. B. Harrison" *The Missionary Survey*, Vol. 10, No. 1, Jan. 1920, pp. 14~15

제5부

영생에 이르는

열매를 모으나니

(요 4:36)

제11장 황토의 들녘에서 추수꾼으로

순회사역에 매진하다

앞에서 이야기한 것처럼 하위렴 선교사가 군산에 다시 부임하면서 그는 순회구역을 재조정해 3개 시찰로 나누었다. 부위렴은 군산을 중심으로 남부 시찰인 옥구군과 김제군을, 매요한은 북부 시찰인 충남 서천군을, 하위렴의 순회구역은 동부 시찰로 익산군과 충남 부여군을 각각 맡았다.

초창기 익산지역의 선교는 전주와 군산지부에서 나누어 맡았는데 전주지부에서는 익산의 동북부 지역에 서두교회(1907), 금마교회, 선리교회(1905), 여산교회, 황화정교회를 세우고 있었고, 군산지부에서는 익산의 남서부 지역에 동련교회, 고현교회, 후리교회, 용산교회 등을 개척해 감으로써 익산은 군산과 전주 선교지부가 편의대로 지역을 나누어 담당하고 있었다.

하위렴이 군산지부로 다시 돌아온 것은 거의 7년 만이었으나, 1차 군산 선교 당시(1904~1908) 익산지역에 자신이 세우고 순회했던 동련교회(1905), 고현교회(1906), 제석교회(1906), 송산리교회(1906), 함열교회(1907) 등은 꾸준히 성장하고 있었다.

특히 하위렴 선교사는 자신의 관할 구역인 동부 시찰의 교회들을 순회하며 몸소 보고 겪었던 교인들의 신앙생활과 얽힌 일화들을 〈Lights and Shadows of Itinerating in Korea〉라는 같은 제목으로 선교잡지에 여러 차례 기고하기도 했다.

" …… 내가 조선인 마을을 순회하며 보았던 밝고 즐거운 면과 한편으로 어둡고 그늘진 가정 이야기도 함께 해볼까 합니다. 그런 이야기들 가운데는 (듣는 이에 따라) 오해가 있을 수도 있으나 하지 않을 수가 없습니다." [288]

• 동련교회: (1) 우상숭배에 빠진 이웃을 계몽하는 이야기

동련 마을 한가운데 정령이 깃들어 살고 있다는 커다란 당산나무 한 그루가 있었다. 그런데 얼마 전부터 당산나무 가지 위에 교회의 종이 올라가 있는 것이 아닌가? 아마도 교회의 종이 정령을 제압할 수 있다고 믿는 누군가에 의해 올려진 듯했다. 비록 교회의 종으로 귀신을 쫓는다는 믿음이 결코 성경적이지는 않았을지라도 하위렴은 주민계몽을 위한 교인들의 퍼포먼스로 여기고 소개하고 있다.

---

288) W. B. Harrison, "Lights and Shadows of Itinerating in Korea", *The Missionary Survey*, Vol. 5, No. 10, Nov. 1915, pp. 730

"동련에서 있었던 일이다. 교회에서 그리 떨어지지 않은 곳에 나무 한 그루가 있었는데 그 위에 종이 올려져 있는 것이 아닌가? 나무 위에 올려진 종을 보고 깜짝 놀랐으나 나는 곧바로 그 종이 교회의 종이라는 것을 알게 되었다. 그 나무에는 마을 사람들이 섬기는 정령이 살고 있다는 당산나무였다. 당산나무 가지 위에 교회의 종을 올려 놓으면 '음부의 권세가 이기지 못 하리라'(마 16:18)라는 말씀처럼(교회의 종이) 귀신의 권세를 이길 수 있다고 여기고 있다는 말인가?" [289]

당산나무 위에 올려진 교회 종[290]

• 동련교회: (2) 믿는 자의 모범을 보인 백씨의 이야기

동련교회의 백 씨(장립이 되기 이전 백낙규로 추정)는 포목점을 하는 상인이었다. 그는 주변 상인들이 일주일 내내 일하는 것과는 달리 주일

---

289) 위의 책, pp. 730
290) 위의 책, pp. 730

에는 일하지 않고 주일성수를 했을 뿐 아니라 물건을 팔면서도 가격과 품질을 속이는 일이 없이 정직한 거래를 지속했다.

이 같은 자신의 신앙 때문에 처음 5년간은 무척이나 어려움을 겪는 것처럼 보였으나 시간이 지나면서 오히려 주일에 일하는 상인들보다 더 많은 이익을 남겼을 뿐 아니라 가게도 더욱 번창해졌다는 그의 간증을 전하면서 '정직함은 영생을 보장받은 우리의 현재의 삶에도 이익을 가져다준다고 하는 예를 우리에게 보여주었다'고 백 씨의 신앙을 소개하고 있다.

> "이 마을에서 처음으로 교인이 된 자 중에 백씨라는 소상인이 있었는데 그는 물건의 가격이나 품질을 속이기도 하는 다른 동업자들과는 달리 정직한 거래로 늘 판매가 저조했으나, 그는 주일성수를 위해 주일에는 물건을 팔지 않았을 뿐 아니라 아예 가게의 문을 닫았다. 5년 정도 가난을 벗기 위한 몸부림은 애처로웠으나 그의 믿음은 조금도 변함이 없었다. 그러나 시간이 지날수록 그는 신용이 있는 사람으로 주변에 알려지면서 다른 동업자들보다 훨씬 더 장사가 잘되어 그간에 입었던 모든 손해를 보상받게 되었다." [291]

하위렴 선교사가 안식년(1908)을 맞아 미국에 돌아갔다가 그 후에 다시 목포지부로 옮겨가면서 자리를 비운 사이(1909~1915) 백씨는 교회부설 계동학교(1909)를 세우고 문맹 퇴치 운동과 농촌계몽에 앞장서기도 했다.

---

291) 위의 책, pp. 730~731

계동학교 학생과 교사[292]

하위렴이 다시 군산 지부로 돌아오던 그해(1915) 이미 부위렴 선교사에 의해 피택이 된 백낙규를 곧바로 장로로 세워 동련교회를 조직교회로 출범시켰다.

• 동련교회: (3) 잘살 수 있다는 권면에 교회에 나오게 된 자의 이야기

예수를 믿으면 복을 받고 잘 살 수 있다는 초기 교인들의 신앙 이야기를 소개하고 있다. 교회를 다닌 교인들이 살았던 집에는 우환이 없고, 그 집에 들어가 살면 물질이 저절로 모인다거나 부자가 된다고 생각하는 웃지 못할 이야기에도 하위렴은 그들의 신앙 수준을 비판하거나 내치지 않고 있는 그대로 수용하면서 처음부터 그런 목적으로 교회를 나오는 교인들의 모습까지도 적나라하게 전해주고 있다.

---

292) 위의 책, pp. 731, 중앙에 흰색 두루마기 차림이 백낙규로 추정.

"동련에서 조금 떨어진 마을을 둘러보는 동안 최근 들어 교회에 나오기 시작한 한 교인의 집을 방문하게 되었는데 그는 자신이 예수를 믿게 된 경위를 이야기하기를 최근 한 교인의 집을 사서 이사하게 되었는데 전 집주인이 말하기를 '이 집은 우상 숭배자의 집이 아니라 하나님을 믿는 자의 집입니다. 나는 이 집에서 3년 동안 교회를 다니면서 부자가 되었습니다. 나는 당신도 그렇게 되기를 희망합니다.' 그러자 그는 '우리도 이 집에서 우상숭배를 하지 않을뿐더러 예수를 믿고 교회에 나가겠습니다.'라고 말한 이후로 그들은 예배에 정기적으로 참석하고 있다." [293]

• **송산리교회**[294]: 생업의 위기에서도 주일성수를 지킨 박 씨의 이야기

송산리교회 박 씨는 수년째 일본인 농장에서 일하며 생계를 유지하던 소작농이었다. 그런데 어느 날 갑자기 농장의 감독이 아무런 예고도 없이 박 씨를 찾아와 일방적으로 소작권을 취소하겠다고 통보했다. 청천벽력같은 소식이었다.

그는 곧바로 일본인 지주에게 찾아가 자신의 어려운 사정을 설명하고 소작권만큼은 유지할 수 있게 해달라고 사정해 보았지만, 일본인 지주는 최근 시행된 '소작권에 대한 법률개정'[295]을 들먹이며, 박 씨의 사정을

---

293) 위의 책, pp. 731
294) 하위렴에 의해 1906년 익산군 용안면 송산리에 세워진 교회
295) 1910년대 토지조사사업과 1920년대 산미증산계획으로 농민의 80%가 소작농으로 전락하자 일제하위렴에 의해 1906년 익산군 용안면 송산리에 세워진 교회는 마치 시혜를 베풀 듯 소작인 납세의 의무를 폐기했는데 이것은 결국 지금까지의 관습상 세습된 경작권을 부정하고, 소작 기간을 1년으로 단축함으로써 소작농의 생존권을 크게 위협하였다. 이때 경작권을 잃게 된 농민들이 고향을 등지고 만주와 연해주 등으로 이주하기 시작했다.

개인적으로는 들어줄 수가 없다며 자세한 규정을 알고 싶으면 다음 날 다시 찾아오라고 건성으로 말하며 자리를 피해버렸다.

이튿날이 마침 주일이라 박 씨는 자신의 믿음 상 주일에는 찾아올 수 없음을 말하자 일본인 지주는 거드름을 피우며 자신은 그날밖에는 시간이 없다고 매몰차게 내뱉고는 문을 닫고 들어가 버렸다. 박 씨는 자신이 소작을 포기하더라도 주일성수를 해야겠다고 작심하고 주일에 그를 찾아가지 않았다.

> "며칠이 지나도록 아무런 소식이 없자 그는 이미 소작권을 잃었으리라 여기고 체념하고 있었으나 하루는 일본인 지주가 박 씨를 불러 그의 소작권을 보장해주겠다고 약속했다(어찌 된 영문인지 전혀 몰랐으나 지주의 말은 사실이었다). 얼마 후 그는 주일성수를 하면서도 자신의 소작권을 그대로 유지할 수 있게 된 것을 교인들 앞에서 간증하기도 했다." [296]

그는 일본인 지주가 여러 소작인 가운데서 왜 자신만 지명해 소작권을 보장해주었는지 지금도 이해할 수 없다며 주일성수를 하려는 믿음을 보신 하나님께서 인도해 주셨음을 확신하고 감사했다. 그러면서 그는 이러한 시험을 마주했을 때 교인들이 믿음으로 이기지 못하는 것을 안타깝게 여긴다고 말하면서 자신은 주일을 지키고 승리할 수 있어 너무도 기뻤다는 박 씨의 간증을 전하기도 했다.

---

296) W. B. Harrison, "Lights and Shadows of Itinerating in Korea", *The Missionary Survey*, Vol. 6, No. 11, Nov. 1916, pp. 850

• 옥곡교회: 당산나무를 베어내고 계몽에 앞장선 이야기

임천군 양화면 선미 마을[297]에는 마을 사람들이 신령하게 여기는 커다란 당산나무가 있었다. 이 나무는 크기도 크기이지만 가을이 되면 많은 열매가 달리기도 했는데 매년 정초가 되면 사람들이 모여 제를 올리고 소원을 빌기도 하는 200년이나 된 배나무였다.

우연히도 최근 한두 해 사이에 선미 마을에서 무려 열 가정이나 초상을 치르는 일이 생기자, 마을 사람들은 당산나무에 깃든 정령을 노하게 해서 생긴 일이라 여기고 무서워하며 아무도 나무 근처엔 얼씬조차 하려 하지 않았다. 심지어 당산나무 근처에 사는 사람 하나는 아예 자신의 집을 버려두고 마을을 떠나 버리고 말았다.

그 집은 상당히 크고 좋은 집이었음에도 몇 년을 그렇게 비워두자 거의 폐가가 되다시피 허물어져 가고 있었다. 주인이 집을 팔려고 내놓아도 아무도 사고자 하는 사람이 없자, 점점 흉흉한 소문이 마을에 돌았다. 마을 사람들은 당산나무를 너무도 두려워한 나머지 아무도 그것을 베낸다는 생각은 고사하고 나무 근처에는 얼씬도 하려 하지 않았다.

> "… 집주인은 이 나무를 잘라내는 사람에게 그 나무의 목재는 물론 돈까지 주겠다고 광고까지 내자, 인근 마을에 교회 다니는 청년 하나가 용감하게 나서서 아무 두려움이 없이 나무를 잘라버렸다…" [298]

---

297) 1914년 행정 개편 이후 부여군 충화면 현미리로 개칭되었다.
298) 위의 책, pp. 850

당시 얼마나 많은 사람이 미신에 사로잡혀 살고 있는지를 보여주는 일화이기도 하지만 한편으로는 믿음으로 이웃을 계몽해가는 교인들의 활약을 알리기도 했다.

• **제석교회: 철석과 같은 믿음으로 어려움을 극복한 과부 김 씨 이야기**
하위렴은 제석교회의 가난한 과부 김 씨 이야기도 들려준다. 그녀는 좁은 오두막에 혼자 살면서 야산에서 약초를 캐거나 나무를 해다가 팔아 겨우 생계를 유지하는 처지였다. 과부 김 씨에게는 두 딸이 있었으나 하나는 어려서 죽고, 하나는 결혼해 가정을 이뤘으나 너무도 가난해 어머니를 도저히 도울 수 없는 안타까운 처지였다.

인근에 살던 의붓아들이 찾아와 그녀를 자신 집으로 모시겠다는 제의를 여러 차례 했으나 두 가지 이유로 과부 김 씨는 그의 제안을 거절했다고 한다. 첫째는 믿지 않는 아들 가족과 함께 산다는 것 자체가 신앙생활에 걸림돌이 될 수가 있다는 이유이고, 둘째는 신앙생활을 하는 자가 교회에서 멀리 떨어진 곳으로 이사 간다면 결국 자신의 믿음을 잃을 수도 있다는 염려 때문이라고 했다. 꿋꿋한 믿음으로 어려움을 이겨낸 과부 김 씨의 이야기를 나중에 전해 들은 하위렴은 어려움을 극복하고 믿음을 지켜내려는 그녀의 신앙을 칭찬하며 그녀의 이야기를 마무리하고 있다.[299]

---

299) 위의 책, pp. 850

하위렴 선교사가 1908년부터 1928년 은퇴할 때까지 당회장으로 돌보았던 제석교회는 1909년 부설학교인 부용학교를 설립해 지역계몽에 앞장서기도 했다. 이 학교 출신 교인들이 군산, 강경, 익산 등지에서 일어난 만세운동에 참여했으며 특히 익산 4·4 만세운동 당시 남전교회와 고현교회, 동련교회 등 하위렴 시찰구역 내의 교회들과 함께 그 중심에 서기도 했다.

- **왕골교회(초왕리교회): 3전 4기로 신앙의 실패를 딛고 승리한 윤 씨 이야기**

왕골교회(초왕리교회 후에 오량교회)에 출석하는 윤 씨는 놋그릇을 만드는 장인匠人이었다. 그가 교회에 출석한 햇수로만 따져도 20년이 넘던 터라, 다른 어떤 교인보다도 성경 지식에 해박하고 교회 생활에도 밝은 편이었다. 그런 그가 학습을 세 번씩이나 받았으면서도 그때마다 번번이 죄를 짓고 넘어지곤 했다. 그런데도 다행인 것은 그가 넘어지는 중에도 믿음을 완전히 저버리지 않고 교회 생활을 지속한다는 데 있었다.

재미있는 것은 그가 넘어질 때마다 교회에서 그에게 학습을 다시 받도록 요구했다는 점이었다. 이것은 아마도 그가 지은 죄가 파렴치한 죄라기보다는 누구나 다 그의 죄를 인지할 만큼 공개적이었던 것 같고, 본인 자신도 세 번씩이나 학습을 받으면서도 교회 생활을 지속한 것으로 보아, 자신이 교회에 남아있는 것만으로도 너그럽게 받아들여질 것을 기대했던 것으로 보인다.

아무튼, 학습 교인(catechumen)이라는 제도 자체가 세례가 신중하게 베풀어져야 한다는 의도에서, 세례받기 이전, 문답만을 통해 받아들이는 일종의 예비신자 제도였기에 망정이지 그에게 세례를 곧바로 주었더라면 얼마나 교회의 덕을 가렸을지 짐작이 되는 대목이다.

아무튼, 놋그릇 제조업이라는 게 재료비가 오르면 반대로 수요가 급감하는 구조였는데, 몇 해 동안 지속적으로 재료비가 크게 오르자 윤 씨의 일감이 줄어들면서 먹고 사는 것조차 힘들 정도로 궁색해지고 말았다. 그 후로 종종 동업자들을 통해 일거리가 주어지기도 했으나 그는 단호히 말하기를 '나에게 아무리 좋은 조건의 일거리가 생긴다 해도 믿지 않는 사람과 일하는 것은 거절할 것'이라 말하면서 차라리 굶어 죽을지언정 다시는 믿음을 버리고 싶지 않다는 그의 다짐을 전하기도 했다. [300]

한편 1905년도에 이미 300여 명의 교인이 출석할 정도로 성장하고 있던 초왕리교회(오량교회)는 1907년에 이르러 옥산교회를 비롯해 청포교회, 지석교회, 성산교회, 마명교회, 오덕교회 등 여러 교회를 충남지역에 분립하면서, 그 이후로도 오랫동안, 이 지역에서 모교회의 역할을 감당해 왔다.

---

300) 위의 책, pp. 850~851

• 후리교회[301]: 가족을 구원하고 교회를 부흥시킨 오덕순의 이야기[302]

오덕순은 오덕근의 여동생으로 19세가 되던 해에 한마을에 사는 김자윤과 결혼했으나 아이가 생기지 않아 시집에서 많은 핍박을 받았는데, 엎친 데 덮친다고 결혼 후 얼마 되지 않아 안질을 얻었으나 제대로 된 치료를 받지 못해 거의 시력을 잃고 말았다. 그 시절 어디 눈뿐이랴! 몸 어디에 사소한 병이 생겨도 요즘같이 병원은 고사하고 흔하디흔한 약조차 구할 수 없을 때니까 침침하다던 눈을 그대로 방치한 게 잘못이었다. 남존여비가 엄혹했던 시절 배우지 못한 데다 실명까지 했으니 그녀가 겪은 고충이 얼마나 컸을지 짐작이 간다.

그러나 그녀가 예수를 영접하고 나서는 실명의 장애를 딛고 전도에 앞장서면서부터 교회가 크게 부흥하기 시작했다. 선교사 순회 방문이라 봐야 일 년에 몇 차례도 되지 않던 시절에 교회가 세워진 지 불과 몇 년 사이 주일학교를 포함 300명이 넘는 교회로 성장한 것은 순전히 그녀의 전도와 헌신에서 비롯된 것이었다.

---

301) 현 이리제일교회.
302) W. B. Harrison, "Lights and Shadows of Itinerating in Korea", *The Missionary Survey*, Vol. 7, No. 5, Nov. 1917, pp. 342~343
W. B. Harrison, "Lights and Shadows of An Itinerator in Korea. Ⅲ.", *The Korea Mission Field*, Vol. 13, No. 5, May. 1917, pp. 115~116

김자윤의 부인 오덕순[303]

한번은 엄청나게 눈이 많이 내린 어느 추운 겨울날이었다. 눈이 많이 내린 데다 매서운 바람까지 불어 모든 길이 얼어붙고 미끄러워 통행이 거의 불가능했는데 그날 오후 1시 30분부터 시작한 학습과 세례를 위한 문답이 밤 11시 30분이 되어서야 끝이 날 정도로 교인들의 뜨거운 열기는 추위를 녹이고 있었다.

---

303) 오덕순은 오길영의 딸, 김자윤의 부인, 오덕근 장로의 동생으로 남존여비의 현실을 딛고 고현교회를 일궈냈다.

27명의 학습 교인을 포함해 25명의 세례 예식이 있던 주일, 예배당에 자그마치 280명이나 되는 교인들이 빽빽하게 들어차 앉을 자리가 없을 정도였다. 선교사의 순회가 기껏해야 일 년에 두어 차례밖에 되지 않던 시절이라 모든 순서(장로선출, 세 사람의 서리 집사 선출, 문답과 세례, 성찬)를 주일예배와 함께 진행해야 했던 그날의 행사는 세 시간을 넘기고 있었으나 누구 하나 불평을 말하지 않았다.

> "이러한 부흥의 열기는 오덕순에 의해 이미 3년 전부터 시작이 되었는데 그녀는 교육받지 못한 여성으로 실명까지 한 상태였으나 그녀는 하나님의 약속을 확실히 믿고 기도했으며(그녀의 열정적인 기도 생활은) 오래 믿었다는 사람을 부끄럽게 할 정도였다. 일 년 정도는 그녀 혼자 수고했으나 그녀의 오빠와 남편 그리고 대여섯 명의 부녀자들이 그녀의 영혼에 감화되기 시작했다." [304]

그녀는 교회 안에 기도회 모임을 만들어 수시로 인도했으며, 행여라도 교인들 가운데 아픈 사람이 생기면 한밤중에라도 거리를 불문하고 달려가 기도했다. 그녀의 기도 생활은 엄동설한에도 철야기도와 금식기도를 쉬지 않을 정도로 늘 상황을 초월했다. 주님의 능력을 의지하고 믿음으로 기도해 심지어 귀신 들린 자도 네 사람이나 고치는 등 그녀의 기도는 주변 사람을 감화시키고도 남았다. 그녀는 기도뿐만 아니라 교회의 모든

---

304) W. B. Harrison, "Lights and Shadows of Itinerating in Korea", *The Missionary Survey*, Vol. 7, No. 5, Nov. 1917, pp. 342

모임에서 사도신경과 주의 기도 그리고 십계명 등을 쉽게 풀어 가르쳤으며 그리스도의 십자가 희생의 완전성과 구원의 필요를 수시로 강조하기도 했다.

하위렴은 목사인 자신도 지금까지 그렇게 기도하며 전도하는 사람을 만나본 적이 없었다고 술회하고, 그녀야말로 교회를 위한 살신성인의 전도자라는 칭호가 어울리는 분이라며 입이 마르도록 칭찬하기도 했다.

"그리스도의 십자가 보혈만이 나의 죄를 씻겨 구원에 이르게 한다는 진리는 물론 사도신경, 주기도문, 십계명 등을 포함한 기본 교리들을 정확하게 가르치며 구원의 필요성을 강조했다." [305]

한편 그녀는 자신의 친정 오라버니와 남편을 인도해 장로로 피택이 되게 했으며, 장로가 된 오덕근과 김자윤은 영혼 구원을 자신들의 사명으로 여기고 마을을 돌며 전도와 권면에 힘을 썼다.

하위렴은 이 교회의 부흥은 결코 우연한 현상이 아니며 그들의 기도와 헌신으로 얻어낸 하나님의 응답이라 말하면서 누구라도 이들처럼만 한다면 하나님은 같은 축복으로 교회를 채우실 것이라 강조하기도 했다.

---

305) 위의 책, pp. 342

- **함열교회: (1) 핍박을 이겨내고 남편을 회개시킨 황 씨 부인의 이야기**[306]

함열교회의 황 씨 부인이 믿기 시작한 것은 이웃에 사는 한 여자의 권유를 따라 그녀와 함께 교회에 출석하면서부터였다. 그녀의 남편은 너무도 완고해서 그녀가 교인이 된다는 것은 물론 아예 교인들과 어울리는 것조차 반대했다. 이 같은 남편 황 씨의 극심한 반대에도 불구하고 그녀는 매 주일 교회에 나갔다. 그때마다 남편은 심한 욕설과 매질로 그녀를 폭행하면서 심지어 가위를 들고 와 삭발하겠다는 위협을 하기도 했으나 그녀는 굴하지 않고 '어떤 방해가 있다고 할지라도 자신의 신앙생활을 막지 못할 것'이라 말하며 교회 출석을 계속했다. 남편 황 씨는 자신의 어떤 협박으로도 아내의 마음을 바꾸어 놓을 수 없다는 것을 알자 아예 아내를 친정으로 쫓아내 버렸다.

그 후로 심경에 변화를 일으킨 황 씨는 자신의 어리석음으로 가정에 어려움이 왔음을 크게 뉘우치는 한편 그길로 아내를 찾아가 용서를 빌고, 그녀를 데려와 가정을 다시 꾸렸다. 남편의 핍박으로 친정에 쫓겨가면서도 자신의 신앙을 인내로 지키고 기도로 남편을 회개시켰다는 이야기와 함께 지금은 그녀가 글을 깨우치고 문답을 통과해 세례를 기다리고 있다는 근황을 전하기도 했다.

---

[306] W. B. Harrison, "Lights and Shadows of Itinerating in Korea", *The Missionary Survey*, Vol. 5, No. 10, Nov. 1915, pp. 731~732

"그녀가 배울 기회는 물론 집안에서조차 그녀에게 글을 가르쳐줄 만한 사람이 없어 그야말로 낫 놓고 ㄱ자도 읽지 못하는 까막눈이었으나 교회에 나오면서부터 글을 깨우쳤으며 지금은 모든 공 예배에 참석하면서 세례를 받고자 기다리는 중이다." [307]

• 함열교회: (2) 기구한 삶을 믿음으로 이긴 한 씨 부부 이야기

함열교회에 한명보라는 사람이 있었는데 그의 부인은 학습 교인이었다. 1907년 정미의병[308] 당시 전국 각처에서 의병이 일어났을 때 한 씨도 의병으로 나가 활동하다가 얼마 되지 않아 일제에 의해 체포되고 말았다. 그가 붙들려 갔다는 소식을 마지막으로 가족과 두절이 된 채 3년이 흘렀는데, 생사를 모르는 그의 행방불명으로 누구보다도 답답한 것은 가족들이었다.

그의 장모는 가사를 다 팽개치고 경성에 올라가 통감부까지 찾아다니며 백방으로 수소문했으나, 그와 관련된 어떤 소식도 전혀 듣지 못한 채 허탕만 치고 말았다. 사위 찾기를 자포자기한 그녀는 그길로 고향에 내려와 자기 사위가 감옥에서 동사凍死한 것을 보았다고 거짓 소문을 내고 다녔다. 그렇게 해야만 딱하게 사는 자기 딸을 재촉해 결혼시킬 수 있을 것 같다는 생각에서였다.

---

307) W. B. Harrison, "Lights and Shadows of An Itinerator in Korea" *The Korea Mission Field*, Vol. 11, No. 11, Nov. 1915, pp. 324
308) 1907년 고종의 강제퇴위와 군대해산 등을 계기로 1907년~1910년 사이에 발생한 항일 의병봉기.

얼마 후 친정어머니의 강권에 못이긴 한 씨 부인은 딸린 두 자식을 데리고, 믿는 홀아비와 재혼하게 되었다. 그녀가 재가하면서 한 씨 부부의 사연이 마무리되는가 싶었는데, 그 후 일 년쯤 지난 어느 날, 죽었다던 한 씨가 갑자기 살아 돌아와 마을에 나타났다. 이때 마을 사람들은 물론, 이미 재가해서 다른 남자와 살림을 꾸린 한 씨 부인과 그녀의 친정어머니가 얼마나 놀랐을지는 짐작조차 할 수도 없는 일이었다.

한 씨는 곧바로 장모를 찾아가 자신의 아내를 돌려달라 요구했다. 울지도 웃지도 못할 안타까운 일이었다. 아무튼, 그들 사이에 주고받은 대화가 어땠는지는 누구도 자세히 알지 못하지만, 결론은 그녀가 현재의 남편을 떠나 전남편에게로 돌아갔다는 점이다.

그녀가 전남편 한 씨에게로 돌아간 지 얼마 되지 않아 안타깝게도 이번에는 그녀가 병이 들어 시름시름 앓더니 사경을 헤매게 되었다. 다급해진 한 씨는 무슨 수를 써서라도 병든 아내를 살리겠다는 일념으로 용하다는 의원을 다 찾아다니기도 하고, 별별 짓을 다 해보았으나 소용이 없자 마지막으로 무당을 불러 굿을 해보자고 아내에게 제안했다. 그러나 한 씨 부인은 죽는 한이 있어도 굿은 하지 말아 달라고 극구 반대하면서 만일 진심으로 자신의 회복을 원한다면 하나님께 기도해 달라고 남편에게 간곡히 부탁했다.

"남편이 묻기를 나 같은 죄인이 기도해도 하나님이 들으실지를 묻자, 그녀는 당신이 회개하고 하나님의 은혜 안에 새롭게 살기를 다짐한다면 하나님이 당신의 기도를 들으실 것이라 말했다. 아내의 간곡한 당부대로 남편 한 씨는 이때부터 날마다 무릎을 꿇고 하나님께 진심으로 기도하기 시작했다. 얼마 후 기적적으로 그녀가 건강을 회복하면서 지금은 두 사람 모두 신실한 교인이 되었다." [309]

그녀의 강권으로 남편이 회개하고 돌아왔을뿐더러, 돌아온 남편의 간절한 기도로 병든 그녀가 온전하게 회복되었다는 한 편의 드라마와 같은 이야기를 전하기도 했다.

• 함열교회: (3) 반상의 차별을 극복하며 교회를 이끈 조사의 이야기[310]

함열은 현감이 맡아 다스리는 고을로 예부터 반촌班村이 형성되어 있어, 반상班常의 구별이 인근 지역과 비교해 유난히 남달랐다. 1907년 함열군[311] 소재지에 함열교회가 세워질 때만 해도 교인들의 대부분은 상민 출신들이었다. 이렇다 보니 교회를 처음 시작할 때 함께 나오던 양반들이 슬슬 눈치를 보면서 떨어져 나가 50여 명쯤 되었던 교인이 겨우 15명 정도밖에 되지 않았다.

그중에 교회를 이끌어 가는 조사가 한 사람(이내겸으로 추정)이 있었

---

309) W. B. Harrison, "Lights and Shadows of Itinerating in Korea", *The Missionary Survey*, Vol. 5, No. 10, Nov. 1915, pp. 732
310) W. B. Harrison, "The Awakening of Hamyul, Korea", *The Missionary Survey*, Vol. 11, No. 10, Oct. 1921, pp. 769~770
311) 1914년 행정구역 개편으로 용안군, 여산군, 함열군이 기존의 익산군에 편입되었다. 본문의 함열군은 편입 이전의 행정구역 지칭함.

는데, 그는 상민 출신이었으나 신실한 교인으로 시간이 날 때마다 마을 사람들을 일일이 찾아다니며 복음을 전하기도 하고, 권서인으로 활약도 했지만, 결코 자신이 한 일에 대해서 자랑한다거나 공치사를 하는 법이 없었다.

그러나 반촌班村에 사는 양반 가운데는 조사가 상민이라는 이유만으로 그의 활동을 못마땅해하는 자가 있었는데 그는 때때로 서울에 올라가 큰 교회에 참석한다는 것을 자랑하기도 하며 스스로 믿음이 있는 체하면서도 아예 상민들과는 함께 예배에 참석할 수 없다고 공공연히 말하고 다녔다.

상황이 이 지경에 이르자 견디다 못한 조사가 어느 날 불쑥 하위렴 선교사를 찾아와 자신이 교회를 떠나야 할 것 같다고 이야기했다. 자신이 교회를 떠나야만 양반들이 교회에 나올 것 같다는 거였다.

조사로부터 전혀 예상하지 못한 이야기를 듣게 된 하위렴은 그를 달래며 '교회에 나와서도 양반임을 내세우는 이들이라면 결코 그들은 하나님께서 기뻐하시는 신앙생활을 할 수가 없을 것'이라고 누누이 설명하고 오히려 그를 격려해 주었다.

그해 가을 부흥회가 열렸는데 양반집 부녀자들이 대거 참여했고, 이듬해 봄에는 양반들이 주도해서 김익두 목사를 초빙해다 일주일간 사경회를 개최했는데 참석했던 모든 사람이 큰 은혜를 받았다. 이때부터 아주 보수적인 몇 가정을 제외하고는 고을의 양반들 대다수가 교회에 나오면서 변화의 바람이 불기 시작했다.

사경회가 끝나고 2개월이 지난 후, 하위렴 선교사가 함열교회를 방문했을 때 교인 수가 120여 명으로 늘어나 있었고, 그중의 3명은 세례를, 22명은 학습 교인으로 등록하는 쾌거를 이루고 있었다. 그 후로 이 씨는 여전히 조사로써 아무런 문제가 없이 교회를 이끌어 오고 있다.

반상의 차별이 엄연히 존재하던 시절, 하위렴은 교회 안에 존재했던 신분 갈등의 현실을 전하면서 김익두 목사의 부흥회 이후 양반들이 변화되면서 그동안 하대下待했던 조사의 인도를 받아 가며 교회를 세워가는 모습에 뿌듯해하기도 했다.

- **함열교회: (4) 남자 교사로 인해 교회부설 여학교에서 일어난 웃지 못할 이야기**

한번은 교회부설 여학교에 남자 교사 채용을 계획했는데, 예상했던 대로, 처음부터 학부모의 엄청난 저항에 부딪혔다. 성장한 딸을 젊은 남자 선생에게 맡긴다는 사실에 커다란 거부감을 보이는 학부모들과 한동안 실랑이를 벌인 끝에 어렵사리 남자 교사 채용을 허락했다. 그 이후로도 계속해서 반대하는 학부모들이 있었으나, 유교적 전통사회가 언젠가는 맞닥뜨리고 넘어야 할 통과의례로 여기며 오히려 계몽의 의지를 불태우기도 했다.

"교회부설 여학교에서 젊은 남자 교사를 임시로 채용하기로 했다. (중략) 여학생들은 부모의 동의 아래 오기도 했지만, 부모 몰래 학교에 왔다가 돌아가서 매를 맞기도 했다. 이것은(남자 교사에게 배운다는 것은) 여성들이 집안에만 갇혀 지내야 한다는 관습에 일종의 혁명이었다. 부모나 학생 모두 우리의 동정심과 협력을 필요로 했다." [312]

- **함열교회: (5) 교회 건물이 붕괴되는 사고에서도 기적을 체험한 이야기**[313]

어느 주일 아침이었다. 예배 시간을 알리기 위해 교인 중 하나가 종각에 나가 종을 치고자 줄을 잡아당겨 보았으나 어찌 된 일인지 종에 줄이 꼬여 종을 칠 수가 없었다. 그러자 한 사람이 잽싸게 종각에 올라가 그것을 풀어보려 했으나 그날따라 쉽게 풀리지 않았다. 그러자 사람들이 종각 주변에 몰리면서 왁자지껄 떠들며 소란을 피우자 예배당 안에 있던 교인들까지 밖으로 나와 어찌 된 영문인지를 알고자 했다.

마침 종각에 올라가 있던 사람이 우연히 교회 건물을 내려다보다가 건물이 크게 기울어져 붕괴 직전임을 발견하고, 예배당 안을 향해 냅다 소리를 질렀다.

"안에 계신 분들은 절대 뛰지 말고 빨리 건물 밖으로 나오시오!"

외치는 소리에 놀란 교인들이 건물 밖으로 모두 빠져나오자마자 눈 깜

---

312) W. B. Harrison, "The Awakening of Hamyul, Korea", *The Missionary Survey*, Vol. 11, No. 10, Oct. 1921, pp. 770
313) 위의 책 pp. 770

짝할 사이에 교회 건물이 큰 소리를 내며 무너져 내렸으나 천만다행으로 다친 사람은 아무도 없었다.

교회 건물이 무너졌다는 말에 마을 사람들이 모두 교회로 달려 나와 친척과 친지들을 부르고 이상 유무를 확인하느라 한바탕 소동이 벌어졌다. 교인들이 나서서 무너진 건물 밑에 깔린 사람은 아무도 없다고 안심시켰으나 모여든 사람들은 무너진 건물의 잔재를 다 치우고 그것을 다 확인할 때까지 자리를 뜨지 못했다.

건물 손실 외에 아무도 다치지 않았다는 것만으로도 감사였다. 왜냐하면, 마침 교회에서는 재건축을 준비하며 그때까지 사용하고 있던 이 초가 예배당을 헐고자 하던 참이었기 때문이었다.

하위렴은 이 일을 두고 하필이면 그 주일 아침에 종탑의 줄이 꼬여 종을 칠 수가 없었는지, 그뿐 아니라 때마침 종탑에 올라갔다가 건물이 붕괴하기 직전에 그 사실을 발견하고 교인들을 구해낼 수 있었다는 것은 기적 말고는 달리 설명할 방법이 없었다고 회고하기도 했다.

• 두동교회: 조선의 결혼풍습 이야기

하위렴 선교사가 전도선을 타고 금강을 거슬러 오르내리며 순회하던 교회를 살펴보면 양안兩岸을 따라서 익산군에는 웅포교회, 대붕암교회를 거쳐 황산리교회, 무형리교회가 있었고, 부여군에는 초왕리, 오량리, 청포리교회 등이 있었다. 물길 중도에 대붕암교회를 지나 성당포구에서 만나는 함열천을 따라 남쪽으로 내려오면 부곡리교회와 송산리교회까지 뱃길로 순회가 가능했다.

성당면의 부곡리교회와 두동리는 상거가 서로 상당히 떨어져 있음에도 불구하고 두동리에서 예배에 참석하는 사람들이 늘어나자 하위렴 선교사는 조사 김정복과 함께 두동리 주민들을 데리고 따로 예배를 드리기 시작하면서 두동교회가 시작되었다.

> "익산군 성당면 두동리교회가 설립되다. 선시先時에 선교사 하위렴과 조사 김정복이 전도함으로 부인들이 믿고 부곡리교회[314]에 래왕來王하더니 안신애의 열심 전도로 신자가 점진漸進하매 박재신이 자기 가옥 중 부속을 차여借與 회집 예배하니라"[315]

두동교회에 혼기가 찬 한 아가씨가 있었는데 그녀의 식구들은 자그마치 14명이나 되는 대가족이었다. 그녀의 아버지와 큰오빠를 제외하고는 모두 두동교회에 출석하고 있었다. 가족과는 달리 기독교를 극심하게 반대하는 그녀의 아버지는 성격이 아주 까다로워 다른 사람의 생각은 들어보려고 하지도 않고, 자기 방식만을 고집하는 아주 완고한 사람이었다.[316]

---

314) 하위렴 시찰구역 18개 교회 가운데 하나로 익산군 성당면 부곡리에 소재해 있었다. 최상식 영수가 교회를 이끌었다.
315) 조선 예수교 장로회 사기(1923)
316) W. B. Harrison, "The Problem of Korean Bride", *The Korea Mission Field*, Vol. 22, No. 1, Jan. 1926, pp. 20

언젠가 교회에서 예배 후 회의가 열렸는데 그날따라 토론이 길어지면서 예정된 시간을 훨씬 넘기고 있었다. 교회에 갔던 가족들이 제시간에 돌아오지 않자 참다못한 그녀의 아버지는 그길로 교회에 달려가 집기(什器)들을 집어 던지며 교회에 불을 지르겠다고 위협까지 서슴지 않던 인물이었다.

심지어 자기 딸의 결혼조차도 당사자인 딸의 의견은 전혀 들어볼 생각을 하지 않고, 유교의 전통 방식대로 하되 모든 것을 아버지인 자신이 결정해야만 직성이 풀리는 사람이었다.

가끔 인근에 사는 부녀자들이 그녀의 아버지를 찾아와 사윗감을 구해준다며 믿지 않는 남자를 소개하기도 했는데 그럴 때마다 그녀는 믿지 않는 남자와는 결혼하지 않겠다고 버티며 자리에 눕기도 하고, 어떤 때는 아예 집을 나가 잠적하기도 했다.

이런 갈등이 이삼 년이나 계속되면서 나이가 18살이 넘도록 그녀의 결혼은 미뤄지고 있었다. 마침 그 무렵 한 중매쟁이가 와서 믿는 청년의 이야기를 꺼내며 혼사를 타진했다. 그녀는 믿는 남자라는 말에 호의를 가지고 마음을 열었는데 마침 그녀의 아버지 역시 그 청년이 사윗감으로 적절하다고 여겼는지 이야기가 나온 지 하루 만에 혼사를 결정해버리고 말았다.

가족들 역시 더할 나위가 없는 잘된 결정이라 여기고 만족하고 있었으나 중요한 사실을 하나 간과하고 있었다. 왜냐하면, 그녀가 입으로는 믿는다고 했지만, 세례는커녕 학습도 받지 않아 교인으로 등록이 되지 않았기 때문에 교회법에 따르면 그녀는 교회에서 예식을 치를 수가 없었다. 사실 그녀는 과거에도 여러 번 학습 문답을 받고자 시도했으나 그때마다 번번이 좌절된 것은 교회에서는 조상에게 제사하는 것을 금지한다는 이유로 그녀의 아버지가 허락하지 않아서였다.

어찌 되었든 간에 그들이 교회에서 결혼식을 올리기 위해서는 우선 그녀가 최소한 학습 교인이 되어야 했다. 다급해진 가족들은 하위렴 선교사에게 결혼식 날짜를 통보하고 학습 문답을 받게 해달라고 재촉했지만, 하위렴 선교사는 이미 예고된 순회 일정을 따라 두동교회에는 2주 후에나 올 수 있는 상황임을 설명하고 결혼식을 그때까지 연기해 달라고 요청했다.

문제는 여기에 있었다. 그 당시 사회적인 관습상 이미 잡아 놓은 혼인 날짜를 연기하자는 이야기는 곧바로 파혼을 의미하는 것이기 때문에 신랑이나 신부 측 어느 쪽에서도 먼저 혼례를 연기하자는 이야기를 꺼내지 못하고 있었다. 양가 모두 혼례식 나흘 전까지 아무런 대책이 없이 속앓이만 하고 있던 차에 하위렴 선교사가 마침 인근 마을을 방문한다는 소식이 들렸다.

> "마침 하위렴 선교사가 신부의 집에서 4마일 정도 떨어진 곳에 밤을 새워야 하는 예기치 않은 일이 발생했는데 하위렴은 그녀에게 기별해 그곳에서 그녀만을 위한 문답을 할 수 있다고 알렸다." [317]

---

317) 위의 책. pp. 20

하위렴 선교사로부터 문답에 참여하라는 통보를 받자 신부의 어머니와 대여섯 명의 부녀자들이 그 밤에 득달같이 신부를 데리고 걸어서 왔다. 예정된 문답은 쉽게 통과되었고, 걱정했던 모든 사람을 만족시키며 예정된 날짜에 교회에서 혼례식을 치를 수가 있었다.

그 시절에만 해도 워낙 유교 전통이 완강하고 남존여비의 뿌리 깊은 인습이 지배하던 시절이었다. 배우자의 선택이 본인의 의사와는 달리 무조건 부모의 의사대로 정해지던 그 시절에, 하위렴은 기독교로 말미암아 여성들도 자신의 의견을 피력해가는 사회적 변화에 주목하기도 했다.

> "최근 들어 조선 여성의 인권상황이 빠르게 변화하고 있습니다. 자신의 의사에 따라 배우자를 선택하는 여성들이 늘어나면서 기독교는 여권신장에 커다란 기여를 하고 있습니다." [318]

애너벨 니스벳 선교사를 추모하다(1920. 6.)[319]

1920년으로 넘어오면서 또 한 사람의 동료 선교사가 순직했다는 안타까운 소식이 들려왔다. 정명여학교 교장으로 사역하던 유애나 Anabel M.

---

318) 위의 책. pp. 20
319) Joseph Hopper, "Annual Meeting of Southern Presbyterian in Korea" *The Missionary Survey*, Vol. 11, No. 1, Jan. 1921, pp. 32
   Joseph Hopper, "Annual Meeting of Southern Presbyterian", *The Korea Mission Field*, Vol. 16, No. 9, Sep. 1920, pp. 194~195

Nisbet[320] 선교사였다. 그녀는 1919년 목포 4·8 만세운동 당시 학생들을 지도하다가 기숙사 계단에서 미끄러져 뇌를 다친 후, 그 길로 일 년 가까이 병석에 누워 지냈으나 결국 회복하지 못하고, 1920년 2월 21일 목포에서 숨을 거두고 말았다.

1869년 1월 19일 테네시주 클락스빌에서 태어난 그녀는 1899년 6월 목사인 유서백John S. Nisbet과 결혼하고 그를 도와 목회를 하다가 1906년 부부가 함께 조선 선교사로 파송되었다. 내한 당시 그녀는 선교부에서 회계업무를 잠시 맡기도 했으나 언어훈련이 끝난 그 이듬해부터는 교육 선교사로 활약하며 전주의 기전여학교와 목포의 정명여학교의 기틀을 마련하는 데 크게 기여하기도 했다.

그녀가 남긴 또 다른 업적 가운데 하나는 1919년에 출판한 'Day In Day Out in Korea(한국에서의 나날)'라는 책을 꼽을 수 있는데, 그녀는 이 책에서 남장로교 초기 선교사들의 활동과 조선인 교회에 대한 4반세기 역사를 수록함으로써 조선 선교의 의의와 그 위상을 해외에 크게 인식시켰다는 평가를 받았다.

---

320) 1869년 테네시주 클락스빌에서 출생. 1875년 클락스빌여자전문대학을 졸업. 교사로 활동하다 1899년 유서백 목사와 결혼 후 1906년 내한 선교사로 파송. 1907년 전주 선교지부에 부임해 기전여학교 교장으로 사역했으며 1911년 목포 정명여학교 교장으로 사역했다

남장로교 내한 선교사 제29차 연례모임을 마치고

하위렴 선교사 부부에게 있어서 니스벳 선교사 부부는 누구보다도 오랜 우정을 나누던 사이였다. 자녀가 없어 오누이처럼 살았던 두 내외는 동갑내기로 비록 하위렴보다는 세 살이 적었으나 오히려 마음으로는 하위렴이 더 그들을 의지하곤 했다.

하위렴이 신흥학교를 설립하고 나서 얼마 지나지 않아 신흥학교 사역을 맡길 때도 니스벳이었고, 1912년 목포지부 시절, 에드먼즈의 병고病苦로 장기간 지부를 선교부를 비워야 할 때도 이들 부부가 영흥학교와 정명여학교를 대신 맡아 주었으며 무엇보다도 미국으로 출국할 당시에도 어린 남매까지 딸린 에드먼즈를 염려해 부산까지 동행해 준 것도 그들이었다. 어찌 보면 하위렴에게 있어서 니스벳 부부는 도움이 필요한 순간마다 나타나 함께해 주었던 수호천사와도 같았다.

항상 남을 돕는 일에 앞장섰던 유애나Anabel M. Nisbet 선교사가 오랫동안 병석에 누워있었음에도 차일피일 미루다 병문안 한번을 제대로 가지 못한 것도 그렇게 후회스러웠을 뿐 아니라 아내를 먼저 떠나보낸 유서백John S. Nisbet 선교사를 볼 때마다 상처喪妻의 고통으로 시달렸던 자신의 아픈 기억이 떠올라 눈시울이 뜨거워지기도 했다.

남장로교 내한 선교사 제29차 연례모임이 1920년 6월 18~29일까지 광주에서 열렸을 때 참석한 선교사 일동은 그녀의 죽음을 추모했는데 하위렴은 "Mrs. Nisbet as a Hostess(도우미로 살았던 니스벳 여사)"라는 제목의 조사弔辭를 지어 그녀의 영혼을 위로하고 선교사의 삶을 함께 기렸다.

하위렴 선교사 내한 선교 25주년 기념 예배(1921. 2. 18) [321]

1921년 2월 18일 금요일 저녁 군산 지부의 선교사들과 구암교회가 마련한 '하위렴 선교사 내한 선교 25주년 기념' 행사는 시작이 되기 전부터 하위렴 선교사를 감회에 잠기게 했다. 1896년 2월 18일 제물포에 도착해 조선에 발을 디딘 때가 엊그제 같은데 벌써 25년이 지났다는 게 도무지 믿겨 지지가 않았다.

다음은 하위렴 선교사 내한 선교 25주년 기념 예배에 참석했던 간호

---

321) Lillie O. Lathrop, "Honor to whom Honor is due", The Korea Mission Field, Vol. 17 No. 5, May. 1921, pp. 98

선교사 래스롭Lillie O. Lathrop이 KMF(The Korea Mission Field)에 기고한 내용을 발췌해 번역한 것이다.

"구암교회 행사장은 마치 성탄절 행사라도 치르는 양 만국기와 등을 달아 한껏 분위기를 돋우고 있었다. 교회 정문을 아치(Arch) 모양으로 장식해 그 위에 '하위렴 선교사 내한 25주년 기념'이라고 써 붙이고, 그 위에 등불을 걸어 글자를 환하게 비추고 있었다.

ㄱ자 모양으로 건축된 교회 내부로 들어서면 한쪽에는 남자, 다른 한쪽에는 여자들의 좌석이 보였고, 꺾이는 구석 쪽에 강단이 놓여있어 모든 회중이 설교자를 볼 수가 있었다. 그러나 좌우로 앉은 남녀는 서로 볼 수 없도록 중간에 분리막을 쳐 놓았다.

한껏 들떠 있는 분위기 속에 먼저 교인이 착석하고 여학교 교사의 오르간 반주에 맞추어 마치 신랑과 신부가 입장할 때처럼 손에 등을 든 양응칠 장로가 하위렴을 인도했으며, 양 장로의 아내와 여학교 학생 하나가 에드먼즈를 강단에 마련된 자리로 인도해 하위렴 선교사의 곁에 앉혔다. 조선에서는 그렇게 일상적이지 않은 예식이었다.

참석한 모든 회중이 일어나 '예수의 전한 복음(The Morning Light is Breaking)'을 함께 부르며 행사가 시작되었다.

예수의 전한 복음 천하에 퍼지니,

어두운 나라 백성 그 말씀 듣도다.
죄인이 믿으려는 마음이 있으니,
반갑게 받는 이들 각 나라 많도다.

찬송이 끝나자 하위렴 선교사의 조사 가운데 한 사람이 등단해 감사가 넘치는 개회 기도를 하고 나서, 이 땅에서 평생을 사역하며 복음 전파를 위해 애쓴 하위렴 선교사에게 감사하며 하나님을 찬양하자 회중에서는 아멘으로 화답했다. 조사와 장로 네댓 명의 축사가 잇달아 있었으며, 남학교와 여학교의 교사와 학생들의 합창으로 분위기가 고조되고 있었다.

특별 순서로 10명의 작은 소년들이 줄을 맞춰 서서 하위렴 내외에게 절을 하고, 진심 어린 사랑과 존경 담아 "Our Dear Teacher"라는 노래를 불렀다. 그들은 보기에도 귀여운 모습이었다. 여학생 하나가 독창을 했으나 너무 회중을 의식했는지 수줍음으로 목소리가 점점 가늘어지기도 했다. 마지막으로 하위렴 선교사가 사역했던 교회들로부터 선물 증정이 있었으며, 하위렴 선교사의 감사의 답사答辭로 행사을 마무리했다."

이 행사에 함께 참석했던 래스롭Lillie O. Lathrop은 그때 받았던 느낌을 다음과 같이 남겨두기도 했다.

"… '아직 사역은 마무리되지 않았습니다(The Work Is Not Yet Done)'라는 제목의 하위렴의 답사는 우리 모두에게 너무도 인상적이었을 뿐 아니라 그 자리에 참석한 선교사와 현지 지도자 모두가 조선에서의 복음 사역에 그

들 각자의 책임감을 새롭게 느꼈을 것이라 확신합니다." [322]

교사 연수회(1921. 3. 28.)

하위렴 선교사가 영명학교 교장으로 재임하던 당시 군산 지부의 주관으로 교사 연수회를 개최하기도 했다. 일단 대상은 선교부 산하 기독교 학교에서 학생들을 가르치는 조선인 교사들로 하되, 교사의 전문성보다는 오히려 교사들의 자세와 자질향상에 중점을 두고, 가장 기본적인 교수법 과정부터 시작하기로 했다.

교사 연수회를 기획한 듀피 선교사는 그때를 이렇게 회상했다.

"오랫동안 우리는 교사들을 위한 지도가 필요하다고 느껴왔습니다. 그러나 이번이 처음 시도였습니다. 대다수 조선인 교사들은 기본적인 교수법에 대한 이해가 없으면서도 자신들의 교수 능력에 스스로 만족하고 있거나 최소한 그렇게 보였습니다. (중략) 우리가 이번 연수회에서 기대하는 것 가운데 한 가지는 그들이 교사로서의 사명을 제대로 깨닫게 해주는 것이었습니다." [323]

전주, 광주, 목포와 군산 선교지부 산하 미션스쿨의 교사들에게 참가

---

322) 위의 책, pp. 98
323) Lavalette Dupuy, "A Teachers' Institute in the Southern Presbyterian Mission", The Korea Mission Field, Vol. 17, No. 5, May. 1921, pp. 108

를 독려하기 위해 왕복 여비까지 선교부에서 부담했는데 초청에 응한 교사들은 남자가 40명 여자가 10명이었다.

3월 28일 월요일 경성에서 내려온 강사가 '교육의 의도와 목적'이라는 주제강연을 하면서 연수회가 시작되었다. 실제 강의는 각 지부에서 교육 사역을 담당하는 선교사들이 과목을 분담해 맡았으며 군산 지부의 하위렴W. B. Harrison과 듀피Lavalette Dupuy, 광주지부의 낙스R. Knox와 클락W. M. Clark, 전주지부의 에버솔F. M. Eversole 등이 진행했는데 연수회에서 다룬 강의의 주제들은 다음과 같은 것들이었다.

교사의 준비/ 일과/ 교실에서의 주의집중과 규칙/ 훈련/ 수업지도 단계/ 평가/ 학부형과 교사의 관계/ 등이었다.

수업 진행은 30분 수업 후 질문과 토론으로 이어졌다. 첫날 저녁 시간에는 학부모와 교사들의 공동관심 주제들을 중심으로 다뤘으며, 그 둘째 날 저녁은 부위렴 선교사가 제언提言하고 토론하는 방식으로 이끌었고, 마지막 날 저녁은 학생들이 옛 서당과 신식 학교를 비교하는 촌극을 준비해 공연했다. 남학생들은 조선 시대 서당교육을 그대로 흉내 내 한자로 쓰인 고전을 외우는 장면을 재미있게 연기하고, 여학생들이 신식 학교에서 수업하는 장면을 그대로 재연해, 보는 사람을 즐겁게 하기도 했다.

"소년들이 마루에 앉아 큰소리로 글을 읽고 나서, 읽었던 글을 다시 외울 때는 훈장에게 등을 돌리고 다같이 노랫가락을 흥얼대는 방식으로 외웠다. 교

사와 학생들이 한 권의 같은 책으로 공부하는 방안에서는 이 방법이 필수적이었다." [324]

"남학생들의 촌극이 끝나자 책을 보자기에 싸서 손에 든 8명의 여학생이 방으로 들어왔다. 그들은 책상에 앉아 조용히 공부하면서 묻는 말에 답변했으며 암기한 것을 요구받았을 때만 암기했다. 학생들을 일일이 살피는 여교사에 의해 진행되는 신식 학교의 수업 방법을 보여주었다." [325]

한편 여학생들은 에드먼즈로부터 틈틈이 배워온 수예 솜씨로 작품으로 만들어 교사 연수회 기간 전시하기도 했는데, 교과 활동 내용과 학생들의 솜씨를 연수회에 참석한 다른 학교의 교사들과 공유함으로써 교사들 스스로가 크게 고무鼓舞되기도 했다.

"여학생들이 그동안 만들었던 수예 작품을 전시하기도 했다. 봄학기 동안 학생들이 만든 것을 보관해 두었다가 전시했는데 (중략) 연수회가 끝날 때 대여섯 명의 교사들이 작품을 한 세트씩 그들의 학교로 가져갈 수 있는지를 묻기도 했다." [326]

비록 3일간의 짧은 연수였지만, 참석한 교사들은 이구동성으로 '강의를 통해 새로운 것을 배웠을 뿐만 아니라 다른 지역 교사들과 교제하며

---

324) 위의 책, pp. 108
325) 위의 책, pp. 109
326) 위의 책, pp. 109

얻은 유익함은 더할 수 없이 좋았다'라고 이야기했다. 비록 교사 연수회는 군산 지부에서 처음 시도해보는 행사였으나 결과는 아주 성공적이었다. 교사 연수를 처음부터 함께 기획하고 참여한 듀피 선교사는 연수회를 다음과 같이 자평하기도 했다.

> "멜볼딘 여학교에서 지난 3일 동안 개최되었다가 어젯밤 마무리되었던 교사 연수회에 대해 말하려 합니다. (중략) 교사 연수회는 너무나 성공적이었고 한국인은 물론 외국인인 우리에게도 커다란 영감을 주었기 때문입니다." [327]

한편 교사 연수회가 진행되는 동안 순천 선교지부 크레인(Crane) 선교사로부터 그동안 당국의 규제로 문을 닫아야만 했던 순천여학교에 대해 문을 열어도 좋다는 허락을 당국으로부터 받았다고 연락이 오자, 그 자리에 있던 선교사들과 교사들이 모두 함께 일어나 박수를 하며 환호하기도 했다. 순천여학교가 문을 닫으면서 군산 스테이션으로 자리를 옮겼던 듀피 선교사는 그 소식을 듣고 누구보다도 기뻐했다.[328]

---

327) 위의 책, pp. 108
328) 성경을 가르치며 총독부의 규정에 따르지 않았다는 이유로 순천여학교가 폐교되자(1916) 교육선교사로 사역하던 듀피 선교사는 군산으로 자리를 옮겼다.

제12장 만종(晩鐘)이 울리는 석양에 서서

세대 교체가 일어나다

1차 세계 대전(1914~1918)의 종전과 함께 열강의 균형이 무너지면서 세계질서가 재편되자 미국은 단숨에 선진국 반열에 올라섰다. 대부분의 제조업시설이 기계화되고 소비재의 생산량이 급증하자 미국은 역사상 경험해보지 못했던 대량소비 사회로 진입하면서 1920년대 미국의 경기는 세계적으로도 최고의 호황을 누리고 있었다.

이미 세계를 주도하는 국가로 굴기崛起한 미국은 국가적으로도 자신감을 획득하면서 세계의 다른 어떤 나라보다도 자신들 앞에 경제적 번영의 길이 펼쳐져 있다고 믿었다.

한편 대량생산 체계에 힘입어 자동차와 같은 내구재가 대중화되자 미국인들은 밀집된 도심(Urban)에서 한적한 교외(Suburban)로 이동을 재촉하면서 훨씬 더 자유스러운 삶을 추구하기 시작했다. 호황을 누리던 미국인에게 주어진 분방한 삶은 그들의 의식에도 엄청난 변화를 몰고 왔으며 1920년대 미국은 그야말로 '위대한 개츠비The Great Gatsby[329])'로 대변되는 '격변과 성장'의 시대를 맞고 있었다.

격변과 성장의 시대를 마주했던 세대가 서서히 무대에 등장하는가 싶더니 급기야 미국은 모든 분야에서 예전에 예상해 보지 못한 급격한 세대교체로 이어지고 있었다.

내한 선교사들만을 놓고 보더래도 1920년을 중심으로 그 이전에 내한했던 초기 선교사들과 이후로 내한한 선교사들은 분위기에서부터 확연한 차이를 느낄 만큼 사뭇 달랐다.[330])

예를 들면 인돈William A. Linton 선교사와 결혼식(1922. 6. 10.)을 올리고, 그해 군산에 부임하던 유진벨의 딸 샬롯Charlotte W. Bell, Linton[331])이 그 시절을 회상하며 쓴 글을 읽어보자.

---

329) 미국의 작가 F. 스콧 피츠제럴드가 1920년대 미국 뉴욕을 배경으로 쓴 소설. 제1차 세계대전의 승리 이후 물질적으로는 엄청난 풍요를 누리게 되었지만, 도덕적, 윤리적으로는 타락한 미국 사회의 치부를 드러내며 소위 아메리칸 드림의 타락과 절망을 담아 냈다.
330) 1세대인 Lewis B. Tate/최의덕(1862), William M. Junkin/전위렴(1865), William D. Reynold/이눌서(1867), William B. Harrison/하위렴(1866), Eugine Bell/배유지(1868) 등에서, Alexander M. Earle/어아력(1873), William F. Bull/부위렴(1876), Finley M. Eversole/여부솔(1879), William M. Clark/강운림(1881), Samual D. Winn/위인사(1881) 등으로 이어지고 있었으며 2세대인 Elmer T. Boyer/보이열(1883), John McEachern/매요한(1884), William A. Linton/인돈(1891), John B. Reynolds/이보린(1894) 등이 뒤따르고 있었다.
331) 1922년 6월 10일 일본에서 인돈과 결혼식을 마치고 한국으로 돌아와 아버지가 있는 광주에 머무는 동안, 마침 그때 광주에서 열리는 선교부 연례대회에 참석하기도 했다. 대회가 끝나고 곧바로 6월에 군산 선교지부에 부임했다.

"모든 것이 새로웠습니다. 남편과 같이 사는 것도 새로웠고 군산이라는 지역도 새로웠습니다. 그곳에서 인돈이 어떻게 살고 있었는지도 아주 궁금했습니다. 이리역에 내리자 남편이 사역하는 영명학교 선생들과 몇몇 선교사가 마중을 나와 있었습니다. 군산으로 이어지는 기차가 없던 때라 하위렴 선교사 부부의 사륜마차를 타고 갔습니다. 회색 벽돌집으로 된 하위렴의 집에 가기 위해서는 좁은 다리를 건너야 했는데 사륜마차가 다리 앞에 도착하자 다리 앞에서 하위렴 부인은 조심스럽게 내려서 걸어갔습니다." [332]

한편 가마를 타고 밤늦게 한양에 당도한 데이비스 선교사 일행이 밧줄을 타고 성벽 담을 넘었다는 이야기라든가, 제물포에서 10여 일에 걸친 항해 끝에 겨우 군산에 도착했다는 전킨 선교사의 이야기와 비교하면 1920년대 인돈과 샬롯의 부임 이야기는 그야말로 격세지감隔世之感이었다.

인돈 부부의 귀환

군산 3·5 만세 운동 직후 안식년을 맞아 미국으로 건너갔던 인돈이 3년 만에 돌아온다는 소식이 들렸다. 그것도 유진 벨의 딸 샬롯Charlotte W. Bell, Linton/인사례과 결혼해 부부 선교사로 군산에 부임한다는 소식에 하위렴은 지나간 세월을 파노라마처럼 눈앞에 떠올려 보았다.

---

332) 오승재, "인돈 이야기" 한국장로신문, 제1277호, 2011년 6월 4일

아내 로티Lottie W. Bell를 졸지에 잃은 유진 벨이 어린 자녀(헨리, 샬롯)들의 양육을 걱정하며 미국으로 돌아가던 때가 엊그제 일 같았다. 그 당시 겨우 걸음마를 떼던 그 딸이 인돈 선교사의 아내가 되어 자신과 함께 사역하게 되리라고는 생각해 본 적조차 없었다.

인돈 부부가 서울에서 기차를 타고 내려온다는 날, 하위렴은 직접 마차를 몰고 이리역까지 나갔다. 호남선이 이리까지 개통이 되어있었고, 이미 전주와 군산 간에는 신작로가 포장까지 되어있어 예전에 비해 통행이 훨씬 수월하던 때였다.

선교사들이 이동 수단이었던 4륜 마차

인돈과 샬롯이 합류하면서 이미 부임해 있던 매요한John McEachern, 이보린John B. Reynolds[333] 등 비슷한 또래의 젊은 세대들로 지부가 채워지면서 새

---

333) 이눌서의 아들 한국에서 태어나 미국에서 교육을 받고 1918년 내한해 교육선교사로 영명학교 교사로 사역하고 있었다.

로운 활력이 넘치고 있었다. 젊은 선교사들이 남장로교 해외 선교부에 자동차의 필요성을 강력하게 요구할 때도 이 무렵이었다.

"최선의 사역을 위해서는 각 지역 선교부에 최소한 한 대의 차량이 필요합니다. 다섯 선교부 가운데 네 선교부가 이미 차량을 마련해 두었으나 군산 선교부의 사역자들은 여전히 말을 타고 다니며 순회하고 있습니다. 복음을 전해야 할 시간에 왜 걷거나 말 등에 올라앉아 소비해야 합니까?" [334]

4차 안식년(1922~1924)

인돈이 미국에서 돌아와 영명학교에 부임하던 해(1922), 이번에는 하위렴 부부가 다시 안식년을 맞았다. 내한 선교사로서 4번째 맞는 안식년이었다. 어찌 보면 마지막 안식년이 될 수도 있다는 생각이 들었다.

교육선교사로 전문적인 사역을 준비해온 인돈에게 영명학교를 다시 맡기고, 하위렴은 안식년 기간 비우게 되는 자신들의 숙소도 그들에게 내어주었다. 하위렴의 친절한 배려에 샬롯은 그때의 일을 이렇게 회상했다.

"2~3일 동안은 의료선교사 손배돈의 집에서 지내는데 마침 하위렴 부부가

---

334) Mrs. Robert Knox, "All Night in a Ford" *The Missionary Survey*, Vol. 12, No. 1, Jan. 1922, pp. 29~30

안식년으로 귀국하게 되어 우리 부부가 원한다면 그 집에 머물러 있어도 된다고 했습니다. 우리는 하위렴 선교사의 집에 머물기로 정했습니다. 우리가 들어갈 수 있는 다른 한 집은 바람이 센 곳에 있었기 때문이었습니다." [335]

그해 7월 8일 가족과 함께 고베에서 증기선을 타고 미국으로 돌아가면서도 종래 마음 한구석은 편치가 않았다. 1919년 3·1만세 운동 이후 극심해진 일제의 탄압으로 조선의 상황이 더욱 어려워지고 있었기 때문이기도 했지만, 개인적으로도 눈에 띄게 몸이 쇠약해지고 있었기 때문이었다.

미국에 돌아오자 주변의 친지들은 모두가 반겼으나, 한편으로는 크게 쇠약해진 모습을 보고 하위렴 내외의 건강을 크게 염려하고 있었다. 건강을 잃고 중도에 사역을 포기하는 선교사들의 사례를 본인도 종종 보아 왔던 터라 자신의 사역에 대한 지속 여부를 결정해야 하는 기로에 서서 그는 묵상과 기도를 통해 하나님의 인도하심을 구했다.

리더십의 이양을 촉구하다(1923)

안식년으로 미국에 머무는 동안에도 선교잡지인 〈The Missionary

---

335) 오승재, "인돈 이야기" 한국장로신문, 제1277호, 2011년 6월 4일

Survey)³³⁶⁾ 에 '조선 선교에 있어서 리더십 이양移讓'에 대한 구체적인 의견을 기고하면서 그 시기가 더 이상 늦어지지 않도록 교단과 해외 선교부에 관심을 촉구하기도 했다.³³⁷⁾

조선인들로 하여금 조선 교회를 이끌어 가게하고 선교사들은 점진적으로 뒤로 물러서야 할 때임을 환기換氣시키면서 그 시기가 너무 빨라서도 안 되겠지만, 그렇다고 필요 이상으로 늦춰져서도 안 될 것이라 주장했다. 한편 과거 한국 교회가 채 조직도 되기도 전에 이미 어떤 분야에서는 현지 교회 지도자들과 주도권을 놓고 논쟁했던 사례를 언급하면서 그 당시 교회의 안정화를 해친다는 이유로 시기를 놓쳐버렸던 사실을 지적하고 지금이야말로 리더십을 과감하게 이양해야 할 시점임을 역설했다.

"그는 리더십 이양을 해야만 하는 이유로 노회와 총회를 포함한 모든 상회 조직에 대부분 예외가 없이 한국인으로 채워지고 있는 현실을 언급하면서 이런 현실을 보면서도 '왜 당신은 이 외국인들로 하여금 당신을 다스리도록 합니까?'라는 질문을 한다면 그것은 누구에게도 자극을 주지 못하는 질문일뿐더러 전혀 현실성이 없는 이야기가 될 것이라고 주장했다." ³³⁸⁾

최근에만 해도 평양신학교를 졸업하고 안수받은 네 사람의 목회자가

---

336) 버지니아 리치몬드(Richmond, VA)에 소재한 남장로교 총회 출판국에서 발행했던 선교잡지.
337) W. B. Harrison, "The Beginning of the End in Korea", *The Missionary Survey*, Vol. 13, No. 2, Feb. 1923, pp. 135
338) 위의 책, pp. 135

이 지역에서 사역하고 있음을 예로 들면서 리더십 이양의 시의(時宜) 적절성을 피력했다. 현재 군산 선교지부 순회지역에만 해도 23명이나 되는 현지 목사들이 활동하고 있는 것을 볼 때, 리더십 이양을 서두르는 것이야말로 내한 선교부가 당면한 임무이며 자전, 자립, 자치 등의 네비우스의 원칙을 실천하는 '마지막의 시작(The Bigining of The End)'이 될 것이라는 의견을 제시하기도 했다.

평양신학교를 졸업하고 군산 지부 산하 지역교회에서 사역하는 네 사람의 한인 목회자[339]

해리 로디스(Harry A. Rhodes)[340]의 군산 방문(1924)

하위렴이 안식년으로 자리를 비우는 동안 북장로교 해외 선교부 실행위

---

339) 하위렴 선교사의 안식년을 전후해서 평양신학교를 졸업하고 안수받은 네 사람의 목회자. 이름을 밝혀 두지 않은 점이 아쉽다.
340) 프린스턴신학교와 프린스턴대학교에서 공부했으며 북장로교 해외 선교부 실행위원회 위원, 연희전문학교 교수, 조선 예수교서회 편집위원 등으로 활약했다.

원이던 해리 로디스의 군산 방문기는 남장로교 내한 선교사가 아닌 제삼자의 눈으로 군산 선교를 바라보는 것이어서 상당히 흥미롭기까지 하다.

그는 군산 지부에 대한 첫인상을 말하면서 남장로교 다른 지부에 비해 관할 지역이 그렇게 넓지도 않고, 스테이션이 도심 인프라에서 떨어져 있다는 결점에도 불구하고 1922년 기준으로 75개의 교회에 5,000여 명의 교세를 이루며, 성인 세례교인만 1,500명에 이르는 부흥에 그는 크게 놀라워했다.

"바다로 흘러 들어가는 강을 내려다보는 아름다운 언덕에 위치에 있긴 하지만 도심 외곽에 자리를 잡고 있어 정거장이나 우체국과 같은 인프라와 거의 3마일이나 떨어져 있어 불편함과 장애가 유감이라고 말하면서, 그래도 당시 인구가 2만 5천에서 3만 정도 되는 군산에서 등록 교인이 천여 명이나 되고, 그중에 7~8백 명 정도가 매주 주일예배에 참석하고 있는 구암교회는 한국에서 가장 매력적인 교회 가운데 하나일 것……" 341)

그는 마침 군산 스테이션에서 개최한 대사경회에 참관하기도 했는데 예년 평균 참가인원보다 훨씬 많은 4백여 명이나 참석해 성황을 이룬 사경회는 매일 5시 30분에 새벽 집회로 시작해 오전에 성경공부 2개 반과

---

341) Harry A. Rhodes, "A Visit to Kunsan" *The Korea Mission Field*, Vol. 20, No. 3, Mar. 1924, pp. 54
Harry A. Rhodes, "A Visit to Kunsan" *The Presbyterian Survey*, Vol. 14, No. 7, Jul. 1924, pp. 476~477

주제토론 1시간, 그리고 오후에 다시 성경공부로 이어지고 있었으며 저녁 집회에는 여성을 포함해 지역교회 교인들까지 참석했는데 자그마치 참가인원이 새벽 집회에 5백여 명, 저녁 집회가 7백여 명이 넘게 모이는 뜨거운 열기에 놀라기도 했다.

그가 인상 깊게 본 또 하나의 사역은 손배돈Jacob B. Patterson 박사의 의료사역이었는데 명문 의대 출신의 손배돈은 실력이 있는 의사이면서 추진력 또한 대단해 여러 가지 어려운 상황에서도 병원시설을 크게 확충했을 뿐 아니라, 진료의 수준까지도 크게 끌어올려 구암병원을 세브란스에 버금가는 큰 병원으로 키워냈다고 썼다.

> "그가 부임했을 때 아주 작았던 진료소 병동이 그동안 확장을 거듭해 지금은 선교부 언덕을 빼곡히 덮을 정도였다. (중략) 현대식 부엌과 세탁실까지 설치해 두었으며 병원에는 80~100명 정도 조선인들이 고용되어 있었고……"

> "그동안 손배돈과 조선 간호사들은 매년 5백여 명 정도 마취 수술을 했으며 그들이 돌보는 환자는 어림잡아도 연간 2만 5천여 명에 달할 정도였다. …… 심지어 그는 정거장과 시가지가 의 3마일이나 떨어진 병원에서 일하면서도 그는 조선에서 가장 큰 (남장로교) 선교 병원을 세웠다." [342]

---

342) 위의 책, pp. 55

그는 군산 선교지부를 방문하고 느낀 점을 정리하면서 "지난 25년 동안 군산에서 거둔 놀라운 결실은 씨 뿌리고, 가꾸고, 돋우며 수고한 모든 사역자의 결과라는 것을 언급하지 않을 수가 없다"라고 하면서 말을 마쳤다.

의료선교가 바로 복음 사역으로 연결되면서 하위렴과 손배돈이 함께 동역했던 이 시절은 군산 지부가 최고의 전성기로 정점을 찍던 시절이었다.

안식년을 마치고(1924. 8.)[343]

하위렴은 켄터키와 노스캐롤라이나와 테네시, 아칸사스 주의 교회들을 순회하며 일제의 탄압 아래 고통을 당하는 조선의 상황을 설명하고 한국 교회를 위한 기도와 지원을 요청하며 그의 안식년의 많은 시간을 보냈다. 그는 온전히 회복되지도 않은 몸으로 1924년 8월 28일 캐나다 밴쿠버에서 출발해[344] 일본을 거쳐 조선에 돌아왔다.

유진 벨의 사망 소식을 듣다

이야기를 잠깐 유진 벨에게로 돌려보자 유진 벨은 하위렴과 동향으로

---

343) "Notes and Personals", *The Korea Mission Field*, Vol. 20, No. 10, Oct. 1924, pp. 220
"Missionary Arrivals and Departures", *The Presbyterian Survey*, Vol. 14, No. 10, Oct. 1924, pp. 668
344) 1924년 8월 28일 캐나다 밴쿠버에서 러시아 황후(Empress of Russia) 호에 승선했다.

센트랄대학(Richmond, KY) 2년 후배였으나 신학교는 하위렴보다 2년 먼저 졸업했으며 선교사 파송 역시 하위렴보다 1년이 빨랐으나 조선 사역을 함께 하는 동안 가장 가까운 친구로 지내던 사이였다.

1893년 내한해 목포지부에서 사역하던 유진 벨 선교사는 1901년 부인 로티를 잃고, 1904년 마거릿 불(Margaret Bull)과 재혼했는데, 마거릿은 군산에서 사역하던 부위렴 선교사의 여동생이었다.

그 후 1904년 광주에 지부가 개설될 때 광주로 옮겨온 벨 부부는 이듬해 양림동에 근대식 병원 제중원을, 1908년에는 광주 숭일학교와 수피아 여학교를 설립했으며 양림교회 역시 설립 6년 만에 성도가 오백 명이나 될 정도로 지역 선교에 혼신의 힘을 다했으나, 1919년에 불의의 교통사고를 당해 마거릿을 잃고 말았다.

내한 선교 중 아내를 두 번씩이나 잃은 유진 벨의 충격은 이루 말할 수가 없었다. 이 일로 미국으로 돌아갔던 유진 벨은 3년 동안이나 칩거하며 선교를 접고 있다가 1922년 3월에 다시 한국으로 돌아왔다. 하위렴이 안식년으로 미국에 돌아가기 3개월 전이었다.

하위렴이 안식년을 마치고 들어온 그 이듬해인 1925년은 유진 벨의 한국선교 32년이 되던 해였다. 그해 6월 21일 목포에서 열린 선교사 연례회의에 참석하고 있던 유진 벨 선교사가 급작스런 발작을 일으키며 쓰러지고³⁴⁵⁾ 말았다. 그는 혼수상태로 병상에서 3개월을 버티다 다시 일어나지 못하고, 안타깝게도 1925년 9월 28일 57세의 나이로 광주에서 사망하고 말았다.³⁴⁶⁾

유진 벨이 사망했다는 소식에 가장 충격을 받은 이는 하위렴이었다. 누구보다 조선을 사랑했던 유진 벨의 죽음에 조선 선교의 큰 별이 지고 말았다며 친구의 죽음에 오랫동안 애통해하기도 했다.

---

345) "Notes and Personal", *The Korea Mission Field*, Vol. 21, No. 7, Jul. 1925, pp. 158
346) "Notes and Personals", *The Korea Mission Field*, Vol. 21, No. 10, Oct. 1925, pp. 233

제6부

달려갈 길을 마치고

(딤후 4:7)

제13장 하위렴을 추모(追慕)하며

32년 조선 사역을 마치다

1924년 안식년을 마치고 군산 지부에 복귀한 하위렴은 그 전보다 더 열심히 동부 시찰의 지역교회들을 순회했다. 군산에 돌아와 2~3년 그는 당회장이 공석인 교회들을 맡아 이끌며 순회 사역에 매진했으나 1926년부터는 더 이상 사역을 감당하기 어려울 정도로 급격히 몸이 쇠약해져 갔다.

그해 열렸던 선교부 연례회의에서는 하위렴의 건강을 고려해 순회지역을 조정하고 부여군 등의 5개 교회[347]를 하위렴의 동부 시찰에서 매요한 선교사가 담당하는 북부 시찰로 옮겼으며 그동안 하위렴이 당회장을 맡았던 교회들도 매요한 선교사가 대신하게 했다.[348] 1927년에 들어서

---

347) 부여군 양화면 초왕교회, 부여군 충화면 지석교회, 부여군 충화면 오덕교회, 부여군 임천면 옥곡교회, 부여군 세도면 청포교회.
348) '예수꾼의 뚝심', 동련교회 90년사, 1990, pp.166

면서부터 그는 거동조차 불편해지고 있었다.

그해 3월 광주에서 열린 내한 선교부 임시회의에 참석한 그는 자신과 에드먼즈의 건강을 위해 기도를 요청했다. 선교부에서는 하위렴의 순회 사역을 쉬게 하고, 스테이션 구내에서만 머물며 학교와 병원 관리만 할 수 있도록 배려했다. 그의 건강은 하루가 다르게 악화해 가고 있었다. 하위렴은 자신의 생이 얼마 남지 않은 것을 예견하고 조선에서의 사역을 정리하면서 자신의 은퇴를 노회에 통보했다.

1928년 1월 2일 제21회 임시노회가 구암교회에서 열렸을 때 노회장은 하위렴 선교사 내외의 한국선교에 대한 약력을 보고하고, 그의 사역에 함께하신 하나님께 감사하며 그의 은퇴를 공표하자, 참석했던 노회 회원 일동이 기립박수로 그의 노고를 기렸다. 노회에서는 그의 조선 선교사역에 깊은 감사를 표했으며 그의 귀국을 환송하기 위해 대표단을 꾸려 부산까지 동행하기로 하고, 그와의 작별을 아쉬워했다.[349]

하위렴은 1896년 30세의 나이로 내한해 32년간의 조선 사역을 마감하고, 그의 나이 62세가 되던 해인 1928년 미국으로 영구 귀국했다.

---

349) Mr. and Mrs. W. A. Linton, "Rev. William Butler Harrison", *The Korea Mission Field*, Vol. 25, No. 7, Jul. 1929, pp.154

세계주일학교 연맹참가에 김중수를 추천하다

주일학교 사역은 내한 선교사들이 1905년 선교사 공의회를 조직할 때부터 주일학교위원회를 설치할 정도로 선교 초창기부터 관심을 기울였던 사역이었다. 1911년 4월 세계주일학교연합회에서 파송한 브라운F. H. Brown 목사의 자문을 얻어 세계기구와 연결을 맺고, 조선주일학교연합회[350]를 발족했다. 1922년부터는 선교사 공의회 산하에서 벗어나 조선인이 포함되는 연합체로 발돋움하고 있었다.

선교사 공의회에서는 주일학교연합회에 조선인 지도자가 필요하다는 점에 공감하고 실무 참여를 적극적으로 지원하기 위해 지도자양성에 힘을 기울이던 시기였다.

하위렴은 은퇴 귀국하면서도 자신이 키우고 눈여겨 보아왔던 김중수 목사[351]를 LA에서 개최되는 세계주일학교연맹 대회에 참가시키기 위해 노회에 추천한 것도 이런 배경에서 비롯되었다. 쇠약한 몸이었으나 김중수 목사의 출국을 주선하고[352] 자신은 1928년 7월 4일 안식년을 맞은 인돈의 가족과 함께 고베에서 코리아 마루(Korea Maru)호에 동승해 7월

---

350) 주일학교연합회는 주일학교 교재로 1927년부터 『계단공과』를 출판했으나, 일제에 의해 요시찰 모임으로 지목되면서 1938년 해체되었다가 광복을 맞아 1947년 재조직되었으며 1948년 총회에서 '대한기독교교육협회'로 개칭했다.
351) 하위렴의 추천으로 신학을 하고 목사가 된 김중수 목사는 그 당시 동련교회(1926~1928)에서 시무하고 있었다.
352) 김중수 목사는 하위렴 선교사보다 먼저 일본으로 가 Tenyo Maru(天洋丸)를 타고 1928년 7월 6일 샌프란시스코에 도착했다. 7월 20일 도착한 하위렴 일행과 합류했다.

20일 샌프란시스코에 도착했다.

소천(1928. 9. 22.)

그리고 귀국 후 두 달 뒤인 9월 22일, 하위렴은 62세를 일기로 루이빌에 소재한 침례교병원에서 하나님의 부르심을 받았다.[353] 그의 얼굴은 영광으로 변모한 스데반의 얼굴처럼 빛나고 있었다.

그때 가족들과 함께 그의 임종을 지켜보았던 인돈은 하위렴의 복된 죽음을 이렇게 묘사했다.

"He heard his beloved Master's call to Come up higher."
"그는 사랑하는 주님이 높은 곳으로 올라가자고 하는 부름을 들었습니다."
[354]

하위렴이 눈을 감으며 부름에 임하는 순간 에드먼즈가 머리맡에서 그의 손을 잡고 평소에 그가 즐겨 부르던 찬송 '후일에 생명 그칠 때(Some Day the Silver Cord Will Break)'[355]를 조용히 불렀다.

후일에 생명 그칠 때 여전히 찬송 못하나

---

353) "Death of Rev. W. B. Harrison", *The Korea Mission Field*, Vol. 24, No. 12. Dec. 1928, pp. 252
354) Mr. and Mrs. W. A. Linton, "Rev. William Butler Harrison", *The Korea Mission Field*, Vol. 25, No. 7, Jul. 1929, pp.154
355) 찬송가 295장, F. J. Crosby 작곡

성부의 집에 깰 때에 내 기쁨 한량없겠네

내 주 예수 뵈올 때에 그 은혜 찬송하겠네

내 주 예수 뵈올 때에 그 은혜 찬송하겠네

그녀가 찬송을 다 불렀을 때 그녀의 손을 잡으며 하위렴이 남긴 마지막 말은 '승리(Victory)' 그리고 '주께 감사(Thank to the Lord)' 두 마디였다. 평생을 달려온 조선 선교의 긴 여정을 끝내는 순간에도 그는 조선을 생각하고 교회를 생각했다.

그의 유해는 고향 켄터키 레바논(Levanon, KY)에 있는 라이더 공동묘지(Ryder Cemetry)에 안장되었다.

하위렴(William B. Harrison)과 에드먼즈(Margaret J. Edmunds)의 묘지

하위렴이 소천한 그 이듬해인 1929년 5월 30일 전북노회에서는 하위렴 선교사 선교 생애를 추모하고, 그의 34년 조선 선교를 기념했으며, 그

해 7월 인돈 선교사 부부 역시 〈Korea Mission Field〉에 하위렴의 약력과 추모사를 써서 그의 선교행적을 기렸다.[356]

"Servant of God, well done!
Rest from thy loved employ
The battle fought, the victory won,
Enter thy Master's joy."

"충성된 하나님의 종이시여,
당신은 맡은 바 소임을 온전히 끝내셨습니다.
이제는 모든 수고와 짐을 내려놓고 쉬시기 바랍니다
선한 싸움을 싸우고 승리를 쟁취하셨으니
이제는 주님이 주시는 기쁨을 누리시기 바랍니다"

한편 1904년부터 25년 동안 내한 선교사로 활약하며 남편 하위렴과 20년을 함께 동역했던 조선에서의 사역을 평생의 긍지로 여기던 에드먼즈는 남편이 사망한 후에도 고향인 캐나다로 돌아가지 않고, 아들이 다니는 대학 근처로 이사해 노스캐롤라이나 무어스빌(Mooresville, NC)에서 생애를 보냈다.

---

356) Mr. and Mrs. W. A. Linton, "Rev. William Butler Harrison", *The Korea Mission Field*, Vol. 25, No. 7, Jul. 1929, pp.153-54

1945년 일본의 패망과 함께 조선의 해방 소식을 들은 그녀는 조선에서의 추억을 떠올리며 자기의 일처럼 기뻐했다. 그해 10월 12일 74세의 일기로 하나님의 부르심을 받았다. 그녀의 유해 역시 남편의 고향(Levanon, KY)으로 돌아와 하위럼 곁에 안장되어 있다.

제14장 자녀들의 이야기

셀리나 해리슨(Margaret S. Harrison)

하위렴 선교사와 에드먼즈가 2차 안식년을 마치고 목포에 부임하던 그해 1909년 10월 3일 딸 마가렛 셀리나 해리슨Margaret S. Harrison이 태어났다. 셀리나는 목포에서 태어나 군산에서 자라고 평양에서 학교에 다녔다. 1927년 평양외국인학교를 졸업하자 트랜실바니아Transylvania 노회 소속으로 광주에서 선교사 자녀를 가르치는 사역을 맡아 1927~28년 2년 동안 광주에서 활동했으나[357] 아버지 하위렴 선교사가 은퇴해 귀국하던 1928년 그녀도 가족들과 함께 미국으로 돌아갔다.

하위렴이 사망하고 그 이듬해 1929년 플로라 맥도날드대학Flora Mcdonald College에 입학해 음악을 공부했으나 생전에 아버지의 바람과는 달리 선교

---

357) "Notes and Personals", *The Korea Mission Field,* V. 23, No. 11, Nov. 1927, pp. 242

사로 다시 돌아오지 못하고 그녀는 어머니 에드먼즈와 함께 노스캐롤라이나에 살았다. 1945년 어머니 에드먼즈마저 세상을 떠나자 그녀는 캘리포니아로 이주해 살다가 1964년 54세 늦은 나이에 결혼했으나 1991년 81세 나이로 사망했다. 죽기 몇 해 전 아버지의 고향 켄터키로 돌아와 하위렴의 모교회인 레바논장로교회 섬기다가 부모님 곁에 묻혔다.

하위렴 선교사의 딸 마거릿 셀리나 해리슨(Margaret S. Harrison)

찰스 해리슨(Charles W. Harrison)

1911년 7월 27일 목포에서 태어나 군산에서 자란 아들 찰스 윌리엄 해리슨Charles W. Harrison도 평양 외국인 학교를 졸업하고 아버지 하위렴 선교사의 은퇴 귀국 당시 가족들과 함께 미국으로 돌아가 곧바로 노스캐롤라이나 데이비슨 칼리지Davidson College에 입학했다. ROTC로 졸업하던 그 해(1932) 그는 해병대 장교로 임관해 2차대전에도 참전했다.

한국에서 6·25 전쟁이 발발했을 때 유엔군의 참전이 결정되자 일본에 주둔하고 있던 미 해병 1여단[358]이 제일 먼저 한국에 급파되었다. 마침 이때 해병 1여단에 소속되어 있던 찰스 해리슨 중령은 유창한 한국어 덕분에 여단장이던 크레이그Edward Craig 준장의 연락장교가 되어 곧바로 인천상륙작전에 참여하기도 했다. 1962년 대령으로 예편 후 1985년 73세로 캘리포니아 비스타Vista, CA에서 여생을 마쳤으며, 리버사이드Riverside 참전용사 국립묘지에 안장되었다.

슬하에 아들 로버트Robert W. Harrison와 딸 수잔Susan E. Frandsen 2자녀를 두었다. 그는 평생 조선 선교사로 헌신했던 아버지를 존경했으며 자신의 한국전 참전을 자랑으로 여겼고, 언제나 한국을 추억하며 그리워했다.

Charles Harrison의 Davidson College 졸업앨범 사진

---

358) UN군이 파병되기 직전 미 해병 1사단 5연대와 해병 항공대로 구성된 6,500명 규모의 해병 1여단(The U. S. 1st Marine Brigade)은 8월 1일 부산에 먼저 상륙했다. 여단장 에드워드 크레이그(Edward Craig) 준장이 지휘하는 해병 1여단은 진동리, 고성, 장촌리등지에서 눈부신 활약을 해서 낙동강 방어선을 지켜냈다. 인천상륙작전을 위해 올리버 스미스(Oliver P. Smith) 소장 휘하 해병 1사단(The U. S. 1st Marine Division) 본대가 도착하자 해병 1여단은 사단에 합류되어 장진호 전투를 수행했다.

Charles W. Harrison의 묘비 : 2차 대전과 한국전 참전이 기록되어 있다

지난 2011년 이화여자대학교 간호학과에서 마련한 에드먼즈 탄생 140주년 행사에 에드먼즈의 자손들을 초청해 에드먼즈의 공적을 함께 기렸다. 손자 로버트 해리슨Robert W. Harrison과 손자며느리 캐롤Carol J. Harrison, 손녀 수잔Susan E. Frandsen과 증외손자 러셀Russell T. Frandsen이 참석해 내한 선교사로 한평생을 한국에서 헌신한 에드먼즈와 하위렴의 선교사역을 돌아보기도 했다.

나가며…

　　남북전쟁이 끝난 이듬해(1866) 켄터키의 경건한 장로교 가정에서 태어나 어린 시절을 보낸 하위렴은 학창 시절 당시 대학을 휩쓸고 있었던 '세계선교학생자원운동(SVM)'을 만나면서 하나님의 부르심을 들었다. 갈등의 터널 끝에서 만난 한 줄기 빛이었다. 그는 지체없이 변방의 오지 조선 선교의 길을 택하고, 이 땅 조선에서 생애를 살라 그리스도를 꽃피우고자 했다.

　　공교롭게도 그가 내한해 활동하던 시기는 열강의 침략으로 나라를 잃고 조선이 식민지로 격하되던 시기였지만, 그는 조선 선교를 개간開墾하고 외진 구석에서도 복음을 들고 송가頌歌를 부르며 꼿꼿이 전도자의 길을 걸었다.

　　그는 남장로교 선교부에서 세운 3개 선교지부를 번갈아 가며 사역하면서도 단지 복음 사역에만 머무르지 않고, 다양한 은사와 추진력으로 지부가 당면한 실질적 과제를 수행했으며 스테이션 조성에 놀라운 역량을 발휘해 호남선교의 기반을 구축했다.

세 곳의 선교지부가 이미 테이트와 전킨 그리고 유진 벨에 의해 각각 시작되었다면 공교롭게도 세 지부 모두 하위렴에 의해 골격이 세워지고 안정화되고 있다는 점에 주목할 필요가 있다.

- 테이트에 의해 은송리 완산에 세워진 선교지부를 화산 일대로 옮겨 새롭게 조성하고 진료소는 잉골드에게, 그리고 자신의 집에서 시작한 학교를 독립된 교사로 옮겨 명실공히 신흥학교를 설립했으며 그것을 다시 니스벳에게 인계한 점.

- 1905년 19명이던 세례자가 한 해 만에 108명으로 증가하고 학습자도 102명에서 236명으로 늘어날 정도로 성장을 이룬 점

- 전킨과 사역지를 교체하고 군산에 부임해, 중단되었던 스테이션 조성공사를 마무리한 점.

- 목포 양동교회를 재건축해 호남 최초의 목회자 윤식명을 세워 리더십을 이양하고 교회를 크게 부흥시킨 점과 영흥학교와 진료소를 포함한 스테이션 조성공사를 마무리하고 목포선교를 정상화 시킨 점.

- 다시 군산으로 돌아와 3·5 만세 후 폐교 직전의 영명학교를 수습해 정상화시키고, 손배돈 선교사와 함께 구암병원을 전국 최고의 병원으로 키운 점과 무엇보다 1922년 기준 지부 내 75개의 교회에 5,000명의 교세로 크게 성장시킨 점.

이렇게 세 지부를 넘나들며 광범위한 사역을 수행하면서도 빈틈을 보이지 않았던 그의 리더십에 다시 한번 놀라지 않을 수가 없다.

무엇보다도 해박한 지식에 기초한 그의 리더십은 스테이션의 기틀을 다지는데 크게 기여했을 뿐 아니라 장로교 정치에 대한 거시적 인식 속에 조직과 기능을 보게 하고 더 나아가 개교회의 제도적 운용의 모범을 일깨워 주기도 했다.

1915년 군산지부로 복귀한 이후로 그의 순회사역의 주 무대는 동부 시찰의 부여와 익산의 교회들이었다. 그는 이곳에서 조선을 떠나던 마지막 순간까지도 복음을 들고 목말라하는 조선의 영혼들을 찾았으며, 끊임없이 위로와 사랑으로 다가가 지역교회를 돌보았다.

자신의 남은 삶을 예견했던 걸까? 숨 가쁘게 뛰었던 34년간 조선에서의 편력遍歷을 마무리하고 그는 1928년 미국에 돌아간 지 2개월 만에 부르심을 받고, 켄터키의 한 병원에서 선교사의 삶을 마감했다.

하위렴의 임종을 지켜보았던 인돈은 그의 조선 사역을 기억하며 이렇게 추모했다.

"자기 관할 구역에 교인이나 교회가 하나도 없던 시절부터 오백 개가 넘는 교회에서 2만 2천 명이 넘는 교인이 모여 예배를 드리고 있는 오늘날까지 이

위대한 사역을 나눠 감당해온 하위렴의 사역은 개척자의 그것이었다." 359)

그렇다! 그는 개척자의 삶으로 오직 조선 선교 한 길만을 걸으며 조선의 영혼을 사랑했던 선교사였다.

몇 해 전 필자가 찾은 하위렴의 고향 마을은 마치 한 폭의 수채화처럼 펼쳐져 있었다. 하늘까지 맞닿은 광활한 초원에는 푸르디푸른 잔디360)가 바람에 일렁이고 있었고, 한적한 대지에 누워있는 그의 묘비에는 이렇게 새겨져 있었다.

"Death is swallowed up in Victory"
"죽음을 삼킨 승리"

100년의 빗장을 풀고 흔연欣然히 달려 나온 짤막한 비문은 한 토막의 잠언이 되어 보는 이의 풀어진 옷깃을 여미게 했다.

그는 알았다. 죽음은 삶의 마침이 아니라 영생으로 가는 성스러운 순례의 길목이라는 것을…! 그리고 마침내 그는 죽음을 내어주고 승리를 좇아 표연飄然히 그 길을 향했다.

---

359) Mr. and Mrs. W. A. Linton, "Rev. William Butler Harrison", *The Korea Mission Field*, Vol. 25, No. 7, Jul. 1929, pp.153~54
360) 미국의 50개 주마다 별칭을 가지고 있는데 켄터키주의 별칭은 Blue Grass(사시사철 푸른 잔디) 이다.

조선 땅에 들어와 전도자의 삶으로 일생을 보냈던 그의 행로를 따라가며 그가 남긴 자취를 사색해 본다는 것은 그에게 관심을 가진 사람들은 물론이거니와 그와 무연無緣한 독자들에게도 삶과 신앙을 돌아보게 하는 귀감龜鑑이 되리라 확신한다.

부록

연보(年譜)

- **1866년 9월 13일**
  미국 켄터키주 레바논(Levanon, KY) 출생
- **1883~1888년**
  켄터키주 리치몬드(Richmond, KY) 센트럴대학교(Central Univ.) 화학과 졸업
- **1889~1991년**
  켄터키주 루이빌대학교(Louisville Univ.) 메디컬 칼리지 수학
- **1892~1894년**
  버니지나주 유니온신학교(Union Theological Seminary) 입학
- **1894년 9월**
  트랜실바니아 노회(Transylvania Presbytery)에서 목사안수
- **1894~1895년**
  켄터키주 메이슨 카운티에 소재한 메이스 릭(Mays lick) 교회에서 설교 목사로 사역
- **1896년 1월**
  남장로교 조선 선교사로 파송

- **1896년 2월~8월**

    서울에 도착해 언어훈련 북장로교 의료 사역(2~4월)에 동참

- **1896년 9월**

    유진 벨(Eugine Bell/배유지)과 함께 부산을 거쳐 좌수영 일대 탐사 여행

- **1896년 11월**

    유진 벨(Eugine Bell/배유지)과 함께 나주, 강진, 영암 일대 탐사 여행

- **1896년 11월 23일**

    전주지부에 부임

- **1896년 12월~1897년 2월**

    군산에서 진료 활동

- **1897년 3월**

    전주로 돌아와 의료 사역

- **1897년 10월**

    제6회 남장로교 선교부 연례회의에서 회장 피선

- **1898년 6월**

    린니 데이비스(Linnie F. Davis)와 결혼

- **1899-1900년**

    1차 안식년

- **1900년 11월 5일**

    안식년을 마치고 돌아와 테이트(Lewis B. Tate)와 레이놀즈(William D. Reynolds)와 함께 전주지부에서 사역 시작

- **1901년**

    8명의 학생을 데리고 신흥학교 설립

- 1903년
    화산 스테이션 구내 진료소와 선교사 숙소 건축
- 1903년 6월 20일
    아내, 린니 데이비스(Linnie F. Davis) 사망
- 1904년 9월
    군산지부에 부임(스테이션 조성공사 / 순회사역 / 영명학교 사역)
- 1906년 3월
    의료선교사 다니엘(Thomas H. Daniel)과 함께 진료소 건축 완공
- 1907년
    간호사 숙소와 진료소 증축, 선교사 숙소 건축
- 1908~1909년
    2차 안식년
- 1908년 6월 1일
    캐나다에서 에즈먼즈(Margarret J. Edmunds)와 재혼
- 1909년 9월
    목포지부에 부임, 양동교회 당회장(순회사역과 영흥학교 교장)
- 1910년~1912년
    스테이션 조성공사
    (구내에 3채의 주택을 건축하고, 목포진료소와 정명여학교 신축)
- 1912~1915년
    3차 안식년
- 1915년 2월 27일
    조선에 복귀
- 1921년 2월 18일
    내한 선교 25주년 기념 예배

- **1921년**
    개신교 선교부 공의회 대표
- **1922~1924년**
    4차 안식년
- **1924년**
    군산지부로 복귀(익산, 부여 등지의 순회사역)
- **1928년 7월 20일**
    32년 조선 선교를 마치고 귀국
- **1928년 9월 22일**
    켄터키 루이빌(Louisville, KY) 침례교병원에서 소천
    켄터키 레바논(Lebanon, KY) 라이더 공원묘지(Ryder Cemetry) 안장